成长
BRING UP
我这样培养儿子进北大

江一方 ◎ 著

人民日报出版社

图书在版编目（CIP）数据

成长：我这样培养儿子进北大／江一方著．
—北京：人民日报出版社，2012.7
ISBN 978-7-5115-1223-9

Ⅰ．①成…　Ⅱ．①江…　Ⅲ．①家庭教育
Ⅳ．①G78

中国版本图书馆 CIP 数据核字（2012）第 153038 号

书　　名：	成长：我这样培养儿子进北大
作　　者：	江一方
出 版 人：	董　伟
责任编辑：	周海燕
版式设计：	书立方文化
出版发行：	人民日报出版社
社　　址：	北京金台西路2号
邮政编码：	100733
发行热线：	（010）65369527　65369512　65369509　65369510
邮购热线：	（010）65369530
编辑热线：	（010）65369518
网　　址：	www.peopledailypress.com
经　　销：	新华书店
印　　刷：	北京鑫海达印刷有限公司
开　　本：	710mm×1000mm　1/16
字　　数：	280千字
印　　张：	16
印　　次：	2012年8月第1版　2012年8月第1次印刷
书　　号：	ISBN 978-7-5115-1223-9
定　　价：	38.00元

目　录
CONTENTS

前　言

一半 …………………………… 2	引导 …………………………… 4
谢 …………………………… 2	环境 …………………………… 4
我的家 ………………………… 3	快乐学习 ……………………… 5
《成长》 ……………………… 3	1. 出生 ………………………… 6
学习 …………………………… 3	

第一部分　学前

2. 听和学 …………………… 10	9. 托儿所 …………………… 18
3. 求知 ……………………… 11	10. 毛主席故居 ……………… 19
4. 唐诗 ……………………… 12	11. 录音诗词的全文 ………… 19
5. 录音 ……………………… 13	12. 童趣 ……………………… 30
6. 讲理 ……………………… 15	13. 伴玩 ……………………… 31
7. 学长诗 …………………… 16	14. 感冒 ……………………… 31
8. 颐和园 …………………… 17	15. 家乡 ……………………… 32

16. 东山 ·············· 33
17. 对话和认字 ········· 34
18. 问答 ·············· 35
19. 荨麻疹 ············ 36
20. 生活（1） ········· 36
21. 生活（2） ········· 37
22. 自知 ·············· 39
23. 难题 ·············· 39

第二部分　小学

24. 上学 ·············· 42
25. 谭老师 ············ 43
26. 引导 ·············· 43
27. 写字和午饭 ········ 44
28. 家务 ·············· 46
29. 第一封信 ·········· 47
30. 熏陶 ·············· 47
31. 分数 ·············· 48
32. 语文水平 ·········· 49
33. 第一篇日记 ········ 50
34. 应试 ·············· 51
35. 快乐的时刻 ········ 52
36. 隐忧 ·············· 53
37. 围棋 ·············· 54
38. 讲故事 ············ 55
39. 难得糊涂 ·········· 56
40. 不幸中之大幸 ······ 57
41. 日记（上） ········ 58
42. 周记 ·············· 60
43. 日记（下） ········ 61
44. 回顾 ·············· 65
45. 关心奥运 ·········· 66
46. 数学班 ············ 66
47. 解方程 ············ 67
48. 中秋 ·············· 67
49. 国庆 ·············· 68
50. 造句和作文 ········ 69
51. 张老师 ············ 72
52. 荣誉和不足 ········ 73
53. 腮腺炎 ············ 73
54. 意志 ·············· 75
55. 春节 ·············· 76
56. 罚抄 ·············· 76
57. 三好（1） ········· 77
58. 游戏 ·············· 78
59. 六一杯 ············ 79
60. 三好（2） ········· 80
61. 三好（3） ········· 81
62. 三好（4） ········· 83
63. 三好（5） ········· 86
64. 三好（6） ········· 87
65. 陪读 ·············· 89
66. 想像力 ············ 91
67. 跳级培训 ·········· 92

68. 学电脑 …… 94	78. 长高了 …… 102
69. 新气象 …… 94	79. 军训（2） …… 103
70. 军训（1） …… 95	80. 好友 …… 104
71. 恩师 …… 96	81. 迎春杯 …… 106
72. 我与电脑 …… 97	82. 决赛 …… 108
73. 杀毒与输入法 …… 98	83. 不了了之 …… 109
74. 英语班 …… 98	84. 古老的故事 …… 110
75. 数学班 …… 99	85. 市三好 …… 111
76. 家教 …… 100	86. 公平竞争 …… 112
77. 游园 …… 101	87. 作文选 …… 114

第三部分　初中

88. 暑假 …… 121	97. 举一反三 …… 131
89. 入学 …… 121	98. 玩具 …… 132
90. 期中考 …… 122	99. 分数 …… 133
91. 家长会 …… 123	100. 贺卡 …… 134
92. 迎春杯 …… 124	101. 进步 …… 134
93. "华罗庚金杯" …… 124	102. 微积分 …… 137
94. 扫墓 …… 125	103. 课外活动 …… 138
95. 基础和提高 …… 126	104. 准备中考 …… 145
96. 初见成效 …… 127	105. 择校生 …… 147

第四部分　高中

106. 军训（3） …… 153	109. 期中 …… 157
107. 开学 …… 155	110. 360 名以外 …… 159
108. 最好的语文老师 …… 156	111. 摔伤 …… 160

- 112. 姐 …… 160
- 113. 恩师 …… 163
- 114. 比赛专业户 …… 164
- 115. 入选 …… 165
- 116. 小记者 …… 167
- 117. 一等奖 …… 171
- 118. 得失 …… 173
- 119. 烛光 …… 173
- 120. 绿色远征 …… 185
- 121. 少年作家班 …… 190
- 122. 名列前茅 …… 195
- 123. 优秀记者 …… 197
- 124. 回顾 …… 197
- 125. 希望之星 …… 198
- 126. 网络文学 …… 199
- 127. 尝试 …… 200
- 128. 第二篇数学论文 …… 201
- 129. 三等奖 …… 207
- 130. 住院 …… 207
- 131. 削发明志 …… 208
- 132. 手术 …… 208
- 133. 愉悦 …… 209
- 134. 为了孩子 …… 210
- 135. 希望 …… 211
- 136. 背水一战 …… 212
- 137. 继续化疗 …… 214
- 138. 肝转移 …… 215
- 139. 紫杉醇 …… 216
- 140. VCD …… 218
- 141. 准备应试 …… 218
- 142. 春节 …… 219
- 143. 愿 …… 220
- 144. 信 …… 221
- 145. 战略 …… 222
- 146. 人生能有几回搏 …… 224
- 147. 第八个疗程 …… 224
- 148. 出院 …… 225
- 149. 等待 …… 226
- 150. 分数线 …… 228
- 151. 录取 …… 228
- 152. 报到 …… 229

《成长》之后 …… 231
我为什么要写《成长》 …… 232
心愿 …… 239
谢师 …… 240
尊重孩子的选择 …… 248
《成长》后记 …… 249

前 言

成长

芳给江记了近 7 年（1989.11.12 – 1996.2.29）的日记。这个时期是江从托儿所到小学，直到他考上市重点 H 中学前不久。

我的日记中也有江的事。

江也有一部分日记、周记、作文和文章，江没有记日记的习惯，但是老师让他交几篇日记，他也记了一些，满篇童趣，活泼、率真；写的随笔是实话实说，思无邪。他写的正是我们失去的。

江还编过一份班刊《烛火》。

这些日记和文章，记载了江从 1983 年 12 月 24 日出生起，直到 2002 年 9 月，他 18 岁考上北京大学数学和应用数学系，报到入学时的情景，也是他长大成人的全过程。

我们三人所记的合在一起，各自有自己的视角，是有意义的

我们三人记的，分别用"益："、"芳："、"江："来表示。

这些日记也是全家亲情的记录。

江上大学后，每周回家一次，接触少了，交流也少了。我和江说，上大学以后的事，你自己写了。

江生活在改革开放的新时代，真幸福。

      益　2009 年 9 月 24 日于方庄

      2004 年 7 月 8 日于北戴河（草稿）

      2006 年 3 月 21 日于北京方庄（初稿）打印稿

      2009 年 9 月 24 日于北京方庄（二稿）发表于新浪博客

      注：2006 年 3 月 21 日打印稿第一次印刷

      2009 年 3 月 27 日第二次印刷

      2012 年 5 月 16 日改定

一半

刚建立了自己的博客，就有人来访问，不禁惶恐。我想应该谈谈自己的心理历程。有句名言说："好的开始是成功的一半。"我说的就是这个"一半"。

我用"闲人"来代表自己，说明自己现有点随意可用的光阴，又有句名言说得好"寸金难买寸光阴"，我又想用"寸光阴"来激励要好好利用这有限的光阴。

我不知道能不能"一半"？

想在这说些什么呢？

今年7月是我的孩子将毕业于北京大学，取得硕士学位。我用了我们一家三人的视角，以日记体记载了从孩子出生，到他7年前考入北京大学的全过程。

我想在参加孩子的毕业典礼以后，在这里陆续提供这个全过程。

谢

没有想到，刚发表了一天的"一半"，会得到来访的客人那么多的关心。用任何词语来表示我从未有过的感受都是很难很难的，只能用心道出一个"谢"意。

妈妈给孩子记了7年的日记（1989.11 – 1996.2）。这个时期是从托儿所到小学。

我的日记中也有关于孩子的事。

孩子也有一部分日记、周记、作文和文章，他没有记日记的习惯，但是老师让他交几篇，他也记了一些。满篇童趣，活泼、率真、思无邪。

他写的正是我们失去的。

这些日记和文章，记载了从他出生到18岁考上北大，我们家生活的全部。

我们三人各有自己的生活视角，这些日记也是亲情的映现。

我看着孩子的成长，脑海中常出现自己的过去……

我的家

我的家有两个,一个家是我的父亲——荫、母亲——静和我——益,一个家是我——益、妻——芳和儿子——江和伴侣——翠。我是这两个家的传承者。父亲荫在北京学医的时候,北大还没有成立医学院,毕业时,那个学校才成了北京大学医学院,后来承认这个学校是北大医学院的前身,他也算是北大的校友了,我是上海解放后1950年考入北大政治系的,1952年院系调整把我们的系调整了出来。我也成了北大的校友。儿子2002年考入北大,他是我家北大学历最长的学生。毕业后也将成为北大的校友。翠是我家北大校友中学历最高的——博士。这一切是自然而然,无巧不成书的结果。

父亲从未说过,他是北大校友。他只说,他毕业后,学校就成了北大医学院。他还说,他不能考协和医学院,因为他在北京四中读的是德文,而协和是要考英文的。

不过,有一点是肯定的,我的家是一个知识分子家庭。

将要展现在大家眼前的是一个时代的普通知识分子的生活画卷,我在谈到江的成长过程中,常以自己和他比较。

我的名字是祖父——铸起的,他的意思是"满招损、谦受益",故名益。

《成长》

《成长》是从我们的日记中剪裁出来的,前面用益、芳、江来表示。这是受芳的日记的启示,日记的话是最真实的。草稿的打印本在亲友中传看过。现在整理,是回顾,也是《成长》的新起点,家庭的影响将越来越少,社会的影响将日益增大。

《成长》是纪念,也是希望。

学习

我学习是从兴趣出发的,为什么会对某些事情有兴趣,是好奇心的推动,只有这样才会忘记一切去做,一点不觉得劳累。到现在,有些未知事物,往往会激起我的好奇。引发我研究的兴味。

我从没有对孩子下过一定要如何学的命令,更没有要求考试分数一定要达到多少分。但是我会引导他去好奇,引导他对某些事物发生兴趣,效果往往是意外的惊喜。

孩子说:"我觉得学习很容易,没有有过什么困难,自然而然的学好了。"

我常对他说:你都不知道你自己的学习怎么会好的。"你知道吗?"他做了上面的回答。

孩子今年25岁,《成长》写了25年。

引导

在孩子成长过程中,到底是我引导孩子,还是孩子引导我,细想起来,恐怕还是孩子引导我,我是被动的。我只是细心观察、不断的开发他的智力,他对我,有时是一种无言的要求,启示我去做。

我做的,许多孩子的父母都能做到。绝大多数的孩子的智力差别不是太大的。

我的孩子不是天才,真正的天才是极少极少的,标准高一点的话,数十年,上百年甚至数百年才能出现一个。

芳是很早的知青,她在农村教过小学,是孩子的启蒙老师,在孩子一岁多一点的时候,无意中发现,孩子显示了他的学习能力。这时,我就开始负责对孩子的全部引导式的学习,让他感受学习的愉悦。

我是有意的也是无意的,有意,是我想开拓他的智力,无意,是后来我听专家说,孩子在三岁以前有一个智力高潮,我是不知不觉地发现的。我曾介绍给年轻的同事,非常有效,不"及时",效果就差得多了。

到孩子上了北大后,又观察了七年,下月上旬,我将出席他的毕业典礼,完成我的心愿。

我还在对《成长》做修改,修改到他毕业的那一天。

访问我博客的都是我尊敬的朋友,留言会使我深入地思考,都是我的老师。

环境

江说,学校的毕业典礼是七月八日。

从那天开始，他就要告别学校生活，进入社会。当然，从广义来说，学校也是社会的一部分，社会也是人生的大学校。不过从主要的生活环境来看，毕竟不同了。

从他进入托儿所、小学、中学（初中、高中）、大学，他的主要的学习环境是不断变化的。

江没有遇上现在小升初要考奥数。但是，学校的环境也是很不容易度过的，要做到真正的公平竞争真不容易啊……！

江是在我的眼睛中、思维中长大的，我联想到自己，又深深地感受到环境的重要，人生活在某一个环境中，看起来是没有多少自主的，越小——婴儿——的时候越是如此，不然，为什么孟母要三迁呢？从另一个角度看，又是有自主的，婴儿哭了，父母亲一定会想方设法使他不哭，这就是他的自主，孟母三迁，也可看作是孩子的自主。这就要看做父母的了……

我尽可能地为江有一个合适成长的小环境而做出合适的安排，到他进入社会的那一天。

快乐学习

在孩子的成长过程中，怎样才能学会和学得好呢？

让孩子在不知不觉中接受了好的学习方法，他就能快乐学习。我的方法都是自己在学习过程中，从老师那里感悟到的，后来又在实践中得到证实的方法。我把教孩子当作科学研究项目来进行。孩子快乐成长的过程，我也得到了快乐。

作为家长教孩子，和作为老师教学生是不同的，可以说是很不同的。

在《成长》中，谈的不是应试教育，怎么取得高分的方法，而是引起孩子兴趣的方法，看到的是孩子出生、学龄前、进托儿所、小学、初中、高中，正常的学习过程。在日常生活中，我的观察、发现，引导他产生爱好、兴趣，怎样将我的学习理念影响他。

在《成长》中，我的影响方面有的是芳记录的，有的是江从侧面记下的，我自己说的并不多。

我潜移默化的影响多一点，但决不是给他应试教育的影响。

芳、益、江
益整理于 2004 年 7 月 8 日（草稿）

2006年3月21日（初稿）
2009年7月8日（二稿）
2012年5月16日（三稿）

1. 出生

1983年

12月28日。益：

芳准备去上海二叔家生孩子，请二婶照应。22日，她坐13次特快去上海，不料23日到上海的晚上，由于一路辛苦，羊水破裂，幸亏二婶有经验，让她当晚入住附近的"长宁区妇产科医院"。24日晨，经剖腹产，孩子于上午9时52分提前来到了人间。发来电报报喜，男孩（2700克），母子平安。

我坐21次特快去上海，车过长江，灵机闪现，想起了诸多名诗名句："大江东去"（苏轼）；"大江歌罢掉头东"（周恩来）和"百万雄师过大江"（毛泽东）。有哲理，有志气，有魄力，内涵非常丰富。于是，就给孩子起了"江"这个名字。符合了芳的要求，大方、上口、响亮、容易书写。

今日到上海，马上去医院看芳和儿子。芳说：儿子像她。幸福、愉悦之情溢于言表。她很喜欢我给儿子起的名字。

出院后，我们住在二叔家，二婶给江准备了全套小衣服，了不起，我们千恩万谢。

1984年

1月20日。益：

感谢二叔二婶的热情接待，二叔患喉癌在家休养，我们不愿久住，怕影响他的休息。芳即将满月，自我感觉很好，思念妈妈，我们按事先的安排，去苏州东山芳的二姐兰那里继续休息和探望妈妈。

燕妹、龙妹和小马送我们到人民广场坐长途车去东山。这时，大雪纷飞。我用小车推着行李，龙妹抱着未满月的江，走向广场车站。

我们三人有四张票，本来准备给来接我们的二姐，因下雪，她未能来。我把那张票给了一个看上去急需去东山的陌生人。

芳和江进了作候车室用的一辆车休息，人多，我上不去。原定12时10分开车，到近1时车才进站。蒙管理人员关照，我们上了车，龙妹将行李从

前言

窗外递进来。

车迎着风雪前进，沿途白茫茫的一片，除了雪还是雪。

快到苏州前，司机右前方的挡风玻璃冻裂，车内冷冻不堪。车在苏州站停了一个多小时，最后，让乘客下车，换车去东山。顿时秩序大乱，芳抱着江，我拿行李，我们三张票只有一个坐位，还是那个退到我们票的陌生人让的。真是好心有好报，芳抱着江坐，行李从窗口进，我站着。

晚7时半，车到东山，幸而二姐夫妇已借好一辆小车，把我们接回家。

南方的夜，很冷，第二天早上发现窗未关好，飞进来两只小鸟。我冻病了两天。好的是，江生气勃勃，毫不在乎，健康非常。记得江出院的那天，医生特别叮咛说："不要给孩子戴帽子，孩子的头部不怕冷。"下面的话没有听清楚，那天的经历，说明医生的话是有道理的。不过，我却没有听清医生说的理由。

2月5日。益：

芳有半年产假，准备在东山多住些时日，我从东山经苏州返京，芳三兄的孩子——小鹏送我到苏州。上车前，重游了观前街和玄妙观。苏州和34年（1949–1950）前我在东吴大学读书时大不相同了，有了柏油路和公共汽车。

我请小鹏在观前街吃饭，到站后他一定要等火车启动再走，后来听说，小鹏因送我没有赶上回东山的末班车，在车站过了一夜，我很有歉意。

2月7日。益：

有了儿子，感想万千，思潮翻涌，久久不能平静，不知如何诉说才好，深感语言文字的无力。我喜欢诗，诗能给人以无限想象的空间。我抄录两首特别喜欢的诗——给江，我想：江在相当长的时期内，是不可能明白其中的奥义的，待有了人生经历后再去解悟吧！

真是不可思议，诗人的诗，原意是什么？我不知道。但我竟从中读出了我在医院中看到儿子时心中的感受和许下的愿望。

其一：

给幼儿
普希金

孩子，我不敢对你
致以祝辞。凭你的
目光和平静的心灵，
你是天使给人慰藉。

但愿你未来的日子
一如你可爱的眼睛
那样明亮，在人间，
愿你有美丽的命运。

其二：

给恰达耶夫
普希金

荣誉已经难引起我的注意，
我疲倦的心灵只是怀念你。
我的心尝到了未常有的平静
在孤寂里，我的任性的诗才
体验到平静的劳作，思想的澎湃。
早年的忧伤窒息过我的心胸，
习惯于忧伤，我和命运已经结了账，
我将以坚忍的心灵把生活担上。

第一部分　学前

2. 听和学

5月12日。益：

5个月后，芳和江回到北京。这时，我的工作繁忙，每天和江说不上几句话。我不会和他玩。全是芳和他说话，教他。现在想，这一段期间是非常重要的。

江在听、在学，他不停地观察周围的事物。

1985年

1月14日。益：

不知不觉的，江一岁多了。江八个月会叫妈妈，不到一岁会叫爸爸。现在能听懂许多话。你说电灯，他就用手指着电灯；你说妈妈，他就用手指着妈妈。孩子是在用心听的，他明白你说的是什么。

听的速度是惊人的，下午，芳抱着他到校门外接我时：“爸爸从哪回来？”他用小手指着我回来的方向。

校门面对元大都的古城墙——长长的小土山，他在这儿游戏，他这棵小草是在古都出土的呀！

他看着来来往往的公共汽车，能说出是几路车了。

芳抱他下楼，口中数着台阶数一二三四五……，有意无意地教他识数，这是学数学的基础呀！

2月20日。益：

今天年初一。过春节，有了孩子，家才是一个真正完整的家——我的家！是我在自己家过的第一个团圆幸福年！

江非常爱听故事，让我一遍又一遍地读故事给他听，他要我十遍、八遍地讲，读也行，似乎百听不厌。也许这就是他在示意，让我不断给他讲，这是求知的萌芽。

我的故事讲完了，就去买各种儿童读物，有讲笑话的，有讲龟兔赛跑的，有讲谜语的，他都爱听。他还爱听我小时候听来的傻女婿的故事。

不知从哪一个晚上开始，江都要在听我的故事声中，安静地进入梦乡。

每天这时候，我才在灯下开始工作。

年过半百的我，江的到来，年轻了。

3. 求知

9月22日。益：

江江会说不少话了，回答问题，不会答出题外的话。他喜欢看有图的书，让你一遍一遍地读给他听，能记住。

前晚，看到窗外的月亮，竟说："月亮弯弯，像只小船。"我分不清，是他从听书听来的语言，还是经过他的联想，组成的句子。

他听到火车声问：

"火车往哪儿开，"

在这里住了几十年的我，从没有想过这个问题，"火车往哪儿开？"我还真不知道往哪儿开，只好沉默。

后来才知道，学校附近铁路上的火车是到青龙桥（八达岭）、张家口等地去的。我乘坐此车去过八达岭，但竟不知铁路通过学校附近。我不如孩子会提问题？！

他明明知道自己手上拿的是什么，有意地问：

"江江手上拿的是什么？"

他要找人说话，没有小朋友，惟一和他说话的是父母。他想，爸爸妈妈是否知道他拿的是什么？或者看看我们是否尊重他提的问题。我们回答了，他很愉悦。可能他什么都没有想，只是想和我们说说话。我们能问他，他为什么不能问我们呢？

也许我们将他成人化了，他只是受没有任何污染的童心驱使，随便提个问题。多么可贵。

他能说出爸爸妈妈和自己的名字。

他在高速成长中，我在心里为他欢呼，口中说出来的是"江江是个好孩子"。

10月29日。益：

江，可爱的孩子，给他讲故事，如果他对这个故事有兴趣，他不会说："再讲一遍"，他只是发出"嗯嗯…"的声音，意思是：你再讲一次，不怕同一个故事翻来覆去地讲。哪怕在他哭闹的时候，你只要讲故事，他立时安静下来。

一天,他忽然说起故事里人物的话来。他和妈妈乘坐公交车外出,看见一个骑自行车的青年,他说:

"一个小伙子骑车来了。"

芳说,这是她讲的故事里老奶奶买票的一个情节,他触景生情地联系上了。

这时,我们还没有给他买过什么像样的玩具,买给他的几乎都是图书。

4. 唐诗

11月12日。益:

"火车往哪儿开?"对我习以为常,不足为怪。对江是新鲜事物。这就是孩子和成人的不同。对科学研究,习以为常,是没有创新能力的。年轻人的成功就在这一点。

没有想到,不到两岁(约一岁零七八个月时)的江,显现出他的才能——惊人的记忆能力。当时没有当回事,几个月后觉得不平常,才追记的。

事情是这样的,平时,芳抱着江,或拉着他的小手,在校园里漫步时,嘴里念着唐诗的诗句,不念诗的题目,不念作者名字,从五言、七言的绝句开始,只是觉得诗意盎然,情景交融,有时还有好听的音韵和节奏。

这个时候,江总是安静地听着。

不料有一天,当芳像平时一样,念"春眠不觉晓",他竟接了下去"处处闻啼鸟。夜来风雨声,花落知多少。"丽芳再念"床前明月光",他也接下去念出了"疑是地上霜"。芳大吃一惊。因为平时他听,从不跟着念,不知道他会不会。直到他接出了好几首诗的下句,才感觉到不平常,他已经听会记住了。我们如获至宝,惊喜万分。

为了使江学得更好,我去新街口新华书店买了许多带插图的唐诗卡片,卡片正面上方是图,下方是诗。卡片背面是解释。她念诗,江看图。

我们没有要江背诗,而是改善了他的学习条件,让他看图听诗。他以接下句的方式表示已经学会就行了。

我们给他买了小玩具——能握在手中的小汽车。作为他能接下去念诗的鼓励。

江喜爱他的卡片,不亚于他的玩具,我们非常高兴,我们找到了他愿意看书的起点——看图听诗。能接下去念，也没有要求背，也不在人前显示，用现在的语言说："非常低调"。

有的家庭在孩子周岁时，举行抓阄的仪式，看孩子喜欢什么，推测他的未来。我们没有做，现在这样不是更可靠吗？他现喜欢书，将来也会喜欢的。

11月16日。益：

这几天，江看图听诗速度快得惊人。我发现他的惊人的记忆力之后，在芳教的基础上，我接过了读诗的任务，做了大胆的尝试。他不认识字，只是看图听诗，我们不讲解，这时不能讲解。因为一讲，他会分不清，诗和讲解，哪些是要记住，并接下去念的。全靠他自己看图和听诗领悟。他的学习不是从认字开始的，是从看图听诗开始的。

我采用了一次念十首的方法，芳说"一首一首的来，"我说："试试看。"于是我一首一首的接念下去。我和芳一样，没有让他跟着念，他还是安静地听。

没有想到的是，我一首一首念地时候，江忽然打断我往下念，示意要求重复刚才念过的哪一句诗。我不知道他的感觉，我想大概是他没有听清，或觉得好听！或他有我不了解的感觉。

当我念到杜甫的诗句："自在娇莺恰恰啼"时，他示意再念一遍，再一遍，再一遍。让我念了好几遍。我发现，他对"恰恰"的音节很有兴味，显现出心满意足的样子。凡是他感兴趣的诗，他听了几遍之后，在你念了上句，他就能把下句接下来。

就这样，我一首一首地念，把他有感觉的诗选出来，可以说许多绝句是他自己选定的，我是按照他的选择，再让他看图听诗的。

后来，读到一些有关幼儿教育的专著，才知道，幼儿三岁前有一个智力高潮，只要你开发就行了。我们的引导，是在他完全自愿的情况下进行的，歪打正着地符合了这个规律。

5. 录音

12月29日。益：

忽然想到，应该将江的看图背诗录下来。

那时，时尚的录音机，像一块黑色砖头，人们就称它"砖头"机。我去买了一块。

江看图背诗，完全靠他的记忆。过了几个月，快两岁时，才录下来，一次录了17首。最早的录音，是在他不知道的时候录下的，因为他发现在录，就不背而要玩弄录音机。于是芳让他看图背诗，我用被子挡着录音机，悄悄地录下的。

录音的时候，他一面看图，一面背。听他的录音，还以为他是读出来的。芳给他一张诗卡片，他看着图背出下面的诗。就这样，一张一张的背下去，没有张冠李戴弄错过。

江有他自己的联想和理解，在录音时，他提出的问题，也不容易答。李白《静夜思》的诗卡片，图中一个人睡在床上。他看着图背"床前明月光"时，说："他睡在哪儿呀？"我答，他睡在床上呀！（现在有的专家考证，李白诗中的床，并不是我们现在通常说的床。不做通常的理解，我的答案是错的。）我想，他也许还有"他睡在什么地方"，是在家里，还是在外地，在外地是在什么地方？……。

江看图背到"停车坐爱枫林晚"时，问：车停在什么地方呀？"在背到"故人西辞黄鹤楼"时，问："黄鹤楼在什么地方呀？"很有意思，说明他不停地在思考，在联想。

他提的问题可供学者写文章，写"停车坐爱枫林晚"的杜牧为什么写这首诗？前二句中"远上寒山石径斜"的"寒山"在何处，"白云深处有人家"。"人家是谁的'人家'"，"停车坐爱枫林晚"枫林在哪里，"霜叶红于二月花"，二月里有什么花是红色的，杜牧和人家有什么关系，等等。一一回答了不是一篇很好的文章吗？

有的学者认为："从出生到七岁，是智力发展最迅速的时期，而且也是一个人学得最迅速、最容易、最愉快的时期。早期有阅读经验的儿童，能使他一生受益。"他这时能喜欢听诗、读诗、联想，肯定会对未来的学习有益。

江非常愿意听他自己的录音。

我发现，江的记忆能力极佳，对背诗有兴趣。他长大成人后，我曾问过他，那时，你为什么那样喜欢背诗？他的回答是："因为爸爸喜欢？"那时"江江是个好孩子"成了我的常用词，我几乎不停地赞扬他。

江的录音，现在他自己都无法重现，只能复制他的录音。就是他自己再录，童音、稚气、和真挚的情感，是不能复制了。

不由我想起《唐诗三百首》的压卷之作，杜秋娘的《金缕衣》"劝君莫惜金缕衣，劝君须惜少年时，花开堪折直须折，莫待无花空折枝。"此诗的含意非常深远。比爱惜光阴还要深远一些。江那个时候如果没有及时录音，过了那个时候是无法弥补的。许多事情都是这样，举任何具体例子都觉得不合适、不贴切，好的诗境是只能意会的。

1986年

2月8日。益：

今天年三十，江很可爱。他背了不少诗，五言和七言的绝句。前些时试着给他背《木兰诗》，这诗不是卡片，是从一本《少儿诗词选》中选的，有少量的插图。他差不多背下三分之一。这是一首较长的诗，准备等他背下全诗，再给他讲木兰从军的故事。

逐字逐句的讲不适合，但可用一种朦胧和写意的方法描述。

今天，还让他随意地听一点乘法口诀。

2月16日。益：

记得并没有给他念多少遍，江就将《木兰诗》背得差不多了。又教他背那三首有"江"这个字的词和诗。

江太可爱了，我要用更多的时间来引导他。所以不能全托，只能日托。每天都应该用一定的时间和他说说笑笑。

4月19日。益：

今天江非常兴奋，很乐意地主动要我录他背几十首短诗和《木兰诗》（3月3日已会背）。我按他的要求给他录了下来，在录音带上写了《短诗》和《木兰诗》，"江二岁四个月录"，这次录的里面有较长的《木兰诗》。

他听了自己的录音，就更有兴趣背了，同时也愿意摆弄录音机。

喜欢摆弄录音机，对在小学时，爱搞各种电子小制作，进而爱好电脑产生良好的影响。不过这是后话了。

6. 讲理

5月6日。益：

江最近常发烧，芳精心照看他。

芳上班路远，每天都是她先出门。芳上班后，我抱他去上厕所，江的病好了，不大愿意去托儿所，他要妈妈。我告诉他妈妈上班去了，还抱他在两间屋里走了一圈，说明妈妈真的不在家，上班去了。

他还不肯起床，喝了半杯牛奶。给他穿袜子，他不肯。我等了一会说："一只脚一只脚地穿"，他同意了。我说："怎么能不起床呢？谁都要吃穿，谁都要起床，生病的可以不起床。谁都要上班，爸爸妈妈要上班，江江要上托儿所，放假的日子不上班，星期日不上班，节日不上班，寒暑假不上班。江江要讲理，讲理的是好孩子。"

后来，他就和我一起背唐诗和《木兰诗》，有的是联句式的，有的是我念了前二个字，他念后几个字。就这样，让我替他穿好衣服，洗好脸，高高兴兴地去了托儿所。

托儿所在校内，我看他进了托儿所的门，才去上班。

他小时候，每遇到这种事，都是耐心地和他讲理。后来遇到许多事，都是从理上使他信服，他才能愉快地去做。

尊重孩子，孩子才会愉快。

6月22日。益：

江要求认字。其实，我们早就在他不知不觉中教认字了，他拿着图片看图学诗的时候，图下有诗句，已经在认字了。我们让他自己随意体会，不是一个字一个字地教。他要求认字，我们也适当教他认几个，没有定额和数字，没有负担，仅此而已。

7. 学长诗

9月4日。益：

江学会《木兰诗》后，我就教他背《琵琶行》，也差不多有五个月了。

昨天。大江背下了长诗——白居易的《琵琶行》。这么长的诗，大一点的孩子背也是有困难的，他在背的过程中，也还需要提醒。那么，他是怎样背下来的呢？

自从他看到录音机，他就非常喜欢，我教他怎样操作，听他自己的录音，他很喜欢，我觉得这是一个契机。我将长诗《琵琶行》录进去，他就自己一边玩录音机，一边听我读的《琵琶行》。一遍一遍地听，就这样边玩、边听，背了下来。

能连听五个月，是件很不容易的事，是要有相当毅力的。

我从自己的录音中，发现我南腔北调的口音影响了他，如用播音员来要求，我的读音有错误，我是不能教语文，更不能教语音的。幸而他上小学一年级遇到一位有经验的语文老师，把拼音、认字教得非常扎实，我南腔北调的影响被扫除得干干净净，没有留下后患。

江两岁多背下数十首唐诗，《木兰诗》、《琵琶行》等，表现了他惊人的记忆力和坚忍的毅力。一天，他听了八九遍《琵琶行》后说："好像有一点懂了。"接着他问："什么是'争缠头'？"真是又懂又不懂，我给他讲了"争缠头"。

江有极强的求知欲，教他什么，他就会学到什么。

为增强江的理解能力，给他讲了《琵琶行》的大意。

给江录下他自己的《琵琶行》（江两岁九个月录），还奖励他几部小玩具汽车。

希望江对外语有兴趣，买了《幼儿英语》录音带，他很注意地听了一遍。他已经会放录音带，听不听，听什么，由他自己作主。这也是考察他是否愿意学外语的一种方式。

8. 颐和园

9月21日。益：

说到学长诗，录音机成了他的老师，我不可能一连读八九遍，也不愿意说停就停，要读就读，录音机可以做到。录音机是他可以随意愿指导自己的老师，过去跟着留声机学的学生，美其名曰"留学生"。跟着录音机学叫什么好呢？！随意吧！这也是自学方法的一种。

录完《琵琶行》，接着学《长恨歌》也是这样进行的。

忙里偷闲，也是奖励江录完了《琵琶行》。我、芳带江去颐和园游览，从校门口乘375路车去颐和园的北宫门。由后山登上万寿山，进佛香阁，阁中有一园台，旁有一高大的立壁，上面竟能吸住不含铁质的钱币，有点不可思议，我想定可吸住小铜钱和铜板，可惜身边没有，无法试验。四周没有任何说明文字，游人都在兴致勃勃地试验。

我到北京三十六年来，第一次上佛香阁，成了不到三周岁（两岁九个月差几天）的江的专程陪同人员。没有想到，他竟靠自己的力量，兴高采烈地爬了上来。

下山时，找不到近路，遇到台阶级差较大的地方，芳主动抱他一下，真是勇敢的孩子，整个游园竟没有要人再抱过。他兴致极高地走了全程。给他买了一只橡皮筋动力的塑料小飞机。可惜，不多久，橡皮筋被我弄断，不能飞了。

下午，回到家，我精疲力尽，江蹦蹦跳跳。他晚七时入睡，到第二天早七时才醒，睡了十二小时，可见也累了。

9. 托儿所

在江出生的那年，我从大学调入了新单位。

我们还住在大学内，为了江，请过好几个保姆，都差强人意，只好将江送大学的托儿所，早八时入托，我们不在校内上班的人，送孩子入托后再去上班，要迟到。我只好将江送到单位内的托儿所，每天坐我的自行车（旁边有一带轮子的小车）随我上班，由我接送。

不久前，我和单位换房，搬到木樨地单位宿舍。我在大学的住所由单位另派人入住。

搬家后，芳去上班，路近了不少。出门不远，坐地铁，再换一部车可到，省了时间和减轻了劳累。我们单位内有托儿所，不满三岁的孩子可入托。在单位外还有幼儿园，三岁以上的孩子可入园。

搬家，也是为了江到三岁时可以在宿舍楼下单位的幼儿园入托。

11月30日。益：

傍晚，芳和江玩，拉他的左手，不料，江疼痛得哭起来。早儿天，就发现他的左手不让人碰。问了多时，问不出所以然，好像是单位托儿所的老师拉过他一次，他的手就出了问题。

我带江去儿童医院，好一位医术高超的女大夫，拿起江的左手转了几下，他的左手就活动自如了。诊断是：左肘关节疼痛，活动受限，前臂不能旋转。印象是：左挠骨小头脱位，采取了复位的动作。大夫说："过了五岁就没事了。"

不知为什么，也许托儿所的老师拉他时手重了一些，有什么好说的呢？

江自己也说不清他的左手为什么会脱位的：自己摔的，和小朋友玩出的毛病，老师拉他力气大了一点，还是其他什么原因，成了永久之谜。

10. 毛主席故居

1987 年

1 月 1 日。益：

生活之舟平静地驶入 1987 年。

今天，我和芳带江去中南海参观毛主席故居。毛主席从 1949 年 3 月进入北京。在香山住了一个短时期后，就住在中南海丰泽园的菊香书屋（现称故居），1966 年 8 月迁到中南海"游泳池"居住。故居斜对面是 1898 年戊戌变法失败后，慈禧囚禁光绪的瀛台，主体建筑有翔鸾阁、涵元殿（1898 年光绪殁于此）、香扆殿。四面是水，一桥相通。

走到此处，不胜感叹。历史，历史，这就是历史啊！

耳边仿佛响起了东坡的名句，"浪淘尽千古风流人物"，毛主席的名句："俱往矣，数风流人物，还看今朝！"仔细品味，这不是对历史的解读吗？进一步说，这本身不就是历史吗？

我们在这个具有历史意义的桥边摄影留念。

参观、游览也是学习，十分必要的学习。

11. 录音诗词的全文

1 月 29 日。益：

今天，对江学诗是一个有意义的日子，江录下了《长恨歌》。江这时三岁一个月多五天。离录《琵琶行》差不多五个月。我在他这个岁数，用五个月去背一首长诗，恐怕做不到。民间俚语说得好，"曲不离口，拳不离手"，想想也替他觉得很不容易。

这时，江已进入了我们宿舍楼下单位的幼儿园日托。早出晚归，我不再教他背诗，《长恨歌》是他的压卷之作。

他所有的录音，都是一次完成的，但经常要中间提醒，长诗，中间要提醒几次。往往还要回答他的提问，全录了进去。

可惜的是，最早的原始录音，被江自己删掉了。

我们教他使用录音机时，特别关照，某个键不能动，动了就听不到声音了。他开始没有动，但好奇心终于支配了他，在我们不注意的时候，动了。

当然，机器是执行命令的模范，删去了。他也无所谓，我们也不知道。

有一点，我们是注意的，我们是有复制件的。

大江学诗的这些卡片，我用过后，曾和录音带一起借给年轻的同事们，效果很好，他们的宝宝都会背诗了。可惜的是，卡片和录音带回不来了，我想自己再借回来复制都不可能，他们辗转传递，传得不知去向。我感叹不已，在家中翻箱倒柜幸而找出了惟一的一份比较完整的复制品。是否完整却没有把握了。不过可以说90%保存了下来。只好根据录音，还原全文。喜出望外地去把它刻录在光盘上，保存下来。

现在，没有卡片，只好听他的录音，还原原诗，费了一番工夫才把原文打印出来。

孩子小时读诗的好处是，在他学习说话——语言时，就遇到简明的诗，唤起了对书的兴味，纯洁了语言。用录音机，使孩子对电器，进而对后来学习电脑打下了基础。在这过程中，他的记忆能力快速增强。

国家经济飞快发展的二十年，也是江成长的二十年，他生在一个好时代。

江录音诗词的全文

（按录音先后排列）

一、锄禾

李绅

锄禾日当午，汗滴禾下土。

谁知盘中餐，粒粒皆辛苦。

二、饮湖上初晴后雨

苏轼

水光潋滟晴方好，山色空蒙雨亦奇。

欲把西湖比西子，淡妆浓抹总相宜。

三、早发白帝城

李白

朝辞白帝彩云间，千里江陵一日还。

两岸猿声啼不住，轻舟已过万重山。

四、江雪
柳宗元
千山鸟飞绝，万径人综灭。
孤舟蓑笠翁，独钓寒江雪。

五、枫桥夜泊
张继
月落乌啼霜满天，江枫渔火对愁眠。
姑苏城外寒山寺，夜半钟声到客船。

六、游子吟
孟郊
慈母手中线，游子身上衣。
临行密密缝，意恐迟迟归。
谁言寸草心，报得三春晖。

七、望庐山瀑布
李白
日照香炉生紫烟，遥看瀑布挂前川。
飞流直下三千尺，疑是银河落九天。

八、咏鹅
骆宾王
鹅，鹅，鹅，曲项向天歌。
白毛浮绿水，红掌拨清波。

九、山行
杜牧
远上寒山石径斜，白云深处有人家。
停车坐爱枫林晚，霜叶红于二月花。

十、励志
　　山村花似好，为学须及早。
　　花开有时落，人生容易老。

十一、天净沙·秋思
　　　　马致远
　　枯藤老树昏鸦，小桥流水人家。
　　古道西风瘦马，夕阳西下，断肠人在天涯。

十二、清明
　　　　杜牧
　　清明时节雨纷纷，路上行人欲断魂。
　　借问酒家何处有，牧童遥指杏花村。

十三、乌衣巷
　　　　刘禹锡
　　朱雀桥边野草花，乌衣巷口夕阳斜。
　　旧时王谢堂前燕，飞入寻常百姓家。

十四、江畔独步寻花
　　　　杜甫
　　黄四娘家花满蹊，千朵万朵压枝低。
　　留连戏蝶时时舞，自在娇莺恰恰啼。

十五、题临安邸
　　　　林升
　　山外青山楼外楼，西湖歌舞几时休？
　　暖风薰得游人醉，直把杭州作汴州！

十六、黄鹤楼送孟浩然之广陵
　　　　李白
　　故人西辞黄鹤楼，烟花三月下扬州。

孤帆远影碧空尽,唯见长江天际流。

十七、绝句
杜甫
两个黄鹂鸣翠柳,一行白鹭上青天。
窗含西岭千秋雪,门泊东吴万里船。

十八、赠汪伦
李白
李白乘舟将欲行,忽闻岸上踏歌声。
桃花潭水深千尺,不及汪伦送我情!

十九、出塞
王昌龄
秦时明月汉时关,万里长征人未还。
但使龙城飞将在,不教胡马度阴山。

二十、敕勒歌　南北朝　民歌
敕勒川,阴山下。天似穹庐,笼盖四野。
天苍苍,野茫茫。风吹草低见牛羊。

二十一、登鹳雀楼
王之焕
白日依山尽,黄河入海流。
欲穷千里目,更上一层楼。

二十二、静夜思
李白
床前明月光,疑是地上霜。
举头望明月,低头思故乡。

二十三、明日
明日复明日，明日何其多。
我生待明日，万事成蹉跎。

二十四、春晓
孟浩然
春眠不觉晓，处处闻啼鸟。
夜来风雨声，花落知多少。

二十五、七步诗
曹植
煮豆燃豆萁，豆在釜中泣。
本是同根生，相煎何太急？

二十六、赋得古原草送别
白居易
离离原上草，一岁一枯荣。
野火烧不尽，春风吹又生。

二十七、题西林壁
苏轼
横看成岭侧成峰，远近高低各不同。
不识庐山真面目，只缘身在此山中。

二十八、无题
周恩来
大江歌罢掉头东，邃密群科济世穷。
面壁十年图破壁，难酬蹈海亦英雄。

二十九、人民解放军解放南京
毛泽东
钟山风雨起苍黄，百万雄师过大江。

虎踞龙盘今胜昔，天翻地覆慨而慷。
宜将剩勇追穷寇，不可沽名学霸王。
天若有情天亦老，人间正道是沧桑。

三十、木兰诗

唧唧复唧唧，木兰当户织。不闻机杼声，唯闻女叹息。
问女何所思，问女何所忆。女亦无所思，女亦无所忆。
昨夜见军帖，可汗大点兵，军书十二卷，卷卷有爷名。
阿爷无大儿，木兰无长兄，愿为市鞍马，从此替爷征。
东市买骏马，西市买鞍鞯。南市买辔头，北市买长鞭。
旦辞爷娘去，暮宿黄河边。不闻爷娘唤女声，但闻黄河流水鸣溅溅。
旦辞黄河去，暮至黑山头。不闻爷娘唤女声，但闻燕山胡骑鸣啾啾。
万里赴戎机，关山度若飞。朔气传金柝，寒光照铁衣。
将军百战死，壮士十年归。
归来见天子，天子坐明堂。策勋十二转，赏赐百千强。
可汗问所欲，木兰不用尚书郎。愿驰千里足，送儿还故乡。
爷娘闻女来，出郭相扶将。阿姊闻妹来，当户理红妆。
小弟闻姊来，磨刀霍霍向猪羊。
开我东阁门，坐我西阁床。脱我战时袍，着我旧时裳。
当窗理云鬓，对镜贴花黄。
出门看伙伴，伙伴皆惊惶。同行十二年，不知木兰是女郎！
雄兔脚扑朔，雌兔眼迷离；双兔傍地走，安能辨我是雄雌。

三十一、月子弯弯照九州

月子弯弯照九州，几家欢乐几家愁。
几家夫妇同罗帐，几家飘零在外头。

三十二、游春曲

王涯

万树江边杏，新开一夜风。
满园深浅色，照在绿波中。

三十三、龟虽寿
　　　曹操
老骥伏枥，志在千里。
烈士暮年，壮心不已。

三十四、登飞来峰
　　　王安石
飞来山上千寻塔，闻说鸡鸣见日升。
不畏浮云遮望眼，只缘身在最高层。

三十五、春宵
　　　苏轼
春宵一刻值千金，花有清香月有阴。
歌管楼台声细细，秋千院落夜沉沉。

三十六、送元二使安西
　　　王维
渭城朝雨浥轻尘，客舍青青柳色新。
劝君更尽一杯酒，西出阳关无故人。

三十七、墨梅
　　　王冕
我家洗砚池头树，个个花开淡墨痕。
不要人夸好颜色，只留清气满乾坤。

三十八、塞下曲
　　　卢纶
林暗草惊风，将军夜引弓。
平明寻白羽，没在石陵中。

三十九、小池
杨万里

泉眼无声惜细流，树阴照水爱晴柔。
小荷才露尖尖角，早有蜻蜓立上头。

四十、晓出净慈寺送林子方
杨万里

毕竟西湖六月中，风光不与四时同。
接天莲叶无穷碧，映日荷花别样红。

四十一、琵琶行（并序）
白居易

元和十年，余左迁九江郡司马。明年秋，送客湓浦口，闻舟中夜弹琵琶者，听其音，铮铮然有京都声。问其人，本长安倡女，尝学琵琶于穆、曹二善才，年长色衰，委身为贾人妇。遂命酒，使快弹数曲。曲罢悯然，自叙少小时欢乐事，今漂沦憔悴，转徙于江湖间。余出官二年，恬然自安，感斯人言，是夕始觉有迁谪意。因为长句，歌以赠之，凡六百一十二言。命曰琵琶行。

浔阳江头夜送客，枫叶荻花秋瑟瑟。主人下马客在船，举酒欲饮无管弦。
醉不成欢惨将别，别时茫茫江浸月。忽闻水上琵琶声，主人忘归客不发。
寻声暗问弹者谁，琵琶声停欲语迟。移船相近邀相见，添酒回灯重开宴。
千呼万唤始出来，犹抱琵琶半遮面。转轴拨弦三两声，未成曲调先有情。
弦弦掩抑声声思，似诉平生不得志。低眉信手续续弹，说尽心中无限事。
轻拢慢捻抹复挑，初为霓裳后六幺。大弦嘈嘈如急雨，小弦切切如私语。
嘈嘈切切错杂弹，大珠小珠落玉盘。间关莺语花底滑，幽咽流泉水下滩。
水泉冷涩弦凝绝，凝绝不通声暂歇。别有幽愁暗恨生，此时无声胜有声。
银瓶乍破水浆迸，铁骑突出刀枪鸣。曲终收拨当心画，四弦一声如裂帛。
东船西舫悄无言，唯见江心秋月白。沉吟放拨插弦中，整顿衣裳起敛容。
自言本是京城女，家在虾蟆陵下住。十三学得琵琶成，名属教坊第一部。
曲罢曾教善才服，妆成每被秋娘妒。五陵年少争缠头，一曲红绡不知数。
钿头银篦击节碎，血色罗裙翻酒污。今年欢笑复明年，秋月春风等闲度。
弟走从军阿姨死，暮去朝来颜色故。门前冷落车马稀，老大嫁作商人妇。

商人重利轻别离，前月浮梁买茶去。去来江口守空船，绕舱明月江水寒。
夜深忽梦少年事，梦啼妆泪红阑干。我闻琵琶已叹息，又闻此语重唧唧。
同是天涯沦落人，相逢何必曾相识。我从去年辞帝京，谪居卧病浔阳城。
浔阳地僻无音乐，终岁不闻丝竹声。住近湓江地低湿，黄芦苦竹绕宅生。
其间旦暮闻何物，杜鹃啼血猿哀鸣。春江花朝秋月夜，往往取酒还独倾。
岂无山歌与村笛，呕哑嘲哳难为听。今夜闻君琵琶语，如听仙乐耳暂明。
莫辞更坐弹一曲，为君翻作琵琶行。感我此言良久立，却坐促弦弦转急。
凄凄不似向前声，满座重闻皆掩泣。座中泣下谁最多，江州司马青衫湿。

四十二、望天门山
李白
天门中断楚江开，碧水东流至此回。
两岸青山相对出，孤帆一片日边来。

四十三、游山西村
陆游
莫笑农家腊酒浑，丰年留客足鸡豚。
山重水复疑无路，柳暗花明又一村。

四十四、泊船瓜洲
王安石
京口瓜洲一水间，钟山只隔数重山。
春风又绿江南岸，明月何时照我还。

四十五、己亥杂诗
龚自珍
九洲生气恃风雷，万马齐喑究可哀。
我劝天公重抖擞，不拘一格降人材。

四十六、画眉鸟
欧阳修
百啭千声随意移，山花红紫树高低。
始知锁向金笼听，不及林间自在啼。

四十七、长恨歌
白居易

汉皇重色思倾国，御宇多年求不得。杨家有女初长成，养在深闺人未识。
天生丽质难自弃，一朝选在君王侧。回眸一笑百媚生，六宫粉黛无颜色。
春寒赐浴华清池，温泉水滑洗凝脂。侍儿扶起娇无力，始是新承恩泽时。
云鬓花颜金步摇，芙蓉帐暖度春宵。春宵苦短日高起，从此君王不早朝。
承欢侍宴无闲暇，春从春游夜专夜。后宫佳丽三千人，三千宠爱在一身。
金屋妆成娇侍夜，玉楼宴罢醉和春。姊妹弟兄皆列土，可怜光彩生门户。
遂令天下父母心，不重生男重生女。骊宫高处入青云，仙乐风飘处处闻。
缓歌漫舞凝丝竹，尽日君王看不足。渔阳鼙鼓动地来，惊破霓裳羽衣曲。
九重城阙烟尘生，千乘万骑西南行。翠华摇摇行复止，西出都门百余里。
六军不发无奈何，宛转蛾眉马前死！花钿委地无人收，翠翘金雀玉搔头。
君王掩面救不得，回看血泪相和流。黄埃散漫风萧索，云栈萦纡登剑阁。
峨嵋山下少人行，旌旗无光日色薄。蜀江水碧蜀山青，圣主朝朝暮暮情。
行宫见月伤心色，夜雨闻铃肠断声。天旋地转回龙驭，到此踌躇不能去。
马嵬坡下泥土中，不见玉颜空死处。君臣相顾尽沾衣，东望都门信马归。
归来池苑皆依旧，太液芙蓉未央柳。芙蓉如面柳如眉，对此如何不泪垂？
春风桃李花开日，秋雨梧桐叶落时。西宫南内多秋草，落叶满阶红不扫。
梨园弟子白发新，椒房阿监青娥老。夕殿萤飞思悄然，孤灯挑尽未成眠。
迟迟钟鼓初长夜，耿耿星河欲曙天。鸳鸯瓦冷霜华重，翡翠衾寒谁与共？
悠悠生死别经年，魂魄不曾来入梦。临邛道士鸿都客，能以精诚致魂魄。
为感君王辗转思，遂教方士殷勤觅。排空驭气奔如电，升天入地求之遍。
上穷碧落下黄泉，两处茫茫皆不见！忽闻海上有仙山，山在虚无缥缈间。
楼阁玲珑五云起，其中绰约多仙子。中有一人字太真，雪肤花貌参差是。
金阙西厢叩玉扃，转教小玉报双成。闻道汉家天子使，九华帐里梦魂惊。
揽衣推枕起徘徊，珠箔银屏迤逦开。云鬓半偏新睡觉，花冠不整下堂来。
风吹仙袂飘飘举，犹似霓裳羽衣舞。玉容寂寞泪阑干，梨花一枝春带雨。
含情凝睇谢君王，一别音容两渺茫。昭阳殿里恩爱绝，蓬莱宫中日月长。
回头下望人寰处，不见长安见尘雾。唯将旧物表深情，钿合金钗寄将去。
钗留一股合一扇，钗擘黄金合分钿。但教心似金钿坚，天上人间会相见。
临别殷勤重寄词，词中有誓两心知。七月七日长生殿，夜半无人私语时。

在天愿作比翼鸟，在地愿为连理枝。天长地久有时尽，此恨绵绵无绝期。

12. 童趣

2月17日。益：

江第一次去紫竹院公园，不敢上滑梯，也不敢玩木制的玩具，他胆怯怯地样子，也惹人喜爱。

一天晚上，他一个人在房间里，把门插上，不让妈妈进门，要妈妈在门外唱："小羊乖乖，把门开开，我要进来"的儿歌，唱了一遍还不行。唱完了还要妈妈在门外等着。如果妈妈不在门口，他开了门就马上关上，坐在地上哭。

他是在和妈妈做游戏，还是和妈妈撒娇，也许是他把妈妈看成是小朋友。

大江早上愿意说："爸爸，再见！"孩子说的话多一点，更可爱了。

有时，他要办一件事，可怜巴巴地问："妈妈，行吗？"得不到答复就哭起来。有时问了好几次，妈妈不理，他伤心地大哭。得不到妈妈的爱怜——母爱，是孩子最伤心的事。我在旁边也替他伤心，其实，妈妈是很喜欢他的。

我们仿佛年轻了许多，这就是生活，童趣，天伦之乐。

我对自己说，为了儿子，不能老啊！

幼儿园的老师和领导，和我们住在一座楼上，每天早晨，江和他们一起进园。走过一条弯曲的长通道，尽头是休息室，旁边是他们吃饭和上课的地方。

我送他进去，看他换了衣服，一纵一跳，高兴、愉快的情景，分享到一种微妙的幸福感。

江的四位老师都很喜欢他，小朋友也都能叫出他的名字。

江在家经常看电视——儿童节目，前些时是"花仙子"，现在是"火星叔叔马丁"。后者是黑白的，江竟能看下去。星期六，他耐心地看了一场马克·吐温的电影"神秘的陌生人"（上下集）。

我在江的带动下，和他一起看了不少儿童节目。

从此，看电视节目，江选，看完，他入睡后，我才能工作。

13. 伴玩

8月29日。益：

近几个假日，我们陪伴江出去玩，去动物园看熊猫，去紫竹院看樱花。只要儿子欢快，大家都分享他的喜悦。

全家去游故宫，从午门进，走过三大殿、御花园，到景山看了玩具展览，他一点也不累，回家后呼呼大睡了一觉。

江从一岁左右到三岁，是他的智力高峰，那么多的短诗和《木兰诗》、《琵琶行》、《长恨歌》等长诗，是在这个时期很自然地背下的。三岁后，渐渐地遗忘。不要紧，我相信，已生了根，过一个时期，会发芽的。

我自己也是这样，至今依稀记住的是三岁前后的事，往前就没有印象了。我小时候认识了许多字，并能书写自己的名字，四岁考入小学一年级，是班上最小的孩子。

下班后到幼儿园接江，他是班上最后走的一个孩子，他在等我。孩子的真情使我心胸开阔，烦闷随风散去。

9月20日。益：

上午与芳、江游北海公园，我们从北海后门进入，坐渡船去琼华岛。江第一次坐船，兴致勃勃，要去爬山。回家后说："没有玩够，下次还要去，北海比动物园好玩。"他喜欢风景优美的地方。

14. 感冒

12月30日。益：

前天，芳发烧，我带江一起去买药：红霉素、感冒冲剂。

昨天，江发烧。看来，他们得了流感。

1988年

1月3日。益：

没有想到，家的三分之二在病中过元旦。

前几天，芳、江均在病中，全家处于低潮，我给芳、江服药后，体温缓缓下降。

今天，芳已痊愈，在家休息。我带江去儿童医院，大夫诊断为感冒，开的药和我给的一样。

看来，我的诊断和给药是对的，于是，接着给江服药。

江三岁以前几乎没有生过什么病，三岁后反多病了。据大夫说：孩子在三岁前，母亲的免疫力对孩子影响较大，随着年岁的增加，这种能力降低，所以反倒容易得病。

我的父亲是西医，母亲懂一点中医。我在东吴大学学过医，有家传和自己学到的医药知识。所以，江三岁以后，我义不容辞地担当了家庭的保健大夫。

经常是，芳半夜忽然对我说："江江发烧了"。我马上给药，由于发现得及时，结果是药到病除，好得很快。

但不知从什么时候起，我每天给江睡前讲故事的任务不知不觉被解除了，电视取代了我。皆大欢喜。谢谢它。

他们有什么常见病，都是我给药，三天不见好转，才到医院诊治。

不几天，江恢复了健康，全家生机勃勃。

这次江的感冒发烧的时间长了一些，也许有上述因素，也可能是与休息得不够有关。

15. 家乡

1月11日。益：

我的家乡是江苏、镇江市，我出生在镇江琴园。在南京、上海长大。江在上海出生，在北京长大，他跟着我的祖籍，也算是镇江人。但是他没有去过镇江。我的祖父常说："男儿志在四方"。他的意思是让子女出外开拓自己的事业，不要想着吃祖业。（现在有一个新名词——啃老族。）看来，祖父的理念很现代化。

我在外数十年，非常想念家乡，想去琴园看看那已不存在的小屋——我的出生地。我想，没有去过镇江的江也应有一个想象中家乡。

我给他描绘的镇江是：长江边上的历史悠久的古城，文字记载的历史有3000年以上。

秦始皇东巡镇江时，以3000名穿赭色囚衣的刑徒为苦力，筑路，开运河，所以镇江又名"丹徒"。

镇江，做过三国时吴国孙权的都城，三国演义中刘备招亲的地方就在这里。

镇江的名胜古迹甚多，著名的有三座山，山不高，但有名。

金山，现在在陆地上，过去是在水中。宋时，抗金名将韩世忠的夫人梁红玉曾擂鼓战金山，在金山脚下击退金兵。还有《白蛇传》传说中白娘子水漫金山的神话故事。

焦山。现在是长江中的小岛，过去是在陆地上的。

北固山。过去是一个半岛，每当三面来水，汹涌澎湃。南朝梁武帝赞为"天下第一江山"，现在奇观已不复存在。山上甘露寺，相传是孙权嫁妹、刘备招亲之处。寺内现有神采奕奕的蜡像站立。

你如在山上往下看，你会发现，山不高，山不大，山上是没有地方躲藏的，用不多的兵马就可将其围住，刘备是插翅难飞的。但是，弄假成真，赔了夫人又折兵。三国演义给出了龙凤成祥的传奇。

南宋辛弃疾有诗句："何处望神州？满眼风光北固楼。千古兴亡多少事？悠悠，不尽长江滚滚流。"（《南乡子——登京口北固楼有怀》）

16. 东山

2月20日。益：

我有几天休假，我们先去上海探望亲友，再到东山拜见岳母和二姐。不料，上海正闹"甲肝"，人心惶惶，我们在上海住了两天就去了东山。

在东山，江和小朋友玩得很痛快，他们玩得不知道时间，不知道回家。全家上街找，他才回来吃饭。

江忽然问道：这里"为什么没有警察？""为什么没有公共汽车？"

东山，我看到的是：一条大街，两旁有些商店，买些生活日用品，没有繁华和喧闹，安静、优美，走不多远，就看见太湖。风景秀丽，安居乐业，世外桃源。

我想，镇上一定有派出所，肯定会有警察。大街不长，几分钟就走到头了，步行街，自行车都很少，用不着公交车，当然也没有交通警。江说的警察一定是指交通警。

江是一个善于思考的孩子。把小镇和北京比较，很自然地提出问题，使我们听的人，一时张口结舌，不知如何回答。

这个问题，不是一两句话可以说得清楚的。大家没有直接回答他的问题，而是说："这里有长途公交车，你不是做长途车来的吗？"

江又说要学写字。他在幼儿园学绘画，拿画笔。什么姿势都有，很随意，就是没有用写毛笔字的拿法。写毛笔字要会握笔，我让他写自己的名字。他拿一枝画笔，随意地画出"江"歪歪斜斜的字。草绿色，儿童风格。芳在下面加了"四岁于东山1988.2"。

这是他第一次用画笔画出自己的名字。他还不会握笔。

他在幼儿园学画，并不学写字。我看到江学画时拿画笔和我们写毛笔字的握笔大不一样。先学画是否不利于以后学写字，我不知道，就我自己来说，我们都是先练毛笔字，再学画的。我想，现在的学生，写不好毛笔字，大概和先学画后练字有关？只好存疑，以后请教于方家了。

我们在东山过了一个愉快的春节，岳母很喜欢大江。

17. 对话和认字

5月8日。益：

上午，与芳、江去中山公园。江看哈哈镜后去坐碰碰车。

下午，在路上见到幼儿园园长，她说，她和江有过一次有趣的对话。

园长："和你爸爸去说，给幼儿园买一点玩具。"

江："幼儿园玩具这么多，够玩了，还要买什么玩具？"

园长："不是叫你爸买，叫你爸的单位买。"

江："爸爸的单位没有钱。"

说罢，大家哈哈大笑。

我们百思不得其解，真是童言无忌。

5月30日。益：

晚上，江要求认字，两三分钟就学会了。他主动要求，我们当然有求必应。

江学"忙"字时，说了一句很好的话。他说："晚上，大家都很忙。"这是他的联想，第一次造句。

给他说对了。今天我是这样过的，忙不忙？

5时许起床，5时50分下楼，电梯工还未上班，我从八层走下来。6时，接我讲课的车已在楼下，7时40分到达怀柔中国科学院管理干部学院，早餐后。8时半——11时半给学生上课。午餐后,12时半上车,2时到单位。2时05分开会。5时半回家接江,一直到晚10时没有停。

18. 问答

9月22日。益:

芳经常会问形形色色的问题,让江回答。但这次芳的问题,一个四岁多的孩子是很不容易回答的。

"你喜欢批评还是表扬?"妈妈问:

"都喜欢!"

江顽皮地回答着。在我为之不解的时候。

江接着说:"说江,批评江是为了江好呀!"

江说出了喜欢批评的理由,联想到上次他和园长的问答,我看到了一颗没有被污染纯洁的心灵。

我的心也随之净化着……

9月25日。益:

晚上,妈妈问儿子:

"春节回东山,看奶奶好不好,去不去?"

"去也可以,不去也可以。"

"爸爸在家,我和你回东山。"

"爸爸一个人在家没劲,他不会烧饭。"

"爸爸带你回东山,妈妈在家。"

"这也不好。"

"怎么办呢?"

"我们三个人在一起。"

这是一个亲情的回答,也是惟一的回答,有时孩子的真情就是最佳选择。

我小时候不也是这样吗?我不也说过这样的话吗?

抗日战争时(1938年),我们逃难到苏北的农村,准备再逃到上海,是爸爸一人先走,还是二人先走,还是三人同行,也有过类似的问话,我的回答也是"我们三个人在一起",我的话成了惟一选择。于是,我们一家三人一起逃到了上海。

1989 年

1 月 21 日。益：

我和江有一段有趣的对话，也许他说过就忘了，以后他看见这段日记后会不好意思地说，我说过这样的话吗？

我说："等江长大一点，要自己睡一张床了。现在，因为你夜里要打被子，才和大人睡一起。"

不料，五岁多的江却说："等我大了，给我娶一个，找一个和我一样大的、好的、合适的、最最满意的。"

当时，我无言以对，一笑了之。现在，他自己选择，如愿以偿了。

19. 荨麻疹

4 月 8 日。益：

江患荨麻疹好几个月了，前些时带江去儿童医院看中医、西医和专家。服了许多药，但药一停就会发，发作时奇痒难当。大学一位同事，年过半百，还经常发作。我怕会影响江的学习。上幼儿园，给江带着止痒的西药。

4 月 13 日。益：

儿童医院的苦药没有多大作用，又去北京医院，一位西医女专家只开了一味中药"蚕砂"，很便宜，我试服后，感觉良好。此药用法和用开水泡茶一样，无药味，似白开水。江服后，有奇效，是治荨麻疹的良药。后来才知道，"蚕砂"就是蚕宝宝的屎。想不到许多中西医没有给大江治好，这个西医专家开的中药，价廉物美，一劳永逸地治好了这个顽疾。真是"踏破铁鞋无觅处，得来全不费工夫。"从经济上说，花了几百元没有治好，不到十元就治愈，后来没有复发过。

20. 生活（1）

5 月 1 日。益：

前几天，我们一家去潭柘寺和石花洞春游。我在石花洞外大石上休息，芳和江深入洞中，玩得很开心。江出去玩时很听话。

今天，带江去劳动人民文化宫游园，他开电瓶车，玩儿童游乐场，坐了龙船。听了一会票友清唱京戏，他对京戏毫无兴趣，要回家。

7月13日。益：

下班，接江回家，吃西瓜，煮饭。芳回来烧菜，我烧水给江洗澡。她讲故事，江入睡后，我做一点学术研究。

时光将我们一家停留在这个瞬间，有多好呀！

这就是生活安定，国泰民安呀！

这种幸福感，只有经过生活不安定的人才会有，没有这种体验的人，会觉得这种生活没有什么意思，更不值得婆婆妈妈的记下来。

人年轻的时候，也许会把这种生活看成负担。怎么对待人生，是一门大学问。

7月30日。益：

星期日，江在家，热闹非凡。江玩游戏"华容道"，这是一种孩子玩的智力玩具，用几块正方形的小木块、一块大木块和两块长方形的木块。不大一会儿，他移动其他木块，把围在中间的曹操（大木块）放了出来。

21. 生活（2）

芳是从不记日记的，但她专为儿子记了几个月断断续续的日记。

她眼里的儿子，她的视角，她见到的，在我的日记中找不到，以后再加上江的，就是我们完整的家庭生活纪录。

11月12日。芳：

这是江的星期天。晨7时，江江自己穿衣起床，叠被子，把床单弄平整，洗脸、刷牙、扫地，然后，拿拖把擦地。对爸爸说："擦地是劳动，也是锻炼。"擦得还干净。

早饭，喝一杯牛奶，吃一个鸡蛋和一点蛋糕，留了点蛋糕给我们。

饭后写了一页"6"，写得比较好。写好字看电视，吃桔子。

午饭，他吃了半碗米饭和好多菜。

下午，我从西单回来，一进门，他立刻从房间里跳出来，做了一个手势，轻轻地说：爸爸在睡觉。但他又去叫爸爸，把爸爸叫醒。

他看见了我买回来蜂蜜，想吃，过来和妈妈表示亲近。

他在电梯门口跳了一会绳，回来看了一会图画书。打开电视，看见京剧，就叫爸爸，他知道爸爸爱看京剧。

晚饭，吃了一碗百合汤、半碗泡饭、一些素什锦和一个苹果。

饭后洗脚、洗脸、刷牙，躺在床上，叫爸爸讲故事。爸爸说：不知讲到哪儿。他说：应该用红笔划出来。爸爸讲了一点儿，他已经睡着了。

（每天晚上，江睡前，听我的故事几乎是必修课。往往是，听着，听着就睡了，后来看电视，我以为被免了这个任务，不料芳又仔细地记下了，任务不知什么时候又恢复了。）

11月15日。芳：

我让江说说他在幼儿园一天是怎么过的。他说：

上午，到幼儿园吃早饭，玩玩具，然后上课。下课后喝水、上厕所。再上课，下课后做操，休息，玩耍，上厕所、洗脸。

中午，午饭后上楼午睡，醒来后下楼、喝水、吃点心。

下午，上课教折东西，折了一个球。在屋里玩，然后洗手。

晚饭后，靠墙坐着，等家长接回家。

他到家就拉屎，一边拉一边玩。然后，喝百合汤，吃了桔子和几粒花生米。主动地扫地，看电视"聪明的一休"，洗脸、洗脚、刷牙。

9时许入睡。

11月17日。芳：

早上，进园后吃早饭、拿玩具，到小屋坐着。上音乐课，做游戏，洗手、吃饭。

中午，午饭后午睡，醒来喝水、吃苹果。

晚上，妈妈去接，路上遇到拿着手电的爸爸。江江回来后就到碗厨里找东西吃，吃了一碗豆米粉，然后拉屎，一边拉、一边画画。然后，吃巧克力，喝了一点甜水，看电视、听三国演义、新闻、英语、拼音，再看"聪明的一休"。后来想妈妈，找妈妈。

妈妈在外面边包过冬的白菜，一共八棵大白菜。

9时，江江上床睡觉，爸爸帮他脱裤子，他想吃东西，给了他一点面包。他自己脱上衣，盖好被子，要爸爸讲故事，入睡。

（芳细致地观察，记下了我们现在一点也说不出来的当时生活的再现。江在幼儿园的生活，她不记，谁又说得出来呢？）

22. 自知

11月30日。芳：

这几天，气候转冷，零下七度——零上11度。

早上，江起床时，在床上唱了几遍"多、来、米、米、来、多。"

晚上，他从幼儿园回来就想吃东西，给他几块酥糖和一碗婴儿粉。后来做了三十道七以内的加减法，全做对了。

看完"聪明的一休"，到小厅洗脚、洗脸时，妈妈问江江：

"我们家谁最好？"

"妈妈最好，因为妈妈爱干活，江江最不好。"

"为什么江江最不好？"

"因为江有时听话，有时不听话，听话的时候不多。"

爸爸说："江江（有自知之明）真是一个好孩子，我们家应是江江最好。"

妈妈也说："江江最好。"

9时，江江上床睡觉，要爸爸讲故事。

12月30日。益：

江在托儿所，期末数学测验得满分。不久前的测验，他也是满分。妈妈的教育有方。

23. 难题

1990年

1月9日。芳：

时间过得真快，好长时间不给江写日记了。江近来一段时间表现还可以。有时讲的话挺逗人喜爱的。有一天，他突然问我：什么是一个中心，两个基本点？我让他问爸爸。他说：爸爸不回答。我问他爸爸："你回答他没有？"爸爸说："没有。"

1月10日。益：

后来，我们简单地回答了他的问题：一个中心是"以经济建设为中心"，两个基本点是"坚持四项基本原则,坚持改革开放。"这个问题对托儿所的孩子太大了,要使孩子有点印象是可能的,要很好的理解是不大容易的。

6月30日。益:

江要上小学了,上午8时与大江去附近的白云路小学(区重点)报名。8时半开始考,江第一个应试,考了半小时,我也不知他考了些什么。后来他说,他讲了一个"傻女婿"的故事。我们听了,哭笑不得,他听了许多比这个有意思的故事,可能他觉得这个故事最可笑。但是老师听来,却是没有意思的。

不久,江被录取了。芳还不满意,据说班不理想。

他喜欢听笑话、相声,喜欢快乐、轻松。他是从他自己的兴趣来讲故事,不是从听众,更不是从老师,从入学考试的角度来讲故事的。

一个六岁的孩子,怎么才能学会应试呢?兴趣和应试,是一个大难题。

7月21日。益:

单位分给我方庄四室二厅的住房。但是离芳上班的地方——石景山西黄村,约一小时半到两小时的路程,这是上班距离远的难题。

方庄小区,那时没有小学,9月1日,小学开学,马上要找一个小学,又是一个入学难题,但是进一年级,不是插班,稍容易一点。

8月20日。益:

知道分到房的消息,办理各种手续,到搬家用了一个月,今天在同事的帮助下,总算搬好了家。为了房子,江不能去白云路小学,另外请人联系离家较近的学校。只要学校能接收江,江就去读。

第二部分　小学

24. 上学

9月1日。益：

江是一年级小学生了。

CW区离龙潭公园不远的一所小学接收了他。这所小学虽在CW区，离我们并不太远，有公交车可直达，还是方便的。我上班时，可顺路送他到校。

今天开学，上半天课，我送他到校，中午去接他。见他头戴小黄帽，胸前挂一朵小红花，书包里是发的新书。我给他在校门口拍了照，作为第一天上学的纪念。每天下午5时放学，每周四下午没有课。

小学离龙潭公园不远。红色的小楼，不大的操场，是一座普通的小学标准建筑，给我一个平平常常的印象。

后来，江在三年级的作文中，描绘了他的母校。

美丽的校园

一走进校门，就看见左边有一棵海棠树。它的树干不太粗，春天它开出白色的小花，叶子也长出来了。夏天，花落了，露出小海棠，叶子长得非常茂盛。我们很喜欢在那儿休息。秋天，海棠是黄色的，冬天海棠树又赤裸裸了。同学们玩得出汗了，就脱下衣服挂上去。

海棠树的旁边有一座花墙，墙上有一个大月亮门，旁边有两个扇形的小窗。还有假山，上面长满了莓苔和青草。下面的水池里站着两只仙鹤，一只站在那儿，一只在捉身上的虫子，它们好像是来洗澡的。假山旁边有石桌和石椅。它们的样子很奇特，石桌像一只大蘑菇，石椅像一个个小鼓。有时老师在这里休息，我们在那儿游戏。

在通往操场的小路上，有两棵高大的泡桐树，它的树杆很粗，要两个人才合抱得过来。春天泡桐树开花了。它的花是喇叭形浅紫色的，像一串串的紫葡萄。夏天，两棵大树的枝叶长得很茂盛，像两把大伞。我们非常喜欢在这大片的绿阴下玩跳绳和砍包。秋天，黄树叶一片片落下来，像一群蝴蝶在空中飞。我们就三个一群，两个一伙的玩拔根。冬天，两棵大树的树叶都掉光了，像两个威武的战士守卫着校园。

我们的校园真美呀！

25. 谭老师

9月21日。益。

江的班主任谭老师教语文，是他的启蒙老师，她教学很有经验。

一年级教汉语拼音、学习语文的各种基础知识，非常重要，江学得一口流利的标准普通话。

那天，我联系江入学时，她告诉我，江分到一年级一班，她是班主任。她说：这所小学虽不是重点，却是CW区小学中较好的，相当于北京市的海淀区。当她知道我们的困难后，允许大江早上到校，可以先进校门，不用在门外等开门。她给大江一个牌子，凭它可以早进校。

看来，江入学后，谭老师很喜欢他，在班里，江担任了第三组组长，语文课组长和音乐课组长。

我愿意他大器晚成，不要年轻时锋芒毕露。我并不愿意他过早的被老师看中。我有点理想主义，更希望他能为科学献身，像陈景润那样。但是，当前我见到的，这种理想主义的成功机率是趋近于零的。急功近利者多，为科学献身者少之又少。

我又想到了自己，人的才华是掩藏不住的，我年轻时不知怎样一来，被发现有才华，于是许多不幸也随之而来。我希望江有才华，又希望他不要锋芒毕露。

光有才是不够的，还有其他的因素，如人品等等，形成合力才能成功。梅兰芳就是一个著名的例子。他的第一个老师说梅没有才华，但是，梅成了一代宗师。

26. 引导

9月26日。益：

迁新居，江上学，两件大事同时到来，家庭的日常生活有了相应的变化。

芳的工作地点太远，早出晚归。接送江，和江的学习辅导都是我的任务。

我不是以我的想象来规划江的学习，我从多方面观察和测试他，来发现他哪方面有才能，就往哪方面发展，我希望他有多方面的才华，可供选择。

我给他买智力玩具魔方，我教他很快地学会了玩魔方，但我玩得不如他。

他的记忆力很好,我给他讲围棋,他学得很快。

我想方设法地适应他的需要。

12 月 31 日。益:

早些时,江忽然问我:"什么是标点符号的冒号?"我有一本专讲标点符号的书,给他放在他的小书架上。给他看了,还要稍讲一点。

江有一个性格,你要适应他,就是他提出问题,他想学习的时候,你赶快教,用很少的时间,他学得很好。他不愿学时候,你怎么教,他都听不进去。

从一年级开始,我就精心地布置他的书桌,他的书桌和我的书桌都靠墙排列。他的书桌上方有一个小书架,上面放的书,都是我提供给他看的,各种教学参考书、教材,还有涉及历史、地理、科普的都有。每个学期换一部分,一直到高三都是如此。但是,看不看由他自己选择,我从不指定一定或必须看什么书。家中的藏书也有八九个书架,任他随便看。我只是给他创造条件,让他自己愿意或产生兴趣去看。

现在要做的,就是每天晚上,他做完作业入睡后,我看他的数学和语文两门课的作业。一年级时回家做的作业很少,不一会儿就做完了,而且几乎没有什么需要纠正的地方,我看的目的是了解他学了些什么,他的回答有没有明显的错误。

27. 写字和午饭

1991 年

1 月 25 日。益:

第一学期,江拿到一份全优成绩单。评语:遵守纪律,学习努力,肯动脑筋,关心集体,工作负责。希望:写好铅笔字。班主任很客气地提出了希望,看来江的字写得不好。

写字是要有一定天赋的,江的字一般,但是不好好的写是真的。他写的字有的出了格子,给人天马行空的感觉。我只是劝他,老师那么喜欢你,要听话,写字要认真,要工整,不要把字写出格子。

江在家写他的第一篇读书心得,他边写边自言自语地说:"想起来容易,写起来还真困难,不容易呀!"小孩子竟一语道破了写作的天机,这篇心得我没看过不知道他写的什么。

后来竟找不到他的这第一篇读书心得，可惜。

3月12日。益：

江在校吃午饭，时好时不好，他把剩下的米饭放在饭盒里带回来。带回的太多，好像没有吃似的。不知为什么吃得那么少？每天看他的饭盒就忧虑，成了我的心病。

我带他去儿童医院，挂了专家号。大夫开了一点中药和开胃药，关照，如果吃饭不能改善，要验血。

江每逢粗粉条中午几乎不吃，这怎么办？

中午吃得不好，晚上回来吃得特别多。长期下去，要有胃病的。是校中伙食不好呢？还是他身体不好，他说不清楚，我们更不甚了了。

妈妈是做饭高手，江吃惯了妈妈的饭，学校的饭一下子适应不了，也说不定。但不管如何，江的吃饭必须改进。

6月5日。益：

上小学以来，江经常有点小病，感冒、扁桃腺炎。吃饭又不好。为了增加抵抗力，最好的办法是多吃。看了报上关于"娃哈哈"的介绍——有开胃功能，如获至宝。给他买了"娃哈哈"，希望他多吃饭。

一次中午去接江，为什么还不出来？我进去找，他正在吃午饭——只有他一个人在吃，一位年轻的女老师坐在他的旁边，他吃得很慢，好一会儿才把饭全吃完。我很敬佩这位女老师，她没有训斥江，说他为什么吃得这么慢，吃到最后一个。而是在他旁边静静地耐心带微笑地坐着，就这样，改进了江的吃饭。

7月12日。益：

江在这位女老师的默默的微笑前不好意思不吃，也许"娃哈哈"也发挥了作用，江时好时坏的吃饭终于有了较多的改善，健康状况也有所好转。我不认识这位老师，后来知道，她是教政治思想课的老师，谢谢。

江一年级的期末考试的成绩是：除体育是良外，其他都是优（95分以上）。我很满意，我不要求双百，90分以上，就是好成绩。

28. 家务

9月5日。益：

家务，是家里的一切事务，现在是围绕着江的一切事务。

江升入二年级，拿了一张三好生的奖状回来，名列班第四，他很高兴。他的成绩、聪明和才气，仿佛是玩出来的。

想起自己的小时候，不也是这样吗？成绩也似乎是玩出来的。

谭老师身体欠佳，换了一位班主任。

学校组织去参观历史博物馆，交6元。开学以来，交学费10元；兴趣费13元；打针0.4元；伙食31元；管理费5元等等。

11月4日。益：

我6时半起来，芳已经上班，她走前将早饭做好。我给江穿衣，他自己下床，洗脸、刷牙。他一边吃，一边读书。我在他读过的书上按老师的要求签字。7时半准时下楼，我上班，顺路将江送到学校。下午4时45分出门，约在5时10分左右接他。

我对北京的小学教育不解，这学期开学后，家长几乎成了半个老师，孩子读书还要家长签字。我上小学的时候，家长哪管这些事。家长如果不识字呢？怎么办？

我整理江的书包，检查作业、饭盒，有无剩饭。

江回家看电视儿童节目。饭做好后，他边吃边看，然后做作业：默写生字、背书等。

江约在晚8时到8时半睡觉，我们做各自的家务。我烧水、洗碗。丽芳洗衣服、织毛衣等。

11月15日。益：

江语文单元测验87.5分，有一道会做的题，居然忘了答，他没有考试经验。

给江交饭费，两个月共62元，还要两斤蛋票和肉票。

若干年后，国家发生了很大的变化，以上的记录就有了意义。我相信，随着时间的推移会更有意义。说明国家以经济为中心，飞速发展前进了。

那时，我们每月都要去原住地用粮本到粮店买粮食。

29. 第一封信

12月2日。益：

芳的二姐打来电话，岳母大人病危，芳回东山探视。江极好，懂事了。让妈妈回家，以前，是舍不得让妈妈离开的。

昨晚，他吃饭、看电视，完成作业也不错。

今晨，江自己穿衣服，换校服把裤子穿反，重穿。吃糕、鸡蛋、牛奶（加麦乳精和果珍）。妈妈不在家，加强了他的自觉。

江还在今天的日历纸上，给妈妈写了一封信，这是儿子给妈妈写的第一封信，我寄给了芳。

"妈妈好：爸爸吃完早饭了，爸爸正在吃药。

江 1991. 12. 2"

这封信比我上小学二年级（1937年）时写的第一篇日记好多了。我的第一篇日记只有五个字"今天我吃鱼"，而且一连写了好几天。老师看不下去了，在我的日记后面写道："小朋友，不要天天吃鱼了。"妈妈看了读给爸爸听，引起全家一场欢笑。

30. 熏陶

1992年

1月10日。益：

岳母病逝，办妥丧事，丽芳回家。

从江一年级开始学算术，我突发奇想，想教他学代数。

但是，做家长和当老师是完全不同的，许多艺术大师的孩子，学习都不是自己教的。孩子放学回来，家长给他加课，孩子不会接受，怎么办呢？只有一个办法，在他不知不觉中进行。在江不经意的时候，在他高兴的时候。每次只用几分就有很好的效果。

熏陶，是吸引孩子逐渐产生兴趣的好办法。

随着江在学校学加减乘除，在家里，在他休息或玩的时候，在他愿意和你谈话的时候，给了他一些代数的基本知识。我们的问答是：

问："你会加法了，2加2等于多少啊？"

答："等于4呀。"江很乐意地随便边玩边回答，我还问了几个类似的问题，他都答得很好，其实，这些，他在幼儿园时已经早会了。

问："A加A等于多少啊？"

答："A是什么呀！"

问："A是你学过的（幼儿）英语中的字母ABC中的A呀！现在用A代表指定的东西，如果A代表一个苹果呢？"

答："A加A等于两个苹果。"他回答得很好。

问："如果A等于两个苹果呢？"他想了一下，

答："A加A等于四个苹果。"

就这样，我已经把代数的基本概念，不用名词术语，在他知道的知识上引申出用字母可以代表事物，代表数字，模糊地熏陶了他，种下了学代数的种子。

这样，每次只说一点点他原来不知道的，可以引起他学知识的兴趣。

31. 分数

1月11日。益：

中午接江，他最近测验，得了几个100分，天真地问我：

"你小时候得过100分吗？"

真是孩子，多么可爱。我如实地答道：

"几乎没有，我们的分数比你们现在的分数，含金量高得多。"

我是上海复旦中学毕业的，那时，高三的数理化的教材，用的全是英文版，我们的得分并不高，但考上的大学也不差。我在校的平均分肯定大大低于考取北大的分数。所以我说，我们的分数含金量高得多。

我没有追求过分数，而是追求知识，追求知识需要兴趣。有了兴趣，学习就有主动性。我初中学代数，产生极大的兴趣。我用列方程的方法，解出了我能找到所有的应用题，兴趣盎然。初中学几何，使我感受到做几何证明题特有的乐趣，从兴趣出发，做了大量的证明题。1950年考入北京大学的平均分也不过80多分。

要使他对学习知识产生兴趣，用他不知道的知识，唤起他求知的欲望。追求某项知识的结果，这门知识的成绩一定会好的。我想起江在一次做"看拼音写字"的练习时，把风景写成枫井。这是他不解风景这个词语的意义，写成枫井。也许，他误解题意，认为写任何字音相同的字都可以。

从另一个角度看，对 8 岁的孩子，也不易把风景这个词讲清楚，他对风景这个词没有留下什么记忆。还可看出，他还没有学习语文的主动性。

风景是什么？现代汉语词典的解释是："一定地域内由山水、花草、树木、建筑物以及某些自然现象（如雨、雪）形成的可供人观赏的景象。"讲好了，学生理解了，就很有意义，如只是读一遍，让学生背下来，就没有意思了。文学大师们描写风景，并不是背下词典上的解释才去创作和描写的。他们描写的风景，比词典要有趣得多。

32. 语文水平

1 月 17 日。益：

前天，江上半天课，中午去接他，知他数学考了一年半以来（测验不在内）第一个 100 分。我觉得 90 分以上就可以奖励，我们在学校附近的餐厅吃饭，点了他爱吃的菜。

江说：他们班最好的语文成绩只有 98 分。我说，不要追求 100 分。语文这个分数已经很高。名次比成绩重要，能名列班前几名就是名列前茅，很不错了。

但是也不必刻意追求名次，好好学习就行了。不断提高自己学习的兴趣，做到轻松、愉快、自然地学习，一定是快活的。

上午，江到校取成绩单。这学期，他的体育、美术、音乐、大字为良，其他课程都是优。

要提写作能力，语文水平和写作能力是相辅相成的，语文水平的高低，一定会反映在写作上，而写作又受综合素质影响的。一直到上大学，写作能力仍然是一个重要问题。我提醒他，写作要靠仔细的观察和分析，要客观，要把情感注入到文章中去。要多读和感悟大师级人物的著作。

提高写作能力，不能不接触四大名著，这时他的阅读能力还不够，为了让他喜欢古典著作，我每天替他录下评书《三国演义》给他听。《西游记》让他看。电视剧《淮阴侯韩信》也没有放过。这是提高写作能力必须储备的文化底蕴，当然还有其他……

提醒他平时注意积累词汇，写作时才能得心应手。

33. 第一篇日记

4月7日。益：

前不久，我们单位同意调芳来做资料工作。她的到来解决了我的后顾之忧。我虽已到退休年龄，但按有关规定，仍可任高级技术职务，我和领导商定，为照顾孩子，以我的完全退休换取她的调入。

于是，我从4月1日起退休。

正好是清明前后，上午，我和江去昌平佛山陵园父母的墓地扫墓。江说墓地的风景好，墓碑上刻有祖父母去世的日子。江为他出世时没有见到祖父母而遗憾。在回家的路上，江吐了两次，我们不敢在外面吃饭，很快地回了家。

回来后，江说，为什么不早生他呢？我说："我找到你妈妈时，你的祖父已去世多年，祖母也于一年前去世。"

江渐渐忘却三岁以前的事，大学住所室内的样子已经记不清了。那么多诗词如何背下来的，也渐渐地退出了脑海，但是听录音时，还能唤回一点对往事的记忆。

二年级下学期，我鼓励他写日记，就以这次扫墓为题。江从他的视角写下了他的第一篇日记。

4月7日。江：

星期二，雨。今天，去扫墓，我在路上看见了树、小河、田野、小狗和房子。到了佛山陵园西山人民公墓，我看见了墓，墓碑上刻着爷爷、奶奶的名字和立碑人的名字。

他写得简明，写文章就应该如此，我鼓励他。有的字不会写，用拼音代替也可以。

两年后，他写过一篇回忆，追忆了这一天。

二年级时，四月初的一天，我和爸爸带着扫帚去扫墓。到了远郊，一排排柳树伫立在河边。我第一次坐车行驶在大山脚下，这里的世界对我来说是那么陌生，没有高大的楼房和大厦，展现在眼前的是一座座平房，一片片田野和远处的高山。汽车行驶在农村的小路上，远远望见了山坡上的墓群，终于来到了佛山陵园。这时，下起霏霏细雨，真可以称得上"清明时节雨纷纷"

了。雨一会儿就停了，我们登上山坡，来到祖父祖母的墓前，我和爸爸扫去石碑上的尘土，在墓前恭敬地鞠了三个躬。我牢记住墓的位置，照了几张像，依依不舍地离去。"

34. 应试

4月8日。益：

芳发了两天烧，今天还没有好透。她先送儿子上学，再去上班。人生总是这样，忙忙碌碌，辛辛苦苦。

江语文测验得了92.5分。班主任老师和我谈到江，说他上课不注意听讲，考试不认真，不知是否对这个分数不满意。

也许我真是赶不上应试的潮流了，90分以上的成绩，老师还不满意。我和芳谈到此事，芳是老知青，插队的地方在东山附近，她教过农村小学，原来教学成绩上不去，后来学其他老师的经验，成绩上去了，学生得分高，她评上了优秀，学校、家长都喜欢。

她说，让学生死记硬背许多知识（教学规定学生应会的词组等），包括背作文、造句等，考试的成绩上去了，而不是把学生教会教懂，有兴趣，主动学习，上去的。

我说怎么能这样呢？她说大家都这样，你不这样怎么行呢？

几十年过去了，我不了解现在的实际情况，反正分数越来越高是真的。

我建议江用一个小本子记录一些，他喜欢的（不一定是教科书上的）好词、词组。他说，学校只考教科书上出现过的词组。我想，一定是老师关照的，一定要背的，我有什么办法呢？江非常听老师的话。我只好沉默，我不知道说什么好。

我又想起江前不久回来说过，老师将"刻舟求剑"写成了"刻舟求见"；还说上学期老师有一次写诗句也写错了。这怎么能说江上课不注意呢？

也许正是因为如此，江才上课不注意听讲的。这事只能慢慢地淡化、疏导。我只能对江说："要尊重老师，上课要注意听讲。"让时间来淡化。

江说了之后，我没有深问，因为有时出现失误时，当时就改正了，学生就不必老记住了。我想淡化，所以不再问了。

我意识到，江给班主任老师留下了不好好听课的印象。只好以"好好听课"来消除，没有别的办法。

35. 快乐的时刻

4月25日。益：

今天是江的入队日，从今天开始，他是中国少年先锋队的队员了。我们送他一本《中国少年先锋队章程》讲话。

4月25日。江：

星期六，晴。今天去天安门开入队会，下午一时到天安门集合。后来因故改在中山公园举行入队仪式。三时多结束。爸爸和妈妈陪我到广场。妈妈和我一起回来。

三年后，江在作文中写下了那一天的实况。

快乐的时刻

每当我低下头，看见胸前飘扬着的红领巾时，便会不由自主地想起入队时的情景。

那是1992年的4月25日，中午，当我想到下午就能成为一名我向往已久的少先队员时，激动得连饭也不想吃了，好容易在妈妈的劝说下胡乱咽了几口饭，便拿着手表看起来。时间怎么过得这么慢，表上的秒针移动的速度怎么比乌龟爬还慢。

好容易盼到了集合时间，大家都到齐后，便跳上了大汽车，向集合地点－中山公园驶去。一路上同学们有的"高谈阔论"，有的只欣赏车窗外那优美的春景，而我恨不得生双翅飞到集合地点，马上举行入队仪式。

汽车终于到达了目的地，我们连蹦带跳地下了车，我笑得合不拢嘴。这时，同学们也陆续来到了集合地点。

入队仪式开始了，首先是由家长给自己的孩子系红领巾。我当时那种激动的心情无法形容，因为这条红领巾来之不易，它是与我一年多来的努力分不开的。一年多来，我上课认真听讲，积极举手回答问题，回家认真完成作业，有时还做一些补充题，这样，我的学习成绩一直在班上名列前茅。这时，妈妈已经给我系上了红领巾，并把入队礼物——一本《中国少年先锋队章程》讲话给了我。

这时，大队辅导员房老师带我们宣誓。我怀着无比激动的心情立下了要好好学习,将来为祖国做贡献的誓言。从此,我成为了一名光荣的中国少年先锋队队员。

我永远也忘不了这快乐的时刻。

36. 隐忧

5月11日。江:

昨天包饺子,我包一只小猪,还包了一只牛,还有小圆子,包完了就下了锅。

今天爸爸带我去自然博物馆,买了东西,看到了动物和石头。

6月1日。益:

儿童节,带江去天文馆参观,看了两场电影。"探索星空",讲九大行星和登上月球;"夏季天空",讲的是天文星座等基本知识。还参观了展览,我给他照相,买羊肉串和两件小玩具。

路上来回三个多小时,江乐意去,不怕远。

6月2日。益:

下午放学后,他的同班同学陈楠见我在校门外等放学,她告诉我,江上课不注意听讲,江给老师留下训话。过了半小时才出来。

江的注意力不集中,上课不专心,我们也只好一次又一次地叫他上课注意听讲,尊重老师。江还是浑然不觉,他从不会特意讨好谁。他也不知道怎样就会使人生气。这是小孩的本性。江背短诗时,听几分钟,就背下来了。关键是要引起他的兴趣,他才能集中注意力。这是我最大的一种难以捉摸的隐忧。

6月7日。益:

江做出一道数学思考题,奖励他,带他去看电影,还给他买了小巧漂亮的铅笔刀。

早些时候,有关代数正、负数的知识,仍然通过闲谈的方式进行,如:

问:二减三得什么?

答:不够减。

问:差多少?

答:差一。

问：也可叫做负一，就是欠一的意思。如果你买东西，钱不够，少给商店1元。就叫做负一元，写成数学式子就是"-1"，如果连续三次，你一共负多少呢？

答：欠三元，也就是负三元。

问：用数学式表示是？

答：(-3)

问：写出完整的式子是：(-1) + (-1) + (-1) = -3。

6月12日。益：

江这几天老是丢东西，不知是小朋友和他作对呢？还是……。

一天，将语文课堂练习本弄丢了。老师看过他的本子，学生发的时候就不见了。从中午找到下午没有找到，在考试前夕丢了作业本，江满不在乎。他不靠本子复习，靠平时记忆。

一天，放学时，帽子不见了，第二天，帽子就在座位上。

一天，数学的练习本没有了……

诸如此类的事情，江不到老师那里去说，老师也不管。家长也只能摇头而已。

6月23日。益：

江进入复习阶段。语文平时成绩是班上第四。最后一次语文测验，竟得了99.5分，有点幸运。

江对数学难题，做得不错。但二十以内的加减，还可能出错，让你哭笑不得。昨晚做作业到10时，似乎他也知道名列前茅不容易，学习认真起来。

37. 围棋

7月11日。益：

路过中国棋院，见到棋院的招生广告，学习期间在暑假，招收小学一二年级的学生。我给江报了名。

中国棋院离我家不远，江的记忆力好，让他锻炼一下。师傅领进门，修行在个人。能否成才，试试而已。不行的话，知难而退。

7月16日。益：

江在棋院的儿童班学习，讲的是"围棋的起源"和"气"，今天上第二课。我有一同事（围棋业余三段）说：学棋极不易，15 岁的常昊，已是五段职业棋手。有的一辈子也上不去。弄不好，棋上不去，学习也上不去。这，我当然是知道的。

7 月 20 日。益：

昨天我送江去棋院，见坐在他后面的两个小孩在下棋，比江高明，有的小朋友是很会下棋的。围棋班结业时采取比赛的办法，看来，他的水平在中下游。

这几天，江参加围棋班的训练比赛，有输有赢。他说，有一个同学已经学过半年，比他学得好。其实，他应该通过学围棋明白一个道理，想有成就，就应该比别人多花时间，多下功夫。

江只有看一、二步的棋力，是不适合学围棋的。

后来，不知为什么棋院这个班停了。江又去 CW 区少年宫围棋班学习。我让江九子，他不能胜我，而我只是一个不入段的爱好者。如果，他使我一败涂地、片甲不留，我会兴高采烈。看来，他学棋不行。但是，不试又怎能明白呢？他没有悟到棋理，记忆力强又能记些什么呢？

江二年级期末考试：数学 98，语文 96.5。很好，不必追求 100 分。

二年级，老师给他的评语是：关心集体，每天早晨打扫教室，遵守纪律，团结同学，爱劳动。学习努力，课上较积极地回答问题，成绩较好。但上课小动作多，有吮手等不卫生的行为，不够大胆，望继续努力，改正缺点，争做三好学生。

38. 讲故事

8 月 16 日。益：

以前都是我给大江讲故事，今天他忽然要给我们讲故事，给我们发了他自己制作的票，上写 8 月 16 日下午 5:10 听故事：

1. 小猴子参加游园会；2. 花母鸡比蛋蛋；3. 树林里的伙伴；4. 小鹿的尾巴；5. 熊老大卖鞋；6. 骄傲的冠军。

对号入座，我是 1 号，躺椅，芳是 2 号，沙发。

他认真地照着一本故事书朗诵。就二年级的他来说，也颇不易。

很可能在学校，小同学就是这样在一起讲故事，他把这个情景转移到家里来了。还是他想在家里实习一下，再和小朋友去讲，我不知道，服从了他的安排。

我们年轻了不少。

39. 难得糊涂

9月2日。益：

二年级班主任的评语"争当三好生"意味着，江评不上三好生。这，我们不在意，不知为什么，这位老师一上任，江就失去了所有班上的职务，这，我也无所谓，一笑了之。江则浑然不觉，后来上课不注意听讲，我觉得和此事无关，是上课注意力不够集中的缘故。但评语只说，"上课小动作多"。给我一种隐忧，只能对江说："尊重老师，上课好好听讲。"此外，我无能为力。

有的家长说，有些事情是前后两位班主任之间有什么成见形成的。这些，我从不打听，也不想知道，也不让孩子知道。

我只有一条道——正道，即一定要让江不受干扰，满怀兴趣地学习，这是硬指标。我对现在名之为潜规则的规则一无所知，知道也不会去做。评不上三好，就不当吧！

评语中肯定了"成绩较好"，还说他"积极回答问题"，而且，他一直是名列前茅的。硬指标是不错的，也许硬指标被潜规则和软性的东西代替了。公平竞争谈何容易。

评语中有一句话"不够大胆"，我不知道指的是什么。记得有一次，我和这位班主任闲谈过一次。她对我说过一件事，事情是这样的，"一个同学，推打江，江忍让了，没有还手。"接着说："别人欺侮他，他要是还手的话，我就会批评那个同学。"她的意思"江不够大胆"。我默然。我没有回答她的话，真是"话不投机半句多"。

我没有和她争辩，争辩的结果，一定是两败俱伤。我在她的学生面前，还要说："要尊重老师，上课好好听讲。"

我想，我们之间太没有共同语言了，你看到了不制止，不批评，反说忍让的学生不够大胆。欺侮人的人反倒有理了。真是"岂有此理"。

在家，我早对江说过，在学校如有小朋友打你，不还手，就打不起来了。你不惹事生非，别人不会非打你不可的。你还了手，打起来，你们都是不超过十岁的孩子，出手不知轻重，谁把谁打坏（如打坏了眼睛）了都不好。

昨天，新学年开学，这位班主任跟班到了三年级。我还能说什么呢？

我们想的也许不对，或根本不是那么回事。江则浑然不觉，这倒更好，他是孩子，他不知道我们想些什么，一点都不往心里去。我们看到的事，听到的事，也不和他讲，只是内心有一种隐忧，我总是想，但愿事实不是这样的。

我们从侧面看，因为江浑然不觉，所以没有影响他的学习积极性，从没有听他说过任何这方面的怨言，他是真正的"难得糊涂"！

好得很，他的学习不受影响。但愿时间能淡化这种隐忧。

40. 不幸中之大幸

9月15日。益：

十几天前我似乎感冒，发烧到39.5度，第二天晨退尽，口干、无力。下午继续发烧，高时38度2，有时不烧，忽高忽低。

我一直服用抗生素——诺氟沙星胶囊，三四天后病情稳定，发烧五天后退去，精神、体力有所下降。咳嗽不止，夜间尤甚。虽然伏天，不知冷暖。自我感觉不佳。

我已经二三天不发烧了，过去，我感冒，发烧退后，精神、体力很快就恢复，这次不然。今天上午去医院看内科，这位大夫很细心，问了病情后，经X光透视，确诊我是肺炎，已在恢复期。给了抗生素，要我在家休息，定期复查。并说：如再发烧，要打点滴云云。

我是10几天前发病，不知不觉医好了自己的肺炎，靠的是家传——父亲的经验。

父亲生前是医院的内科主任，他的医疗理念和现在流行的说法不同，他认为老人和孩子，得了感冒，发烧，除服治感冒的药外，要服抗生素二三天，不发烧不服。理由是防止得肺炎。江没有得过肺炎，和我的家传的保健、治疗的方法有关。

这次，我也是这样给自己治疗的，想起来非常后怕。我居然烧刚退，就骑车送江，还上街买东西。才又烧起来的。不知开始就是肺炎，还是后来转的肺炎。当引以为训。我服药后注意卧床休息就好了。

家传，还有一条，发烧要卧床，烧退后还要卧床一天，节省体力，这样可以增加抵抗力，我违反了这一条。

现在自我感觉好多了，在家继续服医生给的抗生素。有了冷暖感觉，前些时老觉得身上的毛孔是开着的一般，大汗不止的情况消失了。

幸运啊！躲过了一场大难。

41. 日记（上）

（从三年级到四年级江共写了70多篇日记。从中选了一些。）

11月7日。江：

星期六，雨夹雪。今天我在等车回家，来了一辆车，人特多，我上了车，车到了北京游乐园，由于上车的人太多，车门关不上，好不容易才把门关上，到了方庄，我下车了。爸爸在车站等我，我就和爸爸一起回家。

11月8日。江：

星期日，风。今天我做飞机模型，做好了，我在家里玩了一会飞机。我想下楼玩，由于风太大，我只好在家里玩，过了一会，风还太大，只好还在家里玩。

11月10日。江：

星期二，晴。我的大头针掉了，我用吸铁石吸找，吸到一根铁丝。我看见一只图钉，把它吸了过来。最后看见了大头针，把它吸了过来。

11月12日。江：

星期四。今天我在家里厕所的铁门上，用磁性象棋棋子把一张纸压在铁门上，纸的一面写着"有人"，另一面写着"无人"。人进去了，就把"有人"朝外，出来的时候，就把"无人"朝外。

11月14日。江：

星期六。今天我去科技馆，看见了蝴蝶的标本、乌龟和青蛙骨头、城堡、直升飞机和小发明。蝴蝶的颜色很多，城堡很漂亮，直升飞机是绿的。我很喜欢直升飞机和城堡。

11月15日。江：

星期日。今天我听爸爸吹口琴，吹了一首歌就换一只口琴，我跟着唱，爸爸给我伴奏。

11月23日。益：

给大江从电台节目中录相声，让他生活在笑声中。还为教他数学做准备，用精心安排的由浅入深的题，使他于不知不觉中解开了难题，对数学产生兴趣。如果准备了五道题，最后一道难题的准备知识，潜伏在前四题中，只要会做第一题，按顺序做下去，最后的难题迎刃而解。如果先做最后那题，那就百思不得其解。

12月7日。江：

星期一。今天我编了一个笑话，给爸爸讲，我和爸爸正走在回家的路上，还没讲完就到家了。

12月9日。江：

星期三，雾。早晨，爸爸送我上学，正好有雾，前面朦朦胧胧，再往前是一片乳白色，什么都看不清。爸爸说："二十米以外的看不清。"我看见汽车开着的灯，像一颗颗会动的星星。我觉得很美丽。

12月10日。江：

星期四，晴。爸爸给我买了一个小飞机，它的机身是浅蓝色的，下面的轮子是红色的，后面是一个卷笔刀。它的机翼还能活动呢！我很喜欢它。

12月11日。江：

星期五。今天劳动课上，我做了一个长46.9厘米、宽20.9厘米的大信封。我先量尺寸，然后画线，接着剪下再折，最后粘上，一个大信封很快就做好了。我还没有见过这样大的信封。

12月14日。江：

星期一，晴。今天是我的生日（阴历11月21日），早上，我吃奶油蛋糕，吃了一朵花和好多蛋糕。晚上全家吃面条，里面还有馄饨呢？爸爸给我买了一盒橡皮，其中的花样有：大树、小花、汽车、白云和青蛙。

12月16日。江：

星期三，晴。今天我第一次写信，写的是：

姑奶奶：你的明信片收到了，祝你新年快乐，万事如意，寿比南山。

12月17日。江：

星期四，晴。今天，爸爸带我到花市电影院看电影"龙门客栈"，影片讲的是明朝的事，那时当官的很坏。

42. 周记

1993年

2月14日。益：

我们单位迁到方庄，芳上班，离家近了。

学校让江参加数学奥校，那时奥校的学习成绩，不和升学挂钩。多学一些知识，我是很赞同的。

江的体育成绩为"中"。芳要提高他的体育成绩，给江买了一双溜冰鞋（旱冰）。又买了跑表，给他测跑步的时间。

三年级下学期，老师要求写周记，江写了几次，有点像随笔。录几则，从中可看到他9岁时的见闻、所思、爱好等：

周记：

1. 爱石（1）

我去拣石头，到了工地上，我走了一会，东看看，西看看，没有岩石，只好回家。一天，我在下面玩，挖到了许多石头。第二天，老师帮我认出了两块岩石是石灰岩。我又找到了几块漂亮的石头，它们可能是石灰岩。老师又说一块石头好像是砂岩。当天，我在操场又发现了两块石头，也好像是砂岩。我喜欢石头。（老师评语：很好学。）

2. 爱石（2）

因为我喜欢石头，所以我看哪一块石头都像岩石。我在操场玩的时候，发现一块石头像砂石，就捡起来。回到家，爸爸说："捡石头没有用，捡那么多石头，要它有什么用？"后来，我在操场上看见石头，捡起来想拿回家，想起了爸爸的话，就把石头放下。我又看见石头了，我不由自主地捡了起来。

3. 听书

我第一次听杨家将这部评书，觉得没有什么意思，后来一听，还真有点意思。宋太宗得知北辽皇帝要他参加双龙宴，北辽皇帝要交降书。宋太宗不知道其中是否有诈，北路督讨使边关大元帅潘仁美——宋太宗的岳父——和杨家将中的七郎有仇，想让杨家将去冒险。他向宋太宗使了个眼色，宋太宗还没有开口，没有想到七郎之父金刀令公杨继业开口了，他要带杨家八个儿子代替宋太宗接降书，这正中潘仁美的下怀。杨大郎扮成宋太宗，二郎扮成八贤王赵德芳。还带着胡王、高王等人去参加双龙宴。不料中计，北国皇帝让人在酒里放了八步断肠散，大郎、二郎中了毒，临死前，大郎杀了北国皇帝，二郎砸死了倒酒的人。一场大战，杨家将只剩下三人了。我觉得大郎和二郎在临死时还能为国尽忠，真了不起。

4. 看魔术

我看电视，那是一个魔术，这个魔术很好玩：陈佩斯和朱时茂在一起，朱时茂先变了几个魔术，陈佩斯说，这种民间魔术谁都会，他要变一个魔术——炮打活人。只见几个人推上一门大炮，把朱时茂的夫人放进去，一声炮响，朱夫人出现在观众席上，陈佩斯又拉一下绳子，只听轰的一声，奇迹出现了，又一个朱夫人从观众席上走了下来。当拉第三下的时候，我很紧张，怕出不了第三个。结果打出了！朱时茂要打出来三个陈佩斯，结果鞋子袜子都出来了，陈佩斯不出来，我不禁哈哈大笑起来，这个魔术真好玩。

43. 日记（下）

（这是他暑假期间的日记——记录了他三年级的暑期生活）

7月14日。江：

星期三，晴。今天看电影"英雄本色"。讲的是《水浒传》中的故事：林冲和鲁智深交了朋友，后林冲被害，发配沧州。陆谦想杀林冲，鲁智深来救他，他们把陆谦杀了。

电影和《水浒传》不太一样，如：这里少了火烧草料场；还有林冲不是和鲁智深一起杀死陆谦的，是他一个人在山神庙前杀了陆谦等。

（江在比较研究）

7月15日。江：

星期四，雨。今天听电梯阿姨说，附近的幼儿园里有一个小游泳池。爸爸想让我去玩，就去给我买游泳裤。不久，下起了大雨，我不知爸爸在哪里？忽然电话铃响了，是爸爸的电话，他在邮局，我这才放心了。

爸爸买来了游泳裤，我一看，红色的游泳裤上还有三条黑道，十分好看，我很喜欢。

7月16日。江：

星期五，雨。今天，我穿上新游泳裤去学游泳，我心里很害怕，因为这是我第一次下水，我在水里总是觉得透不过气来，走几步也觉向没力气。原来水有压力，压住了我，水越深压力越大，水的压力是来自四面八方的，所以我走起来很困难。我试着躺在水里，没有想到，我还没有松手就呛着了。我再也不敢试了。

7月17日。益：

假期，江在区数学奥校学习，学的是奥校三年级的讲义。地点在幸福小学。我送他，然后去龙潭公园长椅上休息，到他快放学时去接他。每天如此。

只要能从学习中产生兴趣，他一定会快乐。没有兴趣，学习会成为负担。

7月17日。江：

星期六，雨。今天去学游泳，我套上救生圈下了水，可是，怎么也游不快，总是像蚂蚁似的一点一点慢慢地挪动。于是我坐在救生圈上，把它当船，怎么划也走不快。我真没办法。

7月19日。江：

星期一，晴。今天我听说书——《水浒传》，听到一件有趣的事：杨志在路上休息，看见一个卖酒的，杨志怕酒里有蒙汗药，把生辰冈丢了，因为生辰冈有几十万两银子。他们要喝，杨志只好同意。他们喝完了才知道上当。

生辰冈丢了，杨志才醒过来，别人还在睡，杨志一个人走了。他们醒后商量，回去把罪推到杨志身上。

7月21日。江：

星期三。今天我练跳绳，跳了100下，中间就断了好几次。我想，我在6月份练跳绳，半分钟才跳了30多下。还有一次，我一分钟跳绳才八九下。通过这几件事，我知道了体育锻炼很不容易。

7月22日。江：

星期四。今天，我去学游泳，在水里泡了一会儿就起来了。当我走的时候，我刚认识的同学让我在这里替他看小兔，他一会儿就来，过一会儿，他拿着一棵小草来了。他拿着小草喂小兔，我也拔了几棵野草去喂小兔。我看见小兔的笼子里有很多苍蝇，心想："小兔真可怜呀！"

7月24日。江：

星期六。今天我想做杆秤，就找来一根筷子、五根线和一个火柴盒。我先在筷子上系着线，线上挂着火柴盒，然后拿一个小锁当秤砣，一把秤做好了。我又找来一只锁，放在火柴盒里称，可是锁就掉了，真可惜。

7月26日。江：

星期一。今天爸爸给我买了一盒饮料，是为了让我做小飞机才买的。我先把盒子剪开，然后粘上机身和机翼，一只小小的飞机就做成了。我很喜欢这架小飞机。

7月27日。江：

星期二。今天，我拿出以前玩过的小车，其中有一个电动车坏了，我把它拆开，我看见一个小灯泡碎了，我以为是它的问题，当我把电池放上试了试，车轮忽然转了起来，我把它放在地上，碰到东西它就会往回走。它非常好玩。

7月28日。江：

星期三。今天，我听说书《三国演义》，讲到黄忠、马超、赵云和张飞包围了曹操大营，曹操好不容易才逃出来，在西蜀人马紧紧地追赶曹操时，一声炮响，杀出一队人马，为首一员将是曹植。他救了曹操。

7月29日。益：

今天，江参加的《六一杯》数学竞赛选拔辅导班结束。昨天考试，题目不难，江得96分。CW教研中心小学教研室给他的评价是：在《六一杯》数学竞赛选拔辅导班学习期间，表现较好。

7月30日。江：

星期五。今天中午下起了雨，爸爸给我去买煎饼，我站在阳台上等待着，可是等了半天，还不见爸爸回来，我很着急。这时雨下大了，我就站在窗口等。雨点忽然不见了，我以为雨下小了，又回到阳台上去。没有想到雨还下得很大，我只好到窗口等待。我听见门响，便去开门，爸爸回来了。

8月4日。江：

星期三。今天，我看了一个笑话，它很好玩。一天，丈夫和妻子去集市买了五个烧饼，他们一个人吃两个，还有一个呢？他们商量好。谁也不能说话，谁先开口就不能吃那个烧饼。夜里，一个小偷去他们家偷东西，看看没事，就拿了一件衣服走。丈夫忍不住了，喊："捉小偷！"妻子说："这个烧饼归我。"

8月5日。江：

星期四。今天，我做了两个实验：一、用两个吸铁石放到针盒里，拿出来一看，上面吸着很多针，说明吸铁石能吸铁。二、我又把两个吸铁石的北极与北极相撞，没吸上，我又把南极与北极相撞，吸上了。说明同极相斥，异极相吸。

（江常常要自己体验了，才相信。）

8月6日。江：

星期五。江：今天，我又用了两个吸铁石，一块塑料板和一块铁板做实验。用一块塑料板放在两块吸铁石中间，可还是同极相斥，异性相吸。我用一块铁板放在两块吸铁石中间，它们都吸到铁板上去了。

8月7日。江：

星期六。今天，我装了一个电动车。我先把前轮安好，再装上电动机，最后装上电池。我没想到它不动，于是就弄来弄去，把一块小铜片弄断了。我下次做事要想想再做。

8月10日。江：

星期二。今天我和妈妈一起在楼道里大扫除。开始我没有活干，妈妈擦楼梯，我说帮助妈妈洗抹布。水太脏了，妈妈把它泼洒在地上，我又接了一盆干净水。过了一会儿，擦完了，扫完了，我们高高兴兴地进屋了。

8月11日。江：

星期三。有一个笑话：艾子爱喝酒，他的学生想办法不让他喝酒。有一次，他又喝得大醉，吐了。学生们把猪肠子放在吐出的脏物中，让艾子看。学生说："一般人有五脏能活，现在您由于过度喝酒，吐出一脏，还怎么能活呀！"他说："唐三藏能活，何况四脏。"

8月18日。江：

星期三。我做了一个粘贴画，我先找来一张电光纸，再找一张有画的挂历纸，我先把挂历纸的红色部分剪成圆片当太阳，再剪下车身、车窗、车轮，最后把它们粘起来，一幅粘贴画做好了。

8月19日。江：

星期四。我看了小马过河这个故事，懂得无论做什么事都要想一想，小马听了老牛的话想过河，又听了小松鼠的话就回去了。它没有想到：老牛比它大，小松鼠比它小，所以才去问妈妈。我有时也和小马一样。

44. 回顾

9月4日。益：

新学年开学，回顾刚过去的一学年，江的学习一如既往：

三年级的成绩：第一学期政治100，语文98.5，算术98.5，自然99，体育良，音乐优，美术80，劳动优，写字及格。

第二学期政治95，语文96，算术97.5，自然99，体育及格，音乐优，美术良，写字良。

三年级的评语：课外知识丰富，学习努力，课上积极发言，成绩较好，但作文书写不够认真，课上有时走神，望改正，并积极参加体育锻炼，争做三好学生。

总之，"成绩较好"，仍然"争取做三好学生"，与三好无缘。

我们全不在乎，二年来，我们只说"上课要注意听讲，要尊重老师。"从不说"一定要争取三好。"

就是这样，江上了四年级，班主任跟班到了四年级。

9月20日。江：

今天我们去圆明园，一进大门，眼前又是一个门，我们走了进去，我看见在一个小水池的后面有一座小土丘，周围是树林。我们上了土丘看见有两条小路。我们下了土丘从一条小路走去，啊！在树林里藏着碰碰车，旁边还陈列着一架真正的战斗机。

圆明园很美。

（节假日，出去玩，可以散心，开阔眼界，也是一种无字的学习。）

45. 关心奥运

9月23日。芳：

星期四，下午江没有课。中午，他爸爸到12路车站去接他。他下车就问："英语练习本买了没有？"，他爸爸和他一起去买，买回来他自己认真练习。盼他能一直保持下去。

晚饭后，江玩了一会才做作业。默写第五课"黄继光"。他是一节一节默写，每默写一节，就让爸爸看一下，很快就把一课书默写完了。每一节中就错一处标点符号。他的记忆力是惊人的。

9月24日。芳：

江江做作业后，他爸爸检查作业本，他的英文写得好，老师给了一个优。他在他的练习本上又写了几个英文字母，喊我来看，确实写得很好，很漂亮。我想，只要能坚持下去，他一定能写得很好的。

（看来，他的英文老师很有办法，能让江有兴趣和用心地去写。）

9月25日。芳：

晚饭后，我坐在沙发上看晚报，北京就差二票，举办"2000奥运"未能成功，而是悉尼获胜。这时江要我给他写日记，他说，我写。他说："昨天晚上做完作业，我就睡觉了。第二天醒来就问妈妈，是哪个地方申办成功。妈妈说是悉尼。当时我听了觉得很遗憾。到学校后，老师说：我们虽然申办没有成功，没有什么遗憾，悉尼申办了四次，这次才获成功，中国才申请了一次，就有这么多票，下次一定是我们的。"

江在他幼小的心灵中，就知道关心奥运。如果他自己能把要说的东西写出来，该多好呀！也有助于提高他的写作水平。

他还预习了数学中的差倍问题。

46. 数学班

9月26日。芳：

今天星期日，江江去幸福小学参加数学班，8时到校，想睡懒觉都不行。他爸爸接送，在外面等一个半小时。

昨晚，他提出，今天下课后，到龙潭湖公园去玩用脚蹬的船。真是好爸爸，不但蹬了船，还打了枪，得了奖——自动铅笔一支，洋洋得意地回来了。

中午吃面条，没有吃完。他就是吃饭不太好，不知何时才能改好。

下午，一直玩到四时多才开始做作业，做得比原先好一点，五点多做完，后来到楼下跳了一会绳。

晚上，吃了一碗炒饭，吃得比较快。八点多洗头、洗澡。直到睡觉前都在听英语，并跟着读。

47. 解方程

9月28日。芬：

下午放学，一到家，看见饭桌上炒好的辣子鸡丁，非常高兴。

晚上，吃了一碗饭，吃了不少鸡丁，喝了一些西红柿汤。

今天作业不多，让爸爸教他奥校的题，他用代数立方程的办法（江江刚上四年级），解答了与"和倍"、"和差"有关的应用题，只用了半小时，做了四道题。解答得比较好。

（益：代数解方程的方法，是我在他不知不觉中，引导他三年级时就会了，为了让他知道数学是越学越有兴趣的学问，他的数学水平已遥遥领先于他的同学，这也是争取三好啊！）

他上床前，主动听英语磁带。在床上练仰卧起坐。躺在床上，听见厨房有声音，问爸爸："妈妈在干什么？"爸爸说："妈妈在做汽锅鸡。"他说："明天早上吃！"爸爸说："早上不能吃。"让他明天带一点辣酱到学校中午吃。他说："不带了，弄得手上到处都是酱，老师还以为没有洗饭盒呢？"

江江入睡前，爸爸问他："明天带什么书？"他答道："这几天课程比较复杂，我也搞不清。"（他的书包太重，不必要带的东西都不带。）

48. 中秋

9月29日。芬：

江放学回家，首先问有没有烤白薯？又问汽锅鸡在哪儿？我让他吃了一口汤，觉得好吃，就把碗里的鸡、笋片、火腿、肉片、香菇全都吃完。晚饭吃得也不少，比以前有进步。

做完作业,爸爸问他将来干什么?他不愿当医生,也不愿意当教师。他也没说出将来干什么。

晚上,他把毛巾放在毛巾架上,放得又整齐、又漂亮。

江江看了我写的日记,说我写的不怎么样,一没有按顺序写;二日记里写"江江",这是你叫我的,别人看了要笑的。

9月30日。芳:

时间过得真快,今天是中秋,中午11点半可以回家。倒霉的是,前几天每天买菜、煮饭、烧菜、打扫卫生。今天半天班,回家觉得身体不舒服。午饭休息后才恢复。十几年来,我们第一次过中秋节。(那时候不大讲究过节)

江江晚饭吃得比较好,吃了豆沙月饼、扒鸡腿、辣子鸡丁、蒜苗、鸭珍等。

晚8时多睡下,开学到现在,第一次睡了个早觉。

49. 国庆

10月1日。芳:

国庆节,新中国建立44周年。

我感冒了,发烧。

早上,江江主动做早饭,煮了六只鸡蛋。用自然课本上的知识做的。热了几只枣子包子,还把鸡蛋和包子送到我床前,这是他第一次煮早饭,真是好孩子。

他和他爸爸一起到光明楼百货商场买画画用的水粉,还到邮局买杂志,买了一本故事大王和一本手工制作的材料。

下午做了英语作业,他的英文写得比中文好得多,英语老师教育有方。

晚上,带他到楼下看月亮,月亮被云遮住,不那么清楚、明亮。还和他到购物中心逛了一下,看看方庄附近的"十一"夜景。

回来后,江写了日记"十一夜景"(小学的本子有的散失,此文找不到,可惜)。

睡前,他洗脸、刷牙。今天表现比较好,给他20个五角星(丽芳和大江约定,每天根据他一天的情况,给他记五角星,以鼓励他的自觉性)。

10月18日。芳：

好几天没有写日记，昨天江江上奥校班，上星期六军训比赛，他没有参加，有点情绪。他爸爸为了让他忘记这件事，奥校班放学后带他到龙潭湖去散心。（益：具体事情的来龙去脉，一点也记不清了。总之，我总是发扬江的积极性，淡化种种消极因素。）我一个人在家整理，做家务，把该洗的衣服，床单洗了，忙了一天。

江江今天表现比较好，吃过晚饭，主动做作业，做到晚上9点多。做完后，很得意的把默写本给我看了一下，他已有四个100分。这学期默写四次，都是满分。他说：明天要默写，我争取第五个100分。我和他爸爸听了都很高兴。

50. 造句和作文

10月20日。芳：

星期三，江吃饭太慢，而且有时吃菜少，不知他何时才能改掉这坏毛病。我无可奈何，看他吃了半天。

今天下班，同事赵二淑到海鲜酒家排队买馒头，说那儿的馒头好，我也去买了一斤，还到购物中心买了一点肉。

回家，晚上热泡饭，蒸馒头。江江回家后吃了一片水萝卜，看电视，然后吃晚饭。给了他一个馒头，当中夹了一点肉，他吃了四分之三个，加半碗粥。

饭后，他主动做作业，在做作业前，他把练习本拿给我看，他做了十道造句，不但得了十分，而且老师又加了八分，并且还有八面红旗，那句造得好就在那句后面。我们看了一下，果然这几句造得较好，不但通顺，而且用词恰当：

坚持——小明每天坚持跑步，在比赛中终于得了第一。

渴望——小明渴望在全校的运动会上能得到第一。

完整无缺——爸爸把一个精美的花瓶从朝鲜完整无缺地带回来。

请求——马谡向孔明请求把守街亭的任务交给他。

目不转睛——小明目不转睛地看着电视，耐心地等待着宣布奥运会的举办地在哪儿。

断定——警犬可以帮助警察断定某一个人是否带有毒品。

远眺——我站在香山顶峰远眺北京城。

隐隐约约——傍晚，我站在窗前隐隐约约看到了西山上的宝塔。

这是他第一次在学校造句，造得这样好。其实，只要他用功一点，他的成绩一定能更好。

他今天在默写的时候，嫌他爸爸有口音，他爸爸说："我教中学，大学，没有一个学生说我有口音。"他说："你在哪儿教书？"他爸说："在北京。"他说："你是教外地的孩子吧！"他这孩子挺有意思的。

他除了做学校的作业，还主动做了几道算术题——课外题。老师让他全部做。今天数学得"优"。

不到9时，作业做完了。还主动擦地，表现特别好，为了鼓励他，今天给了他四十个五角星。

10月20。益：

江造句可贵的是，他从自己读书、见闻的知识中，感悟后写出来的，不是人云亦云，东拼西凑来的。

江的为文，文如其人，他的为文如实地反映了他的成长过程，以下是几篇他三年级时的作文。（2008年5月1日，江成了"中国当代青少年作家协会"会员。）

1. 植树

春天到了，燕子从南方飞回来了，小草绿了，天慢慢地暖和起来。一个阳光明媚的早晨，少先队员们来植树。白亮和李红一组，他俩抬来小树，轻轻地放进挖好的树坑里，李红两手扶着树，白亮双手握着铁锹，用力地填着土，填完了，他们把土踩实。小红提了一桶水，浇了进去。小亮又挖了一个坑，就这样，一棵树又种好了。他们干完了，回头一看：同学们有的挖坑，有的把小树慢慢地放进挖好的坑里。他们干得很带劲。植树活动结束了，大家看着自己种的树，一起欢呼："我们为绿化祖国做出了贡献。"（老师评语：层次清楚，内容具体，想象比较丰富。）

2. 美丽的龙潭湖公园

一进龙潭湖公园的大门，就看见眼前有一片碧绿的湖水。湖水在阳光的映照下，像撒了一片碎银似的闪闪发光。在这美丽的湖水中，有几条金色的小鱼在水中游动，一会儿钻出水面吐几个小泡泡，一会儿又游到水里，好像在玩捉迷藏。忽然从远处划来一条小船，把正在玩耍的小鱼吓跑了。水波一圈圈地向四周散去。

湖岸边的柳树，长长的柳条垂下来像倒立的拖把直立在湖边。柳树的后边有许多松树，松树上的松塔十分大，有棕色和绿色的。远远望去，像一串串小小的葡萄挂在枝头。一根根松针像绿色的羽毛插在松树上。

松树的旁边，有一座用大理石建成的石拱桥。远远望去，好像是一根龙的脊柱骨，这就是龙脊桥。龙脊桥的中央有一个拱形的大桥洞，桥洞的上面有"龙脊"两个大字，大字的上面，有一个大龙头，好像能喷水。这座桥的台阶很陡，不知我会不会掉下去。台阶两边有石栏，上面雕刻着龙在云上腾飞。这座桥又古怪又美观。

龙潭湖公园真美呀！

3. 我的表妹

我姑姑家有一个可爱的小妹妹，在她圆圆的脸蛋上，有一双大大的眼睛。有一次我去玩，她找来许多凳子，拼成了一辆小火车，又找来一个小红包，把它当作放车票的小包。摆好了，我们就开始玩开火车。她当司机我当乘客，玩得很开心。

她趁我没有注意，把小红包藏在凳子底下就对我说："小红包不见了。"我一听就马上去找。东找找西找找，怎么也找不到。我忽然看见了小红包，忙说："小红包在凳子底下。"她说："不在这儿，这儿没有。"我说了几遍，她才把小红包拿出来。

还有一次，我去姑姑家玩，姑姑和小妹妹不在家，在我等的时候，她们回来了。姑姑说："她真能睡，在公共汽车上，站在那儿就睡着了。"

小妹妹真可爱呀！

4. 动物园的大熊猫

一天我去动物园看大熊猫，一进熊猫馆的大门，就看见一个玻璃的大柜子。柜子里有几只大熊猫，它们很可爱，洁白的脑袋上，有一对毛茸茸的黑耳朵。耳朵的斜下方，在一双围着又黑又圆的眼圈的大眼睛，下面有个圆圆的黑鼻子。鼻子下面是一张灵活的嘴，吃起竹子可快了。

在它白白的身子上，长着黑黑的手和脚。后面还有一条又短又黑的小尾巴。

我看着一只正在找竹子的大熊猫，只见它摆动着胖胖的身体走来走去找竹子。它找到了一根竹子，便摘了一点，咕咕地吃起来，不一会儿，就把竹子吃光了。吃饱了，就找块地方睡着了。这时，我把目光转向了另一只大熊猫。

51. 张老师

10月27日。芳：

江江今天被评了两个标兵：一是因为上课听讲，回答问题。二是因为爱动脑筋。他显得很高兴。原来他上课经常走神，这学期有点进步。不但能听讲，还能积极回答问题。这可能和这学期新换的数学张老师和英语老师有关。他们表扬江的优点，激发了他的进取心。他今天晚上做作业特别来劲，把提高班的数学题做了近十道题。有的题比较难，他都能自己做出来。

张老师认为，在数学提高班里，江与另一位同学学得比较好，他很高兴。

他今天虽被评为标兵，他又担心是否能立得住。他说，这是老师说的。希望他能长久坚持下来。

10月28日。益：

每天中午12时半给江录承德台袁阔成说书《三国演义》；2时半录中央台的《水浒传》；3时10分录中央台的相声。

江回家后看电视儿童片，然后边吃饭边听《三国演义》、《水浒传》和相声，最后做作业。

10月29日。益：

最近，张老师给他五十多道题，我做了一遍，然后启发他自己去做，必要时提几个问题帮助他思考，他对数学的兴趣大增。其结果，必然会得到举一反三的能力。

我从不生硬地让江背概念，而是将必要的知识分解后，一点点让他接受，如他知道了字母可以代表数字之后，我就会提出这样的问题：有三个苹果和两个桔子，用A代表每个苹果的价钱，B代表每个桔子的价钱，按数学的要求能不能列出式子。口头答也可以。

渐渐地就能将算术书上的应用题的每一句话，列出代数式来表示，就自然地成了方程，然后再用解方程的方法解出来。

晚上，江做完作业入睡前，给他听小学英语教学带的录音，使他的学习安排更加充实，不浪费寸阴。

单位从这个月起，采取给存银行活期的办法发工资，是一个好办法。

52. 荣誉和不足

11月13日。芳：

星期一，江第一天到学校值班。真行，他早早起床、洗脸、刷牙、吃饭，动作快，6时50分出门，他爸爸用自行车带他，送到学校门口，才7点15分。他又嫌早一点。正觉得无劲时，同学来了，他和同学在一起。晚上回来才知道，他不是值班，而是当了国旗手。他觉得很自豪。老师还要他一张照片，作为班的日志记载。

12月9日。芳：

奥校班的吴老师称赞江作业做得比较好，还考了100分。他很高兴，他说：老师表扬了坐在他旁边的同学，但他认为自己的头脑比他旁边的同学活。

12月14日。芳：

他现在有两个不足，一是粗心，把不应该做错的题，做错了；二是字写不好。为此，老师不让他抄写名人名言的词组。班上只有两人，他是其中之一。他也无所谓。不知为什么不用讲理或鼓励的方法，促进他好好写字，用消极的方法对待他，真不可理解。（也许是逆反心理，你越说，他的字越不好好地写在格子里，老师也越不喜欢。）

12月19日。芳：

早上，江江到幸福小学去上奥校数学班，回来喜气洋洋，得到班上第三名，学校四年级数学第一名，拿到一张CW区教育研究中心颁发的荣誉证书，每班取前十名，到另一个小学去上课，不够分数的就不能去。

江的数学成绩是老师和他自己努力的结果，也说明我们的心血没有白费。

53. 腮腺炎

1994年

1月2日。益：

江耳朵下方有点疼痛，疑是腮腺炎。不发烧，仍去上学。
今天是江10岁生日，我与芳带他去龙潭公园游玩、照相。

中午，吃涮羊肉，我去买东来顺的羊肉，回家自己做。

晚上，吃面条，祝他生日快乐！一切顺利！江做了几道四年级的竞赛题。

我希望江能以平常心对待一切，努力学习，不要把得失放在第一位。所谓："功到自然成"，"谋事在人，成事在天"。这个"天"代表各种成功的条件的是否具备。有时，往往认为谋事已经万无一失了，还是不能成功。这两句成语，可能会有种种不同的解读，但是，一定要做到"功到"、"谋事"，至于能不能成功，要让它"自然成"和由"天"来决定，所以必须以平常心来对待。

1月10日。芳

这段时间，江的课程快结束，要准备期末考试。3日下午家长会。会上班主任老师表扬了江。江就偏在这一天发烧，腮腺炎，连续四天高烧，烧到39度6，没有特效药，只好服一点减轻症状的药，卧床休息。好了两天，星期日上午到数学提高班上课，今天上午起床，感到不舒服又发烧，是因为星期日的劳累，还是其他原因，不知道。又烧了两天。不过没有烧得那么高，38度多。逐渐退烧。

（益：我又想起我父亲的治疗理念，退烧后，还要卧床休息一天。这个经验是千真万确的。）

早上，我到学校找老师，拿了一些语文、数学的复习资料。老师要求有医院证明才能上课，不然，参加补考。

1月12日。芳：

江呢？他坚决要参加考试，不愿参加补考。

他爸爸和他乘坐出租汽车到第四医院，请医生开证明，证明他已痊愈。

1月12日。益：

大江患腮腺炎，高烧39度6，约三天，后逐渐下降。日轻夜重，中间曾退烧。因此，未误奥校班的数学课。但体力恢复较慢。不知对期末考试有何影响，因为这正是他的期末复习时间。在临考前一天去上课，第二、三天考试。他连一天的复习时间都没有。这次考试是他的真正水平。

上课前，老师要医院的证明，我到医院开了证明，江才被准于上课和考试。

一个孩子的成长，不知要经过多少磨难，《西游记》中的八十一难多么有现实意义。磨难和成就同在，危机与机遇并存。

1月15日。芳:

这几天江江刚退烧,坚持要参加没有复习的考试。第一天,他爸爸送他到他到学校上了半天课,中午把他接回家,在光明楼的饭店买了饭菜,给他增加营养。

第二天上午,江江到校参加语文考试,考试一结束就接回家,因他体力还没有复原。

第三天上午,江江参加数学考试。

54. 意志

1月17日。芳:

上午,江江要我给他交电影费,说是爱国主义片子,如果不去,就少受一次教育。我去学校交费时。见到了江的卷子和成绩,他自语文课结束后,因病从未参加复习,但语文竟考了95.5分,有些不该错的地方,居然错了,有点可惜。数学考了99分,一个答数,他把数字写颠倒了,还是粗心,不过我们比较满意。英语99分,自然99分,品德100分,班第三名。

(在疾病干扰下能有这个成绩,真不容易,是他真实的水平。这次考试十分重要,对下学期的评三好有深远的影响。恐怕江江自己都没有意识到,他非考不可的坚强意志,为自己的未来打下了坚实的基础,给他的同学留下了良好的印象。人生常有这样的事,当时并没觉得有什么,后来却产生了重要的作用。)

1月22日。芳:

上午看电影。下午,班主任带他们十二位语文90分以上的同学到龙潭公园去玩,他很高兴,玩得很痛快。这是第一次他跟老师、同学逛公园。他身上钱不多,向孙伟借了两元,朱恩涛请他看哈哈镜(票价一元)。我让还钱,他说:朱恩涛说过请客。

他爸爸花了300多元给他买了一辆小车。他从明日开始,每天要到花市那儿上数学班。每天两小时,还要做作业。

1月25日。芳:

下午5时左右,我和江江到数学张老师家(同在一个小区),谈了近两小时。张老师对江不错。她接班不久,就看出大江有潜力,让江参加今年区数学比赛，还可能参加市的数学比赛，她和江说了好多，希望他争取做三好学生，为上初中打好基础。张老师教书有经验，正常的情况下，她一直跟班到六年级。现在江江还是比较贪玩，有时明白，有时糊涂。我们也希望他好好学习。

1月26日。益：

大江开始了为期9天的区奥校数学班学习，每天早上两小时，地点在上堂子小学，我接送。我在学校的教室休息、看书、听听其他家长的议论。

1月27日。芳：

江这几天开始学骑车，他的进步比较大，基本上会骑了。

早上刮大风，他们父子俩骑车到游乐园，再乘12路广渠门，走一段路，乘3路车到上堂子小学。回来时坐23路车到广渠门，换12路车到游乐园，11时半后才到家。特别是他爸爸很辛苦，为了儿子，他爸爸帮助儿子复习，出了15道题。

（不是芳提起，我已忘却，我出的题都是精心安排，针对他的需要，由浅入深的题。）

55. 春节

1月31日。芳：

昨天区奥校数学班考试，今天分析试题，江江得了100分。他爸爸奖励他，请他吃牛肉面。我下班回家，给他们买了冰淇林，奖励他们。

江江下午把地上整理了一下，帮我洗袜子，洗了一遍以后，嫌水太凉，不洗了。

2月17日。芳：

时间过得真快，春节来临。年三十，我烧了几个菜：炒鱿鱼、宫爆鸡丁、沙拉、鱼香肉丝等。初一、初二，我们按传统全家去给两位姑奶奶拜年。

56. 罚抄

2月19日。芳：

新学期开学，数学张老师病休，她教了江一学期，患了乳腺癌，术后在家休养，又换成原三年级的刘老师。江好不容易遇到一个伯乐，天不从人愿，有什么办法呢？张老师对江很好，换了老师就不一样了。

这一段时间，他的成绩有所下降。

语文第一二单元测验成绩95.5分，订正后，还错一个字，罚抄整张考卷三遍。数学测验95分，老师也让江罚抄三遍。

3月31日。芳：

星期四下午没有课，我到学校接他。中午11时半到他们学校，在学校旁边的小店里买好包子和粥，几次到学校门口去看他。12时10分，看见白子炎同学，才知他被数学老师留在教室里。12时20分，我进去看他。数学刘老师对我说：儿子数学都对了，因字写得不好，罚抄七个应用题，直到12时40分才出来。

江江太饿了，狼吞虎咽，吃了三两包子、一碗粥。吃完饭我再去排队买月票，回到家已两点半。

4月2日。芳：

中午，他又被老师罚了，因思想品德的作业没有带，班主任老师让他罚抄三遍，直到12时半才出来，学校没有饭了，只好到包子店给他买了三两包子。想想他们这些学生怪可怜的。

57. 三好（1）

4月6日。芳：

昨天下午5点多，我和在家休养的张老师聊了一个多小时，班主任老师曾打电话给她（四年级上学期教江数学），商量评"三好"的事，提到江，因江体育不好，在犹豫。我想，最近这两位老师让他罚抄，不知以后如何？说他体育不好，现在我们帮他锻炼体育，使他能达标，尽量争取。

（益：我的隐忧渐渐成真了。）

近来，江不看电视，前天默写有进步，得90分。老师说他字写得有进步，再努力。我们也为他高兴。晚上，他做了三道等差数列数学题，做得较好，给他80个五角星。

他爸爸确是一个好爸爸，研究等差数列，选了几道题，江回来一看不难，由浅入深，做了下去，解出了难题，引起了他的兴味。

（由浅入深就是给他在难题前放一个梯子，让他自己从梯子上走上来。梯子就是解这道难题的预备知识。就题讲题，是做老师的大忌，讲过了学生就会忘，让学生真正懂了、理解后才不会忘，这就是举一反三。）

评三好在小学四年级有极重要的意义，那时的政策，只有四五六年级连续三年三好，才有保送考市重点初中的资格，不然只好考区重点（现在已经不是这样了）。张老师只教了江一个学期，看出了江是可造之才，她鼓励江争取三好。但是班主任看不中江，二年级，三年级都不评他。小学并不是够条件就评，而是在够条件的当中，班主任说了算。江年年名列前茅，不评他我们也说不出什么。教数学的张老师看好江，但是她病休，我们在困惑之中。真是"千里马常有，而伯乐不常有"。

4月7日。芳：
今天下午没有课，张老师让他到她家去做作业。
张老师的乳腺癌经手术、化疗后，已基本上没有问题了。江很乐意去做作业，午饭后，他自觉地先做了一点作业，又带了一点作业去。约定下午2时半，他提前出门，做了约两小时回来。回来自觉地默写英语，默写完，我和他下楼玩了一会儿。
天真、幼稚的儿子，愿他下学期能遇到好的语文老师，张老师再来接班，我想他一定会更好的。

4月8日。芳：
最近江回来不看电视和听说书了，但也没有看书。他应该多看一点书，拓宽一点知识面，提高写作（作文）水平。
晚上，他爸爸给他一张1993年的数学比赛考卷，他只用了30多分钟。可惜有两道最容易的题，他做错了。有一道题他确实不会，他爸发现他对付难题还要提高，临场发挥不行。但这次比上次好一些，做15道题，错2道半。

58. 游戏

4月11日。江：
星期一，晴。我和孙宝生、王亮、朱思涛、李祖涛等人玩砍包。分好组，我们在中间，他们在两边。不一会儿，我们全被砍中。该孙宝生他们上，我听说孙宝生他一下子接过六个包。我不相信。我用力一砍，嘿！孙宝生还真不是等闲之辈，这么险的包，居然还能接住，我不以为然，心想：接了一次包算不了什么，慢慢来，他们总会下去的。可过了许久，都下课了，还没有把他们砍下来。这些技术是练出来的啊！

（益：我上小学的时候，玩的是踢小橡皮球、拍毽子和造房子。）

59. 六一杯

4月16日。芳：

下午江参加数学"六一"杯预赛，他爸爸准备在午休时，带他到龙潭湖公园去玩。结果提前考试。他爸爸在校门口帮他和朱恩涛同学背书包，等到他考完，骑车把他带回来，他自认为考得不错。

4月18日。芳：

今天江放学回来，做了一只玩具船，能在水里走，他很高兴。听同学讲，江数学比赛预赛，得了92分，可能是年级第一名。我们叫他不要骄傲，要谦虚，争取决赛得到好成绩。

4月19日。益：

为了江的参赛，使他有信心地进入决赛，我安排江做一定的综合练习。最后，在解决难题上再下功夫。他如能做到在容易的题上不跑分，再抓住了难题就有希望。这是要靠实力和智慧的结合。此外，还要靠一点运气。

我是不愿意搞应试辅导的，我也不知道四年级有比赛，我是按我对数学的理解和他的智力水平，教他解方程的。现在要参加比赛——应试，只好尽力而为。

4月24日。芳：

晚上给班主任老师打了一个电话，询问江的近况，老师不想评他"三好"。说他操做得不好，真是莫名其妙，体育还没有考，已给他定终身。但是她也承认大江的智商高，她认为，如果江进一般的学校，太亏了。班主任还说，这次"六一"杯预赛，江确是该校年级第一。

现在我们每天仍带他体育锻炼，争取体育达标。前一段，校长来听课，还奖给大江一支自动铅笔，至少说明江上课还是听讲的。

江是一个天真幼稚的孩子，在他的心灵中，没有一点歪的邪的。从班主任老师的电话中，知他在班上常受赵金华同学的欺侮，但他回来从未讲过。老师说他太内向。

（益：班主任从二年级开始，就不想评大江三好，现在数学预赛第一，也不评。等于是把他放在市重点之外。所以对江说来，只能好好学习，尊重老师。江仍然浑然不觉，也许他呆人自有呆福。）

60. 三好（2）

4月25日。芳：

星期一，今天早上起来，他爸爸问江：赵金华打你，你为什么不告诉老师。他说，如果告诉老师，就会影响朱恩涛同学，因朱也经常被他打。

下午，我回家熬好粥，到张老师家去了一趟。她在家养病，没有什么事，我谈到大江的事，她比较同情。她准备过一段时间，向班主任老师询问，帮助争取。现在的关键，大江应该每天早上起来锻炼，争取体育达标，否则更麻烦。

数学提高班上，老师让做1992年区数学竞赛题，江在家已做过，改正过错的地方，还做错两道题。朱恩涛有好多题不会，抄江的，老师不在教室。

晚上做作业，不该错的，会做错。太自信，有点危险。

9时以后，给他洗澡，身上太脏。洗好舒舒服服地睡了。早上醒来已6时半。让他起来，他起不来，说，明天再锻炼。

4月25日。益：

再次听到，江的数学"六一杯"预赛，确是他们学校四年级第一名。理应进入复赛。丽芳听班主任的意思，想让大江走竞赛的路，而不打算评他三好。意思就是：你不是数学好吗，你去赛吧！但是，不保送，就没有考市重点的权利了。

前一届采取学校评三好包送进入市重点中学的办法，是一个毛病百出的办法，随意性太大。听说今年要用评三好包送加上考试的办法，避免人为的毛病。一面包送，同时还要进行考试，学校的权力仍然太大，容易形成各种不良倾向的温床。但是家长是无能为力的。

4月28日。芳：

这几天，江江每天早上到外面锻炼。看来，体育要达标不容易。大人为他着急,他无所谓。他不知道,班主任就以他的体育成绩来压制他。

最近没有被罚抄,字写得好一点了。

61. 三好 (3)

5月4日。芳:

晚饭前,他到楼前锻炼,练习跳绳、起跑、跳远。要想体育达标,确实不容易,还要下苦功。

(益:芳为了儿子拿下三好,几乎每天陪他锻炼。)

5月11日。芳:

从前天开始,江下午3时15分下课。学校也和单位一样,大星期休息两天,小星期休息一天。

昨天下午数学提高班做CW区1992年的竞赛题,江做得还可以。有一道题,老师原以为是江做得对,给他100分。后来老师认为四班的同学答得对,给江改为95分。给那位同学100分。他爸爸认为:谁对并不重要,题目没有写清要求,而老师都没有标准答案,是很不应该的。

5月11日。益:

这一周,准备每天中午,我去学校带大江到龙潭公园,给他增加一点知识,使他更好地参加竞赛。昨日,见到谭老师,她说,她和教江数学的刘老师说,四年一班不评江三好,评谁。看来,有的老师在为江打抱不平。

5月14日。芳:

他爸爸从星期一开始,中午到校,把江接到龙潭湖公园,进行数学辅导,为的是让江取得一个好成绩。但是江还是听老师的话,他爸爸教他用列方程式解应用题,他因学校还没有学到,怕老师说,不敢在比赛时用。

5月15日。芳:

上午他爸爸陪他到培新小学参加数学复赛。这次和以往不一样,都是应用题,一共20道题。他还有两道题没有做,做的题也来不及检查,从这次考题来看,都是他爸爸教过的,从中看出,大江对某些题还没有真正理解。就在前一天,让他再复习一下,他不愿意,认为都会。

他也知道没有考好，让他一定要好好学，他也同意。

5月16日。江：
今天考跳远，我心情十分紧张，目不转睛地盯看高昂，竖起耳朵听着点名。到我了，我分开腿，做好了准备姿势，把腹一收，用力跳去。老师宣布成绩，1.65米，及格。我想："练了三个月才长了几厘米，要想一下子提高成绩真难如海底捞针。"

5月18日。益：
大江参加"六一杯"复赛，两道较难的题解不出，代数方法他还不敢用。我对比赛抓得还不早。总之，准备得还不充分。
我教大江的数学，并不是为了比赛，当我知道学校让他参赛，我才临时抱佛脚帮他准备，临阵磨枪。用了一个星期的中午，在他学校附近的龙潭公园给他讲了一点有关比赛的题。我国的数学比赛是另有一套教学大纲的，并不是和学校学习结合在一起的。

5月19日。江：
星期四，我第一次做凉拌菜，我切好菜在开水锅抄了一下，放了味精和盐，过了一会儿，把芹菜放入盆中，再加入醋、酱油、糖、辣椒油和香油，然后我用勺子拌了一下，放入冰箱。过了一会儿，把芹菜拿出来，吃了一口，真凉！我津津有味地吃起来，饭都没怎么吃。我以后还要改进，争取做得更好。

5月21日。江：
今天，万里晴空，飘着朵朵白云。我背着书包高高兴兴地跨进了家门，我刚进家门，就跑去给前几周开始养的鱼喂食，四条鱼不约而同地争着吃，没有几秒钟，鱼食就被一抢而光，我又放了几粒鱼食，没有想到又被抢光。真没法对付这些贪食鬼！只好给它们多放几粒鱼食吧！（优，范读）

5月22日。江：
星期日，晴。今天，我去看几周前种的水仙花，我来到阳台上一看，一根翠绿的主茎上，分出了许多枝叉，枝叉上长有一根根嫩绿的小叶。我往盆里看去，坏了！快没水了，只见土快晒干了，我急忙拿来水瓶往土里倒水，叶子怎么浇呢？有了！我拿出了小时玩的打水枪，放上水，对准叶子，我按了一下板机,水从枪口打了出来。哈哈!叶子浇上了水。

5月23日。江:

星期一,晴。我买回一套做舰模的材料。我先把线路接好,然后我把电动机与螺旋桨相接。这时我为难了,那个橡皮管太松了,带不动螺旋桨转动。我想出了一个好办法,用线捆住轴,让橡皮管能结实地和螺旋桨、电动机相接,试航了,我把舵摆弄来摆弄去,船就是不走,这回我可知道调整舵不是一件容易的事。

5月28日。江:

星期六,晴。今天我骑着自行车上数学奥校提高班,回来的路上,刮起了狂风,我用力蹬着车向前走。风越刮越大,刮起的土迎面扑来,眼睛都睁不开了。这时我想只好停下休息一下吧!我又尽力睁开眼睛一看,许多人在狂风中用力蹬着车,我也有了战胜困难的决心。我吃力地蹬着,一会儿风小了,我才松了口气。

(益:从江这时的日记来看,他是以平常心来对待评三好的,从我们的日记和他的日记对比来看是很明显的,他的日记中从不谈及三好。希望江能永远有这样的品格。)

62. 三好 (4)

6月5日。芬:

江江作文得了98分,老师还让他范读,他比较高兴。他作文的题目是《洗衣机》。他做作文是认真的。

《洗衣机》

我家有一台全自动洗衣机,它既实用又美观,我很喜欢它。

它只有半人高,在那浅绿的外壳中有一个布满小孔的脱水桶,那一个个小孔,从大到小整齐地排列在乳白色的脱水桶上,小孔排列得那么整齐,一排排,像一支支整齐的队伍在前进,脱水桶前面,有一块深绿色。长方形的控制板,上面有四个电钮,这是洗衣机的神经中枢,它操纵机器正常工作。

一天,爸爸妈妈要洗衣服,我高兴得一跳三尺高,急忙凑过去看稀罕,只见爸爸接上电源、排水管和进水管,打开水笼头,按了一下开关,控制板上的七盏红灯立即亮了五盏，火红的灯光闪闪发亮，在浅绿色的外壳衬托下，显得更加美丽。

其中一盏红灯闪烁着，好像夜晚星空中的一颗闪烁的红星。一会，那一盏红灯突然灭了，只有四盏在发出灿烂的光芒。我觉得奇怪，立即问爸爸，爸爸告诉我，它一共有三个程序：洗衣、清洗、脱水甩干衣服这三个程序。其中三盏红灯是告诉人们，它的程序进行的情况，一盏灯一闪一闪的，是表示一个程序正在进行，那盏灯灭了是表示那一个程序进行完了，衣服洗完了，洗衣机叫六下。这样，人们连管都不用管。正说着，洗衣机嘟嘟地叫了六下，果然衣服洗好了，我跑过去打开一看，衣服在脱水桶里，那么平整。我拿出衣服，用力挤了挤，嘿！连一滴水都挤不出来！它真了不起。

洗衣机方便了人们，是人们的好帮手。

最近，他练了仰卧起坐，一分钟是47个。如这样坚持，考试时能得良。

他有时很不懂事，有时好像很明白。他说：假如练习仰卧起坐时，多练几个，可以锻炼毅力，有了毅力就不会觉得累，说的话还挺内行。

这学期评三好生，是否能评上，还要打个问号。虽然张老师等在努力，还要儿子能争气，有时儿子不能理解他妈妈的苦心。

今天晚上，我看到他的语文作业本，班主任写了一段评语，很不好听。但他并不重视，反而写得更糟。他爸爸没有说话，我很生气。（这是逆反心理在作怪，你越说他字写得不好，他就越不好好写。）

（益：为什么，我从没有对江的字说过一句话呢？我只说过，江的字不写在格子里。我对写字的好坏的理念是：字不是一二天能练好的，为什么有的人能用嘴咬住笔，写出漂亮的毛笔字呢？江的字不好，也不算差。他好好写在格子里，应该是中等的。为什么后来他上了初中后，没有一个老师说他字差呢？居然数学连做对了还要为字扣分呢？所以我不能说什么，我只能让他写字写在格子里。）

四年级还有一个多月了，现在又是评三好的关键时期，老师的话，一定要听，更应该用心、用功一点，真是机不可失，失不再来。

他有许多优点，能遵守学校纪律，责任心比较强，能维护班级的荣誉。比如：打扫卫生、拾物交公、为班级争分等。

前几天，班主任让他写检查。为什么呢？午饭后，朱恩涛要他一起离校外出，被老师发现了。他说：朱恩涛说老师让他带一个人，一起外出买东西，他完全信了朱恩涛的。我估计老师根本没有叫朱恩涛去，如叫他去，还让带人，为何要他写检查呢？因此，要教育江，不能轻易相信别人。让他写检查是应该的，学校有规定，中午在校吃饭的人，不能随便外出。

（益：我的猜想是，看来，江没有和老师说朱是如何对他说的，不然为什么朱不写检查呢？大江保护了朱，讲了义气，自己承担了过错。）

他对劳动课比较重视，老师布置的作业，他不折不扣地完成。凉拌芹菜、四喜丸子等作业，都得了优。

6月7日。芳：

昨日下午江上数学提高班，6时多，父子俩回来了。我一听见脚步声即开门，见儿子手里拿着一个小盒子，问是什么？儿子答：老师奖的一盒太子宝口服液。他立刻打开纸盒，喝了一瓶。原来他们班下午开会，选出五个优秀少先队员——高、李、杨、班等；评出五个有进步的同学，其中有江、梁等。前者，每人发一张奖状；后者，每人发一瓶太子宝口服液。他心里作用很大，晚上吃饭特别香，也特别多。

（益：梁是班上学习最差的，江是数学比赛第一名，怎么会放在一起。班主任有意在同学中给江形成负面影响，意思很明显，一个有进步的同学怎能评三好呢？老师的态度，表明她不愿评江三好。而江和芳却没有看到，看到了又有什么用呢？）

下午放学回来，江主动做仰卧起坐，一分钟可做48个。如能做到一分钟49个，可得100分。不知他们学校的体育老师是怎么回事，好像没有什么计划，也不怎么教他们体育技能与技巧。

6月10日。益：

江的体育达标成绩为及格，他的仰卧起坐达100，跳绳85，跳远60。然而，体育老师改了原来有规定，将50米跑改成了往返跑，将掷实心球改成了掷沙包，江按原来的准备，所以这两项成绩不佳。有什么办法呢？

"六一杯"数学竞赛决赛，江得表扬奖，他有一篇周记，记了这件事。

领 奖

"大江同学获得《六一杯》数学竞赛区表扬奖！"张校长在领奖台上高兴地宣布。这时，我都不敢相信自己的耳朵。幸亏我周围的同学提醒了我，我这才恍然大悟，飞奔到领奖台前，双手接过老师递来的奖状，高举过头顶。此时台下掌声雷动，我激动的心情无法用语言形容。拍照后，我随着领奖的同学伴着轻快的乐声走下主席台。

芳对江评三好尽了全力，对他的体育锻炼抓得很紧，江浑然不觉，他对评三好并不在意，反到一点负担也没有，他一切正常，我行我素。

这种不往心里去，看来有点糊涂，反使他没有压力，后来竟造就了他。看来人太机灵并不好。

63. 三好（5）

6月21日。芳：

18日下午没有课，因字写得不好，被罚抄，1时多才回家，他爸爸在方庄公共汽车12路站等了一个小时。（老师罚他抄写，对我说来是罚站，每天我在站牌下接，和我一起接孩子的家长都走了，我还在等。等的心情可以写一部"猜想"，无法言传。）

前天江到教育中心奥数班去考试，他说可能得90多分。

昨天的家长会上，班主任老师说得不多，他们班数学进步比较大的，一共20名，江名列第二，语文有较大进步的8名，江名列第五。

明天考英语，后天考自然、思想品德。10天后考语文，数学。

希望江能考好这次期末考试。不然对评上三好，很难有什么希望。

6月22日。芳：

江起得早，他要早一点到校，7时10分不到，他出了门。

早上，他挑衣服，有的衣服，他不爱穿，不是嫌大，就是嫌花。一天天长大，事也一天天多起来。

语文老师真可以，每课的字、词，抄两遍，抄完了还得默写一遍。疲劳作战，孩子太可怜了。今天晚上到11时半才做完作业，连澡都不洗了。

6月23日。芳：

早上，江7时起床，他爸爸骑车送他，直送到学校。

今天江应是3时40分下课，4时半左右回家。结果到6时多才回来，他爸爸在车站等了两个多小时。回到家吃西瓜、洗澡。作业比昨天还多，数学单元测验94分，老师让不满100分的重做一遍。因此，到晚上12时半还有作文没有抄。第二天还要考试，他爸让他睡了。他胆小，怕老师说，要他爸写条子说明原因。内容是：作业全部做完了，做到12时半，作文没有抄，明天补。

6月30日。益：

最近，从江评三好遇到的一系列问题，令人深深不安。体育成绩的水分很大，临时改变考试项目，全班只有四个良，除几个不及格外都是及格，使她可以随心所欲，为所欲为。

现在的规定是：要小学四、五、六年级，三年的三好生，才能保送考市重点中学，没有被保送的只能考区重点中学，所以今年江四年级能否评上三好是中考能不能考市重点的关键。

现在学校评三好，老师的随意性太大，家长无能为力。

难道要从小学四年级就定终身么。这样下去，中国能出人才吗？

7月1日。芳：

这几天比较热，江江快考试了，每天功课要做到12时左右。他爸爸怜惜孩子，为了让孩子多睡一会儿，骑车送他上学，结果病了。

7月5日。芳：

今天考算术，他复查了。里面的判断题，其中：0除0＝0，他是打了认为错的符号。

（0除0是高等数学才能回答的问题，在小学中出现是不应该的。）

江江的思想非常纯洁，上次把毛巾被带回来了，今天把褥子拿回来。车较空，他把褥子放在座位上，主动买了一张票（0.2元）。他想，褥子占了一个位子。像他这样的人，现在很少了。

64. 三好（6）

7月7日。芳：

江江考完，每天上午还要去上学。

昨天，张老师让我找班主任老师，为了孩子，我应该帮助他争取。因此给班主任老师挂电话。她主动地提到了"三好"的事，认为江江没有优势。其实我们也无所谓，听其自然。如评不上，让江江吸取教训，好好学习，争取进入区重点中学，或者参加数学竞赛，争取得好名次。她又透露，她比较难，准备第二天，让学生自己评定。

今天中午，我原准备回家给江江煮饭，因江江几顿饭没有吃完，他正是长身体的时候。事真有巧，我和江江、他爸爸一起进门，我问起江江选举的结果，很令人生气。

这次评"三好"，从市、区，校，规定的程序是：提出候选人名单，让学生进行差额选举。他们班按比例可选6人。第一次学生选定以后，班主任老师不高兴，把票撕了，问学生为什么不选班长？好几个同学都答：班长的体育不好。老师反问：江的体育也不好，你们为什么那么多人选他。班长是你们选出来的中队长，你们为何不选她？如果不选她，下学期就撤她的职。她再把另一位同学和江比，说在任课老师中比江容易通过。

听到这事，我的心情很不平静，她把我们逼到了墙角，欺人太甚，我马上拿起电话找校长，下午，我冒雨去找校长，当面反映了情况。

江江很平静，他无所谓，他原谅老师，说她不是有意的。老师对江说：评上"三好"不一定能进市重点中学（因为市重点校还要在保送生中通过考试录取），以后可以从小通道这个渠道走。江反生我们的气，他认为这是小事，我们把事情弄大了。他是多么天真，多么单纯，多么可爱。

（益：江不知道，那时三好和市重点相联系，不是三年连续三好，是没有资格考市重点中学的。不进入市重点，考上北大、清华的机率是很低的。我一直没有弄清楚，什么是小通道，什么学生可以进入小通道。）

7月7日。益：
今天中午，丽芳回家，正好我接江进门。这时正下着小雨。

回家后，丽芳问江学校评三好的情况。江一点一点地说出了评选过程，他一点不带情绪。

丽芳边听边掉眼泪，她给校长打电话，下午二时去学校找学校面谈。

江见妈妈激动，他认为自己不该说，"这么一点小事，弄得那么大。""我评不上还可以走小通道上重点中学。"

在这种不公平竞争中，江是那么天真、无邪，是一块佳玉。他一点都不埋怨他的老师，更想不到的是，他没有自己投自己一票，他表现了崇高的风范，他真是对评三好无所谓。他是真正的难得糊涂。

我不觉问自己，我无话可说，惭愧不已。

他的小同学们了不起，在老师这样明显倾向下，还是投了他的票。这次评三好的新规定——选举，也了不起。

7月9日。芳：

昨天上午第二节课后，班主任老师又在课堂上说，有人到校长那儿去告状，原来撕的票还要保存。她从纸字篓里拿出了撕的票。又说：昨天我说的话，并不是向着谁。到第三节课的时候，张校长到他们班，讲了一下话，说明了选"三好"要过几关，表扬了老师对"三好"工作的认真，然后让他们再次投票选举。

我很生气，想写信给校长，后来想，还是听其自然，不能太强求了。

7月13日。芳：

前天听说"三好"已定，江江排在第二，这次三好真是来之不易啊！

昨天上午发成绩单：语文98.5，数学97，英语98，自然99，思想品德90，体育及格，写字良，其余都是优。

65. 陪读

7月16日。芳：

又是一个暑假开始了，江的成长进入了一个新的阶段。

前天，江江和他爸爸骑车到CW区少年宫学习写作，他爸爸说：老师讲得不错，她先做一个实验，用一杯水，再用一张纸，把杯子倒过来，水不漏出来。根据这个实验，写一篇文章当场交。江江认为没意思，他们老师也讲过。

昨天上午，他爸爸陪他骑车到市少年宫（景山后街11号）上数学奥校班，他们学校去了两人，另一个是朱传军。朱比江江心细。奥校任教的老师是H中学的，指导数学比赛都是有经验的老师。江江爱听，回家做作业，这就要看江江的水平了。课后，他爸爸带他到景山公园游览。

江江这几天骑车去景山少年宫上课，爸爸陪读。路上来回就要2个多小时。

7月26日。益：

假期，江去景山市少年宫的数学奥校班上课，24日已经结束。

陪读的收获——小制作。

我在少年宫的科技馆给江买了好多科技小制作的材料,很符合孩子的兴趣。这几天在家做小制作,他做得比较好,装了有线对讲电话等。按图拼装,我教他学会了看图纸,和一点焊接技术。

江后来有两篇作文写了这件事,看来,他是有兴趣的,他的知识面又拓展了些。

一件值得回忆的事

每当我拿起电烙铁组装爸爸买来的小制作——电子实验器材时,就会不由自主地想起那件事。

一天,我组装"多音会眨眼的电子鸟"。我装完了,通上电源,"叭"的一声,两只"眼睛"发出淡淡的红光。一会便像失了神似的不眨了。

它被我装坏了。这是我第一次失败,真扫兴。没办法,只好慢慢检查吧。我拿着电表检查起来。跟图对照一下,没有错,再看看电解电容、发光二级管的正负极,都没焊错。

我不耐烦了,正准备切断电源。这时,爸爸过来说:"不要灰心,慢慢查!看看三级管的极性弄错了没有?"我不耐烦地说:"没有错!"爸爸拿起图纸和电路板,一看就看出了毛病。问我:"三级管的三个极怎么排列?"我说:"左边的那条腿是发射极,中间那条腿是基极,右边那条腿是集电极。"因为我见过的三级管的三个极都是这样排列的,所以我觉得不会有错。爸爸笑着说:"你再好好看看。"我拿过图纸一看,可不是,我把基极和集电极弄反了。我赶紧改了过来。只见电子鸟的"眼睛"一闪一闪地发出了亮光,清脆悦耳的鸟叫声传了出来。

我这才松了一口气,幸好三极管没有坏,不然就要变成一堆废品。

我永远也忘不了这件事,因为它告诉我做事要耐心仔细,不要粗心大意。

LM386 有线对讲电话

我和爸爸共同制作了一个玩具:LM386 有线对讲电话。

它的主机是找来的小收音机的盒子,里面有一个 8 欧的小喇叭,一块刻好的铜板,上面有一个集成电路零件,它就是 LM386。LM386 像一个蜘蛛趴在网中。板上还有两个 47 微法的电解电容和一个 100 微法的电解电容。还有一个大零件,它就是变压器了。变压器大"肚皮",有五条腿,真好玩儿。板的旁边,还有一个开关。盒子里还有三个插座,两个接电池,一个接电线。把另一个喇叭放在一个门铃盒子里,后面有一条很长的电线。

做好以后,它就是我的好玩具。我总是自己跟自己说话,把开关重接一下,把主机和喇叭调个个儿,就可以说话了。说来说去,我的耳朵都快聋了。

我喜欢它。

(益:后来,他还做了抢答器,和电视中见到的抢答器差不多,挺实用的。)

66. 想象力

7月27日。益:

想象力是创造力的前提,想象力也不是凭空产生的,常常是由联想启发的,下面是从江的四年级周记和作文中摘取的几段。

装电喇叭

我看到汽车上有电动喇叭,我想:自行车上为什么不能装呢?于是我要做一个自行车喇叭。我找来电池盒,拆下了电动车上的电喇叭,又拿来电线和开关。我把电线和电池盒接上,又装上开关和喇叭,把长长的电线拴在车上。做好了,我很紧张,因为我要做试验了。我放上四节一号电池,按动了开关,嘟嘟地叫了起来。我高兴地喊出:"成功了!"

(这个联想还要一点简单的电学知识,做小制作时学到的,他联系上了。)

我

我非常喜欢听评书,爸爸每天中午都要给我录《三国》、《水浒》这两部书,我放学回家总要打开收音机专心地听着,有的时候我在床上听完了再睡。记得我第一次听《水浒》的时候,很想知道九文龙史进学了本事要干什么好事呢?于是我听了第二遍。九文龙史进要抓住朱武、杨春和陈达,为民除害。我心满意足就睡觉了。

(孩子第一次——也许是二年级——听评书时的联想,我们是想不出来的。而且他能听第二遍,才心满意足就睡觉了。)

烧不坏的布

一天，我在公园里玩，看见有一群人在看一位同学表演实验——烧不坏的布。我也去看热闹。这见他左手拿着一个装着酒精的杯子，右手拿着一块布。他把布放进杯中，浸湿了酒精，然后拿出来，摆在一个杯盖上点燃，火越烧越大。他灭了火，把布举起，我就是一惊！这烧不坏的布怎么被火烧黑了？他向我们解释说："布烧不坏的原因是酒精燃烧产生的水蒸气保护了布。没有做好这个实验的原因有两个，一、布没有浸透酒精；二、烧的时间太长，酒精被烧干了。再做一次试一试。"他更加小心地做了一遍，成功了！我懂得了一个道理：只有从失败中找出原因，才会成功。

大家认真地看着下一个节目。我心里很高兴，因为我来看热闹，就学到了一个深刻的道理。

（去公园，我都在旁，我忘得干干净净，他居然记得，而且悟出从失败中能成功的道理，他不是从"失败是成功之母"成语中悟出的，而是从见到别人的实践中悟出的。他如能真正领会了的话，以后是受益不浅的。）

67. 跳级培训

8月8日。芳：

这个暑假，区里根据上级的指示，把五年级以下的奥校数学班都停了，但暑假后六年级学生参加的迎春杯没有取消，所以办了六年级学生参加迎春杯的数学培训班。

江暑假后上五年级，他没有班可上。张老师写了一张便条给我。让我去找区教育中心的杨老师。

今天上午，我们一家到区教育中心，见到了杨老师，因江参加六年级的班就等于跳了一级，杨老师怕他跟不上，有点犹豫，但王老师却愿意，最后收下了江，说让他试试看。

江听了一天课，自我感觉良好。他们在"中心"上十天课后，经过考试，从中取40几名，准备12月份参加迎春杯赛。

8月8日。益：

江告诉我，上学期奥校班里有一个成绩比他差得多的学生，后来在比赛中得了奖。他是外校的比大江低一年的学生，参加高年级的学习（学得不好），回去参加低年级的比赛，得了奖。江却相反，他是低年级的学生，参加高年级的班，将来参加高年级比赛。拔苗助长不好，但应该上的班不办，有什么办法呢？

8月20日。芳：

时间过得真快，一晃十天过去了。江江每天到教育中心去上课两小时。他有些地方学得不太好。不过这次老师讲得比较深、比较难。从当堂完成作业看，一次30分，内容是合数与质数。一次0分，不知是哪类问题。一次70分，内容是不等式。其余几次都是100分。18日考试，教育中心施主任出题，有两道题到考试时才拿出来。原来的两个班，考试时分成四个班，每班20人左右，可见"中心"对这次考试的重视。江考了83分，他们班有四个100分，这次选出45人组成一个班，分数线是73分。

（益：80多人中只有两个是四年级的，在平时测验中，江解有关方程的题较好，我给他的代数知识发挥了作用。这次淘汰约一半，江和另一个四年级的学生杨森过了关，不容易。）

8月21日。益：

我参加家长会，老师说，这次用淘汰的办法，以后有好的还可以吸收，差的要退出。这个班要参加两个比赛——华罗庚金杯赛和迎春杯比赛。家中没有人辅导，要请家教。老师接着说，从全区6000名五年级学生中，最后选出了47名，其中有两名四年级的学生。还说，这两名学生还不错。

江又上了六天提高班的集训课，一次测验，题目不易。学校要求开学后再去。为此，我给他补五年级的数学课，好在他学过一点代数知识，所以他通过了上次的考试，但还需系统化。这个班已将参赛名单通知了各校，要求学校给以帮助。

江虽以83分过关，但在新班中属中下游，因为73分以下的学生被淘汰了，在留下的学生中，他就不属于优秀的了。

江虽在五年级，但是"中心"给了他跳级参加六年级数学竞赛的资格。我总觉得他的实力不够。不过取得一点比赛经验也是有益的。

68. 学电脑

8月22日。益：

小学没有计算机课，我还是给江买了一台裕兴学生电脑，可以用到上中学，它具有简易的程序设计，以及中、英文打字，数学计算等功能。

除了电脑中有的游戏软件之外，我没有给他买过这方面的软件。我要求江学会使用以外，要学会中外文打字，简易的程序设计，数学计算，按国家计算机等级考试的标准学习。

这个暑假，他上课时，我在外面和其他学生家长聊天。杨森的家长准备让杨森去考八中的少年班，我反复考虑了江的情况，他不能去上少年班。他从兴趣出发学习，要不断启发才能提高。在短时期内速成，恐怕会适得其反。芳还要上班，我不会做全职的陪读。江在学校也不跳级，我非常重视基础，我要求他全方位的打好基础，按部就班地读下去。学电脑（不是玩游戏），也是打基础的必修课。

69. 新气象

9月4日。芳：

江江开学前到学校大扫除。回家忙着做他的作业和小制作。

1日上午开学典礼，江江拿到两张奖状，一张是区里的三好生，另一张是1994年六一杯表扬奖，他很高兴。

江上五年级，来了新班主任刘老师。张老师还在休养。江参加了奥校班考试，说题太难了。第二天在奥校上课时知道：这次分数都较低：江45分，最高分70分，只有三人，60分的人也少，他可能在30名之内。

奥校班的老师轮流上课，每人辅导10个学生。江由杨连昌老师辅导。杨老师是区里的名师，在市里也数得上的。

9月19日。芳：

新班主任上课，江江当了临时小组长。他说，这是临时的，老师对同学还不熟悉，暂时指定，以后可以换。

每个小组连续值日两天，他是组长，以身作则，早早到校。自己两天都到，让组员只来一天，还免了一个住得太远的组员值日，照顾了有困难的组员。

一天下午没有课，江江打电话说，赵京华同学要到我们家来玩，他爸爸同意了。赵来后，他非常好客，把自己喜爱的东西，拿出来和同学一起玩。

四点多，他爸爸一再催赵京华回家。到放学回家的时间，怕赵的家长着急。江江送赵京华到左安门，自己坐车回来。他对人热情、善良。

他最喜欢做他的小制作。

9月30日。芳：

这学期，班主任教语文。新数学老师约50岁。

不久，江江当上了小组长和小队长。他马上就组织小队活动，第一次活动到龙潭公园，同学不怎么听他的，他也管不了别人。第二个星期想去自然博物馆，老师不同意，结果未去成。

今天，他想做升国旗的小队活动。准备到附近居委会帮助升国旗，中午把队员朱恩涛、赵京华带回家。他爸为他们做饭，炒鸡蛋，冲了一大碗酱油汤，花卷。饭后，我正好从外面买菜回来，他们改变了主意，在家升旗，这是朱恩涛的主意。下午他们玩了一会，各自回家了。

江江拿了一面小国旗，放在大厅的玻璃柜上。

70. 军训（1）

10月11日。江：

星期二，今天，我第一次参加军训，感到非常高兴。我们学习了立正、左转、右转、稍息。这些动作要求很严，比如：立正，手要放在两旁，中指靠在裤子中线上，大姆指按在食指的第二关节上。两脚脚跟并在一起，脚尖分开。我觉得军训的要求比上操的要求高。

10月12日。江：

星期三，军训第二天，我怀着喜悦的心情来到操场上站队。我们把上节课练的复习了一下，教官很不满意，他让我们还练习上节课学的东西。我们两个班比赛。赛了一会，教官说我们不如过去，我想我们没有好好做。

10月13日。江：

星期四。今天是军训的第三天，我们练了一会齐步走，又练了转法，只听见班迎喊口令："向左转、向右转、向后转"，练了一会，下起雨来，我们提前放了学。我想今天真倒霉，没有学什么非常可惜。

71. 恩师

11月13日。芳：

11月中旬，萌芽杯（H中学办）进行期中考试，考试后张榜公布，取前52名为优秀。最高85分，最低47分。江第38名。可能也就是60分左右，他觉得试题比中心的试题容易。他们一共7个班，约300人，如果江江一直能保持在38名左右，或者再提前一点，他以后上一个比较好的学校还是有希望的。

（益：江参加了H中学的数学学习班（也是跳级学的）的期中考，300人中选出了54个优胜者，江名列第38名。H的老师以为他是应届毕业生，动员他考H，不知他是五年级的学生，要明年才能考。）

一天，他心血来潮，从上百首诗卡片中，选出四首诗，其中有："天下无难事，在乎人为之。不为易亦难，为之难亦易。""勤奋即天才，巧到茅塞开。广泛求师教，智谋纷沓来。""为学贵知疑，知疑贵问师，问师可释疑。""三月花似好，为学需及早。"等励志的句子。压在他书桌上的玻璃底下。

（从江自选诗来看，他第一次有了自觉学习的萌芽。）

11月13日。益：

江报名（跳级）参加六年级"迎春杯"的比赛。我见到江的数学老师——甄老师，问她报名的事，她说不知道。再找校长，开始说不知道。后来说，六年级学生才能报，言下之意，江才五年级。

后来和老师商量再三，让我去直接找区教研中心，请他们与校长联系。

我到教研中心，正好见到王老师。她很爽朗地说，给他们学校增加一个名额。我说，小学已经报过了名。她说，就在我们这里报名吧！我给江报了名。

王老师是江的恩师——伯乐，是她发现江的才能的，接受江学习是她同意的，现在许他跳级参加比赛的也是她。

72. 我与电脑

11月15日。益：

我常想：怎样才能不忘记无私帮助过你的人，最好是：今后你也无私地帮助他人。

五年级，江对电脑的兴趣大增。他写作文讲了此事，录如下。

江：我与电脑

我起初不了解什么是电子计算机，更不知道电子计算机就是电脑，当然电脑与二进位的联系对我更非常遥远了。我把家里的计算器当作电脑，认为电脑很简单，就是做加、减、乘、除比人快和准确而已。但是爸爸还不让我用，他认为用了会影响我学口算。我觉得电脑对我没有用。

不久，我买来LM386集成电路板，像只小蜘蛛，有八条腿。我利用它做成了对讲电话。我又发现音乐门铃里也有类似的小蜘蛛。爸爸说，这种电路和电脑相比，不过是一根神经而已。我渐渐地对电脑产生了兴味。

爸爸看我有了点基础，给我买来一台电脑学习机，告诉我"家里没有人会，家离免费教学点又远，你只能按说明、教材自学。"

神秘未知的电脑激发了我的好奇。我开始阅读学习机的说明书，学会启动和给电脑简单指令操作。英文打字不难，照键盘打就行。学中文打字，打拼音入门似乎也不难，再学五笔字型就难一点了。当我的姓名随着按键在屏幕上显示出来，我高兴极了。

接着，我学习了简单的数学运算，还把它当英文字典查。我还回答电脑的提问，答对了电脑就鼓励我。我产生了兴趣。

我不满足，我学Logo语言，学会画几种图形，也会使屏幕上的图形消去。这样一遍又一遍。我再学了Basic语言。我和电脑玩游戏。然后再学五笔字型。学电脑的滋味出来了。

现在，家里有了台386电脑，它可以干的事数不胜数呢？虽然我现在还不会，许多原理还有待我去学习、理解。但是我相信，信息高速公路，正等待着我去漫步呢？

73. 杀毒与输入法

11月20日。益：

江自从有了那台386电脑后，真是爱不释手，精心研究、维护。一天，他到同学家去玩。回来说，他在玩他家电脑时，那台电脑坏了。我说，怎么会坏了呢？他说，不是坏了，是那台电脑有毒。他不知怎么判断的，但他认为，在他手里坏的，一定要给同学修好。他要去买杀毒的软件，芳有点犹豫，不知江的判断是否准确。我觉得，我们的电脑也是要用这种软件的，支持了他。后来江去买了杀毒的软件，不但修好了同学家中的电脑，而且也将我们的386也杀了毒。这是他的第一个收获，也说明了他自学是有成效的。

我们全家学电脑，江最早，学得最好。芳用五笔字型输入，是全家第一，她很快就能"盲打"，而且准确率很高。

江参加"18中"办的电脑班，学习五笔字型，拿到一张合格证书，老师喜欢他。但后来他还是用拼音的方法输入，小学学拼音，五笔字型不适合小学生，但是他懂得了电脑的多种用途也是好的。我和芳根本不会拼音，多少有点南腔北调。我们脑子里多的是字型，而孩子头脑中的字型没有我们多，拼音、读音比我们准确得多。

74. 英语班

12月26日。芳：

今天和江江一起到天坛北门锦绣街小学，找剑桥英语班报名，我们坐41路车在法华寺下车，沿着红桥农贸市场走了两站多才找到，门口已排起了长龙，直到12时左右才报好名，交了费。

益：江去剑桥英语班是他自己要求的，一天，他拿了一张CW区工人俱乐部的票回来，说是老师给的，要家长去听一节英语课。我说我听你们的英语课干什么，不想去，但是看出江有一种说不出的遗憾，我不愿违他的心愿，还是去了。

去了才知道，原来是这个英语班学生的汇报演出，小学生们说一口漂亮的英语，还带表演。最后，给家长发"介绍函"，邀请更多的孩子去上英语班。我被这堂课征服了，就这样，芳带他去报了名。从上这个班起，他的英语在班上就遥遥领先了。

当时，学英语，没有现在这么热，剑桥英语也未得到人们的注意。江是得风气之先，现在看来，他的选择非常重要，他抓住了机会，我为没有忽略而庆幸。

芳：剑桥英语班的老师教得好，他很愿意去，他爸爸比较辛苦，送他到校后，晚上没有地方去，只好回来休息，到他下课时再去接，来回跑太累，不知如何解决为好。江对这个班很有兴趣，英语有很大的提高，小学的英语要将就差一点的学生，进度不理想，这里的老师全用英语上课，比我想象的好得多，江五年级才去，还稍迟了一些。不过亡羊补牢，也不算晚。

益：这是江第一次自我正确选择，孩子的要求是应该满足的。我感谢学校的英语老师，她给了江这个机会。

这个英语班太重要了，给他的英语打下了坚实的基础，江学得很主动，回家要我们陪他说英语。剑桥的这第一位老师最好，是江最愿意上的一门课。

75. 数学班

1995 年

1 月 2 日。芳：

这几天，我和江江得流感发烧，江江元旦前还坚持上学。

今天（阴历 12 月 1 日），是他爸的生日。准备吃涮羊肉，买了羊肉，还买了沙拉油，蒸好了香酥鸡。我们两人一病，什么也做不成了。

1 月 8 日。芳：

今日江江上午到 H 中学上数学课（H 中学办的数学班，只收六年级的学生，江跳级参加）。他在这个班（共 300 人）的成绩，名列第 39（前 40 名为优秀），上次取 52 名，两次共 92 名优秀，但两次优秀的只有 26 人，江是其中之一，奖励他一个本子。能在六年级的尖子生中，取得这个成绩也不容易。

江五年级上学期的成绩是。政治 100，社会 100，英语 100，自然 99.5，语文 93，数学 95 分，写字良，其余都是优。

76. 家教

2月6日。芳：

今天初七，江江到东城区22中参加北京市举办的六年级的"迎春杯"数学比赛。

益：这项比赛的结果是：CW区只两个二等奖，30多个三等奖，三等奖的最低分是72分，CW区五年级的杨森72分拿到了三等奖（后来上了8中的少年班，考上了浙江大学）。江名落杨森后，这在我的意料之中。区里同意江参加比赛时，曾号召请家教，但是，我没有按比赛要求教，而是按自己的想法教的。

2月11日。芳：

江江这几天在家做寒假作业，做小制作，晚上他爸爸教他代数。他不按规矩，只在草稿上随意的做。

益：我的想法是，随意做的好处可在单位时间内大容量学习、效果好，如果一笔一画工整的写下来，像课堂那样，江没有兴趣，也学不了多少。我看着他写，我能理解他的思路。

最近，进一步教江代数，我认为，参加比赛，至少要有高出一年或一年多的水平，不然是很难取得好成绩的。但是，我教他，不是按奥校的规格教的，我有奥校的全部书籍，还有华罗庚数学学校的教材，但是我按自己的想法教。比如，奥校有关数列和有关排列组合方面的问题，我是用高中的教材（公式）教的。这不能提高他参加比赛的整个成绩。当时，奥校和比赛的成绩没有明确和升学挂钩，减轻了我的压力。

对脱离了正规教学，与正规教学大相径庭的内容，我是不教的。

我给他做的题都是写在卡片上，一组一组，每组约四五道题，由浅入深地排列，每次约十分钟，不断地吸引他的兴趣。首先要求他学会，然后才要求他做得迅速和正确。

2月13日。芳：

江江前天晚上，用一张白纸，写上"坚持学习不马虎。否则就是失败！！！！"放在自己的写字台玻璃板下，对着自己。还再写一张交给我，让我在他学习上不听话时，就把那张纸拿出来给他看。江江明白时，真是一个好孩子。

益：我从不让他写，或暗示他写。这是他主动的，是不容易的，这是他自己在总结失利的教训。要鼓励，不要怕五分钟热度，能有五分钟以后才会有更多的分钟。

芳：这几天江江在家看《少年科学画报》等，做一点小玩艺，再做一点作业。

益：大江的差距，是他还没有达到水到渠成的水平，他学数学时，对他感兴趣的地方，他有水平。他不是对每一个问题都感兴趣的，他感觉不到，也说不出来。要细心地去发现，设法让他感兴趣。

77. 游园

3月2日。芳：

时间过得真快，开学两个星期了。

江这学期比较轻松，没有数学奥校班，只上英语班。

刮大风，晚上江要去学英语，我急急忙忙赶回家，想坐公交车送他去。回到家，他正在吃方便面，他说跟爸爸一起走，我说外面刮着大风，骑车不方便。我送他。

江在这个英语班上，不但学得好，而且英文字写得很漂亮。

4月18日。益：

关于江文科的学习，我从不做具体的指导，我也不修改他的文章，我只告诉他：一定要写自己的感受，要真诚，要用"心"写，不要为作文而作文。

江有一篇作文记他们集体春游，可以说，是他眼中的颐和园。录如下：

春游颐和园

星期四，我们学校组织去颐和园春游。

我们进了如意门，过了一座石桥，顺着小路来到昆明湖边，只见一条大石船稳稳地停在岸边，船头正对着昆明湖。听说它是乾隆年间造的，中式舱楼。后来慈禧太后仿翔风火轮的顶舱式样，在石舫上增建了一层。

我们上了渡船。看到湖水十分清澈。在水天空阔的昆明湖边，亭、台、楼、阁数不胜数。我好像置身于美丽的图画中似的。船渐渐地放慢了速度，南湖岛到了。我们上了岸，经过龙王庙，来到十七孔桥。它有十七个桥洞，这样既美观又坚固。它的桥栏上有许多狮子，数也数不清，据说大狮子就有一百三十二只。大大小小的狮子姿态不一；有的蹲在那儿，显得很威武神气；有的躺在桥栏上，好像刚刚入睡；有的站在那里，好像在说："瞧，我多神气！"

过了十七孔桥，来到知春亭，我们在这里饱餐了一顿，继续赶路。我们通过了著名的长廊，开始爬山。山上几乎没有路，是一个一个的土坡。土坡又陡又滑，有的同学甚至双手扶着地，一点一点向上爬。最后终于爬到了山顶！

我们下了山，顺小路回到了如意门。

数不胜数的建筑，精美的文物陈设，杰出的造园艺术，这一切充分体现了我国劳动人民聪明的智慧和无穷的创造力。

78. 长高了

5月21日。益：

江数学作业，写字有进步，计算的马虎也有改进，仍不可大意。语文的分析课文能力进步甚微，有待他自己注意提高，惟一的法门是上课听讲。

5月24日。芳：

每星期二、六晚，他到锦绣街小学去上英语，长大了，长高了，自己坐车去，回来时他爸去车站接他。

他跳远好不容易跳了1.78米，得了65分。现在担心他的50米跑，还有铅球。最近两天应该训练一下，尽量争取好一点。

5月31日。益：

语文老师给他一张买书的优惠卡。江要去买，地点在菜市口。其实哪里买都一样。但是江说，这卡不是每人有的，只给好学生。有这点荣誉感，他非去不可，结果，我陪他去的，买了什么书，却记不得了。

体育课的跳远测验，没想到，江居然及格了。

6月19日。益：

今天，江忽然提出，要到楼下去玩一会。高高兴兴地出了门，不一会，头破血流地回来了。

是怎么回事呢？我们这个楼的最后一级台阶，高一点的人走下楼梯时，要低头才不会碰到上面的水泥横梁。前几天楼上的一个高个女孩碰破了头。我们都不知道，江也不知道，是这次出了事才听说的。他不知道自己长高了，在下最后一级台阶时，高兴地向上蹦跳了一下，过去不要紧，现在不行了，上额头正碰到水泥的横梁上，顿时乐极生悲、头破血流。芳看到血就害怕，不敢看。我这个保健大夫，马上用酒精给他消毒，上白药，一周左右痊愈，幸而没有留下破相。

过去，他下楼也蹦蹦跳跳，没有事，居然长高了会出事，真是防不胜防，风险总是在你想不到时出现。

79. 军训（2）

7 月 18 日。芳：

明天，江要去参加三天军训。今天一直下雨，我到单位后，打电话去小学值班室、校长办公室、老师家，无人接电话。我想询问江江军训的事。

下午我毅然回家，给他作准备：烧水让他洗澡；把衣服洗好，再用开水烫，容易干；晚上蒸肉包子。

晚饭后到购物中心，给他买了一双白运动鞋。回来后帮他整理东西：两套内衣，两套外衣，一双袜子，洗澡布，擦身的干毛巾；一只新塑料杯；借了一条打背包用的布带。我一边整理，江江在一旁说：妈妈第一次整理。我说：如果现在整理为你上大学或者出国就好了。江江说：省得我老缠着你们玩。

这是江江第一次离开家。他说：出去三天，带这么多东西，出去十天还不知道要带多少东西。他又说：我想家怎么办？

晚上，洗了脸，刷了牙，把闹钟、跑表，都放在床头，怕醒不来，直到 10 时才睡觉。

7 月 19 日。芳：

早上快 6 时 15 分我起床，本想到早市去一趟，因江江 7 时 15 分要走，干脆不去了。早早煮早饭，烧好牛奶，煮好鸡蛋，蒸了花卷。

江江和往常不一样，原来早上醒来后，要在床上懒好长时间。今天醒来，问了一下几点钟,就起床穿好衣服、洗脸、刷牙,吃早饭也吃得较快,动作比以前快多了。

我帮他把东西整理好,他说:这几天妈妈可以省事了。一会儿又说:妈妈可以不生气了。临走时又什么都懂了,毕竟是孩子。有时,他不听话,我很生气,实在是为他好。成绩上不去,又怎能上重点学校呢?江江脑子比较好使,但是缺乏恒心。

7时半他爸爸送他到车站,走到大门口,下雨了,他爸爸回来拿雨衣,并帮他拿塑料鞋,他不要塑料鞋。看天下雨了,他又后悔穿校服,怕把校服弄脏了。

这次离开家,对他来讲,是一个锻炼。他临走时,仿佛长大了一点。我相信,回来后,第一天可能表现比较好。

他不在家,家里安静了好多。他在军营和同学、解放军、老师在一起,可能不想家了,但父母是时刻想到他的。

80. 好友

9月2日。芳:

大江开学,六年级了。拿到了五年级的三好证书,在班上名列第六,次于朱恩涛。应该努一把力。

五年级第二学期的成绩是:政治96,语文94,写字良,算术97,自然98,体育优,音乐优,美术良,英语100,劳动优。

这学期患乳腺癌的张老师术后,恢复得很好,这学期教江数学,江的数学定有起色。

益:江在小学最好的朋友是朱恩涛,江在好几篇作文中都写到他。江能看到同学的长处,可能是我没有发现,也许正是江的一个长处呢!

我还不知道,江能否以人之长,做到补己之短。只好拭目以待。现摘要如下:

我的同学朱恩涛

我的同学朱恩涛个子矮矮的,身体瘦瘦的,乌黑的头发,他做事有始有终。在他那张圆圆的脸上,有一双明亮的炯炯有神的大眼睛,显得十分机灵。朱恩涛很灵活,砍包、夹包样样都爱玩。

有一次，我和朱恩涛、李超玩砍包，朱恩涛在中间，我和李超在两边。我弯下腰，右手捏包，左手指着朱恩涛的膝盖，用力一投，只听啪的一声，朱恩涛来了个海底捞月把包接住了。我心生一计，砍了个歪包，心想："速度这么快，他想接也接不住，肯定被砍着。"可没想到，朱恩涛左脚一侧，手一伸，包就被他轻而易举地接住了。李超大喊："你犯规了！"我觉得很奇怪，只见李超突然一砍，包飞快地向朱恩涛的前胸砍过来，我顿时心花怒放。可是高兴得太早了，朱恩涛一抱，包又被他接住了。朱恩涛学习很好，每科考试都90分以上。

朱恩涛不但接包技术很高，学习也很好。

对我影响最大的人

一年夏天，我在操场上玩，看见朱恩涛正从领操台上往下跳，边跳边抡着跳绳。我走过去，好奇地说："你在干什么？"朱恩涛高兴地说："我在学双摇呢！"我说："学它干什么呀，那么苦！"朱恩涛却说："既然学了，就学到底，不管多苦也要学会。"

第二天，朱恩涛又在领操台上练起来。突然，只听"扑通"一声，朱恩涛一脚没踩稳，摔倒在地，膝盖都磕破了。我说："别练了，练这个也太苦了！还是别练了。"可朱恩涛仍没有灰心，用手帕包扎了一下伤口，说："做什么事都要有始有终，绝不能半途而废。"说完，他又开始练习。

经过了一个月的艰苦练习，他终于学会了双摇。他还在学校的跳绳比赛中获得双摇第一名。这都离不开他艰苦的练习和他那种持之以恒的精神。

的确，朱恩涛就是这样一个人，是个做事有始有终的人，他是我的榜样。

一件难忘的事

随着岁月的流逝，许多事情都在我的记忆中淡漠了，这件事却深深地印在我的脑海里。

记得在我上四年级的时候，老师让我和朱恩涛去买队符号，我俩出发了。一路上说说笑笑就来了光明楼百货商场。

我们对改建后的光明楼商场并不熟悉，在二楼买文具的柜台旁走来走去，就是看不见卖队符号的地方。我灰心了，说："朱恩涛，既然这儿没有，咱们就回去吧！"朱恩涛反驳道："这么大的商场，怎么会没有队符号？再说老师交给咱们任务，咱们应该认真完成才是。"我们好不容易才找到卖队符号的柜台，可是别的符号都有，就是没有中队符号。

我们没有买到符号，开始往回走。

在路上，朱恩涛突然停住了脚步，看了看表说："老师交给了任务就要完成好，怎么能被困难吓倒？走，去劲松商场看看。"当时正是正午，烈日炎炎，晒得我们汗流浃背。我执意要回去，说："天这么热，咱们干嘛还要去劲松商场？反正咱们又算不上没完成任务！"于是我俩争执起来……

最后，我被朱恩涛说服了，我们头顶着骄阳，坐35路公共汽车来到劲松商场，可是还是竹篮打水一场空。朱恩涛并没有怨言，他抬起左臂看了看表，说："时间不早了，咱们回去吧。"于是我们坐上35路公共汽车，飞驰在归途上。过了一天，朱恩涛和我终于在另家小商店里买到了中队符号。

他做事认真，想方设法努力完成。我永远忘不了这件事。

乐于助人

一次队活动，全小队去居委会打扫卫生。朱恩涛打了声招呼，拿起笤帚就去扫地。居委会门前的台阶上满是土，现在是冬天，不能泼水，怕冻冰。朱恩涛不怕脏不怕累，挥起扫帚使劲扫，边扫边撮。他满脸是土。

终于扫完了，他放下笤帚就去捡花坛中的纸。有的纸冻在土里，朱恩涛就用手挖，花坛中有玻璃片，朱恩涛不怕划破手，一块一块捡起，扔到土车里。

花坛中有许多砖头，横七竖八地放着，朱恩涛把一块块砖头搬到旁边，码放整齐。有些石块冻在土里了，他就招呼我一起来搬。

终于干完了，朱恩涛满头是汗。

81. 迎春杯

9月28日。益：

江开学近一月，一切都好，学校的数学提高班请了中心的老师任教。

每天早晨7时送大江去12路公共汽车站，他上车后，我回来给金鱼缸换水，喂鱼食。下午5时去车站接他。每周二、六，学英语，要接送。这学期为了帮他准备数学"迎春杯"比赛，每天给他做一定数量的题。我极不愿意搞这种应试数学，要参赛，逼上梁山，一点办法也没有。

11月2日。益：

我带江去看吴叔叔，后与他去官园，买了一套自由组装的电子玩具。江的玩具都是智力玩具，不断地开发他的智力。

11月9日。益：

江这学期的测验成绩，100分较多一些，昨天拿到一个80分，芳大为不高兴。其实，得100分也不必高兴。他还有不足：马虎即其一；思想易分散，此其二。等等。马虎失分，提高注意力会好的。

考试、比赛，就算水平很高的人，也不是每场都能发挥出最高水平的！一帆风顺是不可能的，要善于从低潮中找到新起点。

11月21日。益：

十几天以来，江正在努力准备比赛，他先要参加区的比赛，通过后才能进入区的数学学习班。据说比赛在12月中旬，现正在努力做题，调整他的竞技状态。学习要认真地思考和领会。最近校内成绩尚好。

我总是希望他能在玩中学会快乐学习，不能把学习成为负担。只能在自觉地进入状态后，才不会成为负担。我学习代数方程后，自己做遍了算术中的应用题，别人看我很劳累，但我很轻松、很愉快。要使他自然地进入这种境界，而不是命令他学习。

12月12日。益：

近一个月来，每星期六、日两天，上、下午做题40道，两天80道，四周近320道题，再加上张老师拿来朝阳的题和"迎春杯"刊赛题。进行较系统的复习准备。这些题都是发下来的资料，我没有时间研究消化，重新编一套简明针对江需要的题，这种应试的题海方法，我是反对的，但没办法，只能将就了，不重新编，效果要差许多。

12月16日。芳：

江参加市里的"迎春杯"比赛，他们学校有32人参加。结果能参加决赛的只有两人，一个是四班的朱传军，他在区里排名第7，得了一等奖。江是区里58名，得了区里的三等奖，获市的"优胜奖"。他的毛病还是粗心。

下午开家长会，江数学有进步，但还不稳定，语文成绩不理想。看上去今年升初中市重点，要保送再通过考试录取（去年是直接保送进入市重点），江应该加把劲,应该超前一点,希望能考上比较理想的中学。

回家已经5时半多了。一进门江就问我:又批评我了?我说:没有。他说:是反话吗?我说:不是,是真话。

他们本月18日考语文,19日考数学,26日拿成绩单,27日放假。

82. 决赛

1996年

1月23日。益:

江进入六年级数学迎春杯决赛,他对此不太注意。一下子提高很大,谈何容易。他听区中心杨老师的课,做题有进展,但是遇见没有见过的题呢?这种举一反三的能力的培养是极不容易的,不是再加多少题,而是需要对做过的题有悟性——融会贯通的能力才行。一般说来,聪明的孩子见过的题能做出来,最后的高低就在于对没有见过的题,又在一定范围内,谁能做对,谁就领先。

2月5日。益:

这些天,江在区研究中心杨老师指导下学习,连续10天,每天2个半小时。我坐在后面,听了指导的全过程。杨老师的复习和我差不多。如我给江做第9次迎春杯的题,杨老师给他们做第11、12次的题。他的方法是分析试题,做过去比赛的题。我想见到根据学生实际,他能拿出一套与过去的题相似,而学生又没有见过的题,能提高学生举一反三水平本领的题。结果我失望了。

我不是专业的,而他是专业的,他理应比我高得多。

昨天,江参加决赛,我和丽芳送江前往赛场。然后我们在外转了近两个小时,还在附近买了一份试题。

开赛后约一小时,在附近就能买到,我的感觉是,江赛前在CW区排58名,获三等奖。这次要超水平发挥才行。看来不容易。在回家的路上,江说了考试的情况。其中一道较容易的题,他不会。这道题需要灵活和独立思考,这本身就是一个很大的难度。可见这道题对他影响之深。灵活性不够是应试教育的结果,无可奈何,只能今后自己努力。

江在作文中记了此事:"记得在一次数学竞赛中,有一道题,好像是'一串数，一分之一、二分之三、五分之八、十三分之二十一……求第十个数是多少？'我做题时，找了半天倍数关系，却一无所获。出了考场，我才恍然大悟。原来这道题并不难，前一个数分子与分母之和等于第二个数的分母，前一个数的分子和后一个数分母之和是第二个数的分子。找出这个规律，就顺理成章的做出来了。"如事前见过类似的题，或者来了灵感，那就不费吹灰之力了。

83. 不了了之

2月25日。益：

开学，换了班主任、语文老师。剑桥英语班的老师也换了。

3月6日。益：

江说，数学作业，同学才做了一半，他就做完了。他对自己做题的速度得意洋洋，但一次性的准确率却不高，每次都要检查出差错，才能取得高分。

一次性的准确率是一个大问题，记得在四年级下学期，张老师病后，新老师一次因江在课上的作业，错误太多，写道："我不会教你了，你转学吧！"晚上，我检查江的作业本时看见了这条批语，我没有说什么，江做完作业后问我："明天，我还去上学吗？"我说："当然去了。谁让你出那么多错误呢？老师是气话，你好好做就行了。"我没有去找老师，也没在下面写答复，不了了之。不久，江的数学成绩很好，四年级预赛得了校的第一，一天云雾散去。

3月14日。益：

11日，学校号召高年级学生每天上学从家（居然不管学生的住地多远，书包多重）步行到学校，江背了书包，走了一个小时到校，回家病倒，发了三天烧。

3月26日。益：

江身体复元，还要按学校要求，从家走到学校。我们住丰台区方庄，学校在CW区的光明桥附近，虽然是两个区，相距不是很远，但也有五六站地。要孩子不经过逐步练习，背了书包步行，却也不是容易的事。他们几个住方庄的孩子一起走，张老师的孩子也病倒了。后来，不了了之。

84. 古老的故事

4月28日。益：

江迎春杯预赛得了奖，寒假前已经知道，寒假后，拿到奖状。决赛失利，只能总结经验，引以为训了。江有一篇作文，记述了领奖的心情。

领奖

我怀着激动的心情，迈着大步走上领奖台，快步走到主席台前。这时，负责发奖的老师递来了奖状。我双手接过奖状，并交于左手，庄严地举起右手，向老师行了一个队礼。随后，我转过身，自豪地举起了奖状。望着这张奖状，我不禁思绪万千：为了参加数学竞赛，每天中午、晚上，爸爸都要给我补课；爸爸把难题抄在卡片上让我做，如今，卡片足足放了一盒多。这时，我已随着领奖的人群走下了领奖台。

今天，我去和平门，给江买外校的考题，为毕业考和中考做准备。今年改保送加考试来选拔。今年的办法比以往好一点，少一点不公正。

5月14日。益：

江学校的保送名额只有5%。江被推荐参加重点学校的考试，应该是没有问题的。问题在于他能考多好？但是，我们在家，从不对江说未来考试的重要性，来淡化，用现在的话说，叫减压——不知不觉地减负。如此而已。

6月1日。益：

江参加区里调研的成绩是：语文94；数学98.5；英语98.5。他在班上名列前茅。他的英语为年级第一（感谢剑桥英语班）。江还要参加下周学校的摸底考试，然后才是毕业考。

现在是竞争很激烈的时代，但是需要的公平公正，相对说来考试还是公平、公正的。我希望江能考好。

这使我想起了父亲讲给我听的一个古代有关考试的故事：古代有两人参加科举考试后，在路上见到一个测字先生，就前去测字。问问考试能不能得中。第一个人抽了一个字卷，打看一看，是一个"串"字，先生说："很好，你将连连得中，为什么呢？这个串字是由两个中字组合的。"另一个人想，我也测，看先生怎么说。于是他看这个纸卷放好，他又把它抽了出来。先生说：

"你不好,你考不中,还可能有祸。"为什么呢?你是有心去拿的,串字下加了心,是"患"字。我父亲给我讲这个故事,是想告诉我,凡事,不能有私心,有私心总是要坏事的。

那时的人迷信,但是这个故事告诉人们,什么事不能把个人利益看得太重,还是有一定意义的。我们去掉故事迷信的外衣,可以看到我国文字造字的含义真是了不起,"患"字给了示警,对做人是有好处的。

我以平常心来淡化激烈竞争的冲击,让江以朴素的心情,来进入最佳的竞技状态。

85. 市三好

6月11日。益:

我在家十分忙碌。上海人早上起来买菜后才去上班。我现在是把江送到学校后才回来吃早饭。江这几天7时20分到校,最迟6时55分出门。我回家还不到8点,吃完饭上班。

近来,大江进入考试的状态,我不给他加什么,学校的题海战术,使他每天上床时间约在晚10时-11时半。他的休息要靠休息日来补。

6月18日。益:

在保送名单正式公布前一天,班主任老师在上课前问江"你知不知道市三好名单",要江说出来。这种传说许多同学也知道。江说了之后,老师说:"传说中的名单不准确,还没有批下来"。学生人心惶惶。在考试之前,老师说这样的话,令人莫名其妙、啼笑皆非。江回来说了此事,好在江对此浑然不觉,我行我素,不受老师这种话语的影响。

好在今日学校出布告通知:江已经被学校列入"市三好"的名单。全校9人。六年来不平常的经历总算走过来了,无数的回忆涌进了脑海:

——入学时一年级班主任谭老师欣然接受江到她班上的情景。

——某天,我接他迟了几分钟,六岁的江站在学校对面的人行道上,在寒风中等我的情景。记得我问他:"你着急吗?"江说:"我相信,爸爸一定会来的。"

——教他数学的刘老师曾在江的作业本上写道,"不会教你了,你转学吧。"后来见到江在数学上确有过人之处时说:"江是将来去H的材料。"

——班主任老师看不中他，不准备评他"三好"，而同学投票选江为"三好"时，丽芳为儿子流泪时的情景。

——江在校午饭吃得慢、不想吃，一位女老师在江旁边看着，没有批评，渐渐地江改正了这个毛病。我那次中午去接江，见到这一幕，非常感谢这位老师。

——江参加市区的各个学习班：数学、围棋、英语，我风雨无阻，来回接送的情景。

——我教他代数知识的情景，怎样想方设法，使他在不知不觉中学会。

——在小学阶段，为了更好地合江的需要，我做了一盒子卡片。

……

6月25日。益：

我相信，江在这次升学考试中，将取得较好的成绩。因为他的数学、英语具有上好的基础，只要细心检查，应该如愿。语文有了很大的进步，在作文方面，仿佛理解能力有较大的进步。

江的三次（区测、校测、毕业考）的平均成绩为：数学98.65；语文96.6。是班第一。

应该排除一切干扰，把这次考试考好。

86. 公平竞争

7月2日。益：

从6月29日开始，考了三天，看上去，江考得自我满意。

不怕竞争，只怕不公平竞争。

芳为了江的体育成绩，花了很大的力量。江有一篇作文记下了这宝贵的瞬间。还有一篇作文，写芳教他学诗的情景，记实、感人。

第二次考试之前

六年级毕业考试结束后，我有幸被送去参加二次考试（考市重点），二次考试要加试体育，体育是我的最大的弱项，尤其是前抛实心球。我从来就没得过优，为了掌握抛球的技术，为了提高这项成绩，我制定了一个锻炼计划：每天早上出去练实心球，晚上练哑铃。

以便我天天练习，妈妈特地为我缝了一个实心球。但由于我没有掌握动作要领，成绩始终没有什么提高。我灰心了。妈妈安慰我说："成绩不是一下子能提高的，明天我给你当教练。"

第二天，我和妈妈早早地起来，开始训练。妈妈对我说："首先要双手握球，两脚前后分开，将球放在脑袋后面，然后双脚一前一后用弓箭步站好，将身体重心放在后脚上，前脚跟微微抬起。投的时候双手用力将球向前抛，与此同时，后脚用力蹬地并抬起，这时重心应放在前脚上才对。"说完，做了一个示范动作。

我学着妈妈的样子将双脚一前一后分开，双手握球，按照动作要领将球抛了出去，而这次成绩不但没提高，反而下降了。妈妈耐心地说："你出手太低了，来，我再做一遍。"她接过球，一边作准备一边说："你投球时先要找个'空中目标'，瞄准那个'目标'将球抛出去，比如这棵小树的顶。"说完她再次将球抛出去。哇，这次足足有八米多！我按照妈妈教的方法，找到了"空中目标"，双手用力一抛，前脚一使劲，球"嗖"地"飞"了出去。当球落地时，妈妈告诉我，我比以前提高70厘米！我高兴极了，围着楼房跑了好几圈。

经过不懈的努力，我投球成绩大有提高，我怎能不高兴呢！

一个对我帮助最大的人

我的妈妈对我的帮助最大。

听爸爸说，在我还不会说话时，妈妈为了提高我的记忆力，使我以后学东西更快，便教我背诗。妈妈下班回来，总要先教我背诗。妈妈念："锄禾日当午，汗滴禾下土。谁知盘中餐，粒粒皆辛苦"。我默默地听着。妈妈不管下班回家有多累，总是先要教我背诗。就这样，终于教会我背"锄禾"、"静夜思"和"春晓"这三首诗。过了一些时，妈妈在念"锄禾"，我就不知不觉地接了下去，背完了这首诗。就这样，我把学说话和背诗连在一起了。

爸爸十分高兴，立刻买了几十张带画的诗卡片，一边让我看图，一边念给我听，我记得很快，不到两岁就全背出来了。

妈妈（和爸爸）为了进一步提高我的记忆力，拿来"木兰辞"念了好几遍，我居然也背了出来。于是又拿来了"长恨歌"和"琵琶行"。由于诗比较长，妈妈又发现我很爱玩录音机。（爸爸）就把这两首长诗录进去，并告诉我如何放音。于是，我一边玩录音机一边听，不知不觉地就会背了。

妈妈还想尽办法提高我对数字的记忆力和教我背乘法口诀。

过去，我还不知道是妈妈（启蒙）教的，如今爸爸告诉了我，我非常感激妈妈对我的爱护和帮助。

7月8日。益：

昨日，老师说，大江被市重点中学——H中学录取。考分为214.5，录取分数线为210分。江高出4.5分。他们小学被H取了6人，其他3人被区重点录取。这次升学考（考市重点），数学100分的只有4人，江得99.5分。（班主任看中力保的那位同学没有被市重点录取，进了区重点。）

朱传钧，数学竞赛预赛得一等奖，这次考H中学却不够分数线，他靠数学竞赛的成绩被H录取，而且分到H最好的班。也许这就是"小通道"！

7月15日。益：

江在小学六年12个学期，数学的平均成绩是：98分；语文的平均成绩是：96.67分。

CW区全区小学生7000千多名。市三好生374名保送考H中学，结果取144名（另有特长生36名，择校生90多人）。江考取，十分不易。

87. 作文选

7月17日。益：

江上学以来的文章，与日记记事有关的，放在日记中了。我指导学习方法之一，每学期都在他书桌前的小书架上放许多书，任他选读，我也从不问他看了多少，看什么书。从它写的作文来看，他多少看了些，其中有的是读的课文。总之，开卷有益嘛。这些文章几乎都和他的生活有关，所写的就是他成长的一部分。

一

《雪狮子》

我喜欢的书《雪狮子》。这本书向我们讲了一个有趣的故事：一天，下起了大雪。小朋友们堆了一只雪狮子，天黑了，雪狮子饿了，它去找吃的。它看见了小狗和小猫，就去抓它们。一位聪明的老爷爷看见了，就请雪狮子进来烤烤火。雪狮子进来了，老爷爷把火点着，雪狮子慢慢地熔化了，小狗和小猫得救了。我想：用智慧能战胜困难和危险。

《假如只有三天光明》

《假如只有三天光明》是我最喜欢的一篇课文，它的作者海伦·凯勒告诉我们，在人生的道路上，要懂得珍惜，要奋力拼搏。

"有些人对待生命不懂得珍惜，在对待自己的各种天赋及使用自己的器官上又何尝不是如此。"这句话对我启发很大，使我想到有时考试时思想不集中，想东想西，浪费了许多宝贵的时间，打了下课铃时才做了一半，这时我才知道要珍惜时间。

在课文的最后，海伦·凯勒给我们提出了两个思考："假如你只有三天的光明，你将如何使用你的眼睛？想到三天以后，太阳再也不会在你的眼前升起，你又将如何度过那宝贵的三天？"我想："假如我只有三天的光明，我要用自己的眼睛多看一些书，用自己的双手为别人多做一些好事，以自己的实际行动给别人带来快乐和温暖。"

读完后，我掩卷沉思，"海伦·凯勒是一个又盲又聋的残疾人，她能成为世界著名的女作家、教育家，多么不容易啊！她用触觉听人说话，用触觉来看这世界的一切……我要学习她这种精神。如果每个人都像她一样，那我们的世界会更加美好。"

《科学技术发明家小传》

《科学技术发明家小传》对我启发很大。

这本书讲了许多科学家的故事，有《我国古代人民群众的伟大发明：指南针、造纸术和火药》、《民间医生华佗》、《汉代伟大科学家张衡》、《杰出的科学家祖冲之》等小故事。

《玛丽·居里和镭的发现》这篇文章对我启发很大。居里和居里夫人从成吨的废渣中提炼镭，而用的却是大铁锅。经过四年的不懈努力，终于炼出了镭，这需要多么大的毅力和敢与困难抗争的精神。再看看我，总是被困难吓倒。有一次，我做木头舰模，一个钉子总是钉错位置，于是我就灰心了，再也不钉了。还有一次，我组装电子玩具——会眨眼会叫的电子鸟。我失败了，便查了几遍电路图，可没有找出错误。于是我灰心了，扔下工具和零件干别的去了……

通过读这本书，使我了解了许多科学技术发明家的故事，更重要的是，使我懂得了做事要有毅力，要不怕困难才行。

《光电控制模型》

我读了《光电控制模型》这本书，知道了一些光电模型的做法、电动机的做法、继电器的做法，以及光导管的原理和怎样刻铜板。比如，光导管的原理是：光导管里有一个见光变小的电阻。光电模型的做法是：找个数相同的光异管和继电器，若干个三极管，若干个电动机或灯泡，把它们按要求用若干根电线焊起来，通上电就能用了。

读了这本书，我还知道有一种"光电三极管"，就是把光导管和三极管做在了一起，这样，不用那么麻烦，焊这么多三极管了。

《光控制模型》这本书告诉我许多光电知识。

二
"祖国万岁"知识竞赛主题中队会

星期三下午，我们班召开了"祖国万岁"知识竞赛主题中队会，在庄严的队旗下，在同学们的歌声中开始了。

第一项是必答题，前两个组的同学都积极回答，取得了较好的成绩。不一会儿就轮到了我们组。前四道没有一道难倒我们，第五题开始了，我们组竟没有一个人回答。一秒、二秒过去了，我们仍然沉浸在紧张的思考中。突然，杨潇站了起来，回答出问题。主持人宣布："答对了，加10分！"我这才放下了心。

下一项是抽签答题。在抽签答题中，各组都很出色，没有一道难得倒同学们。在比赛中，我们第三组又取得了20分。

接着是拼图比赛。四个组的桌子上都有一份拼图，主持人宣布："比赛开始！"大家便拼了起来。我们组是我、王希和杨潇拼，何磊举图。我们先把新疆、西藏、内蒙古这些大块的拼起来，再照图拼小块的。同学们有的指挥，有的直跺脚，有的在祈祷，还有的跑到别的组看，看别的组拼到哪儿，及时报告给全组同学。就这样，大家齐心协力，获得了拼图的第一名！

最后，我们第三组以200分的优异成绩夺得了"祖国万岁"知识竞赛的第一名，教室里一片掌声。

中队会结束了。这次队会使我学到了很多知识，了解了祖国的过去和现在，使我懂得了现在要好好学习，将来才能建设祖国。

勿忘九·一八

我的家在东北松花江上,那里有森林煤矿,还有满山遍野的大豆高粱,我的家在东北松花江上,那里有我的同胞,还有那衰老的爹娘。"九·一八","九·一八"。

五十年前,这曲悲歌在中华大地上传唱。

1931年9月18日夜里十点,日本关东军制造了"柳条湖事件",并以此为借口,向中国守军东北驻地北大营进攻,一夜之间沈阳沦陷!

"九·一八"事变的第三天,中共中央就发表了《为日本帝国主义强暴占领东三省事件宣言》,提出了反抗日本侵略者的主张,而国民党政府却采取不抵抗政策,命令东北军撤到山海关内,仅三个多月,东北大好河山迅速沦于敌手。

"九·一八"是日本侵华战争的开端,从那以后,日寇在中国犯下了滔天大罪。

他们实行烧光、杀光、抢光的"三光政策",以杀人取乐!他们还在中国使用化学武器,无数中国人民死于非命。

我们不要忘记这个国耻,要时刻记住:我们长大后要更好地建设祖国,只有国强才能不怕别国欺侮。

三
理想

您知道吗?我有一个理想,就是长大当一名科学工作者,为祖国的科学技术的发展做贡献。我从小就对自然科学产生了浓厚的兴趣,总爱问一些问题,如地球有多大、为什么有白天和黑夜等等。到了三四年级时,我懂得多了,就经常让爸爸买一些电动模型和电子零件及一些电路图。回家后就组装。现在,我已经做出了许许多多电子玩具,有"电子猫"、"多音会眨眼的电子鸟"、"光电报警器"、"测光表"等等。目前,我已经学会看简单的线路图并自己组装、焊接电子元件。

我这个人具有丰富的想象力。每天中午出去活动时,我总是和朱传钧一起说自编的评书。而且每次都是现编现演,从不事先准备,他给我出一个题材,我就编出一个故事说出来。

我也献一片爱心

我曾经受到过别人给我的很多爱，我也要献一片爱心给别人。

我清楚地记得那是 1986 年的冬天，我才三岁。那时，我的胳膊脱臼了，一直都没有被大人发现。一天晚上，北风呼啸，我和妈妈正做拍手游戏，妈妈拍了我一下，我便疼得哭了起来。细心的妈妈似乎发现了什么，冒着严寒把我送到了儿童医院。大夫确定是脱臼，给我立即接上了。

我在上小学一年级时，有一次排路队过马路，我排在最后。当走到自行车道时，我被一辆三轮车撞倒。值班的苏老师立刻跑上来把三轮车抬起，扶起了我。老师说："我带你去医院吧。"我说"不用。"第二天，苏老师还是带我去医院看了一下。买了点药给我。这时，我的疼痛立刻消失了。我和苏老师不太熟，却那么关心我！

又有一次，我和同学梁超一起过马路，我没注意，一辆汽车在向我开来。这时，梁超赶紧把我拉了回来。

我受到别人的爱很多很多，我对别人的爱却很少很少。我要向社会献出一片爱心。

组合柜

我家买了一套组合柜，它分三部分，第一部分：上面的柜子可以放被子。关上门，既整洁又干净。不再像以前，放一堆箱子。但它真高，妈妈爸爸拿东西也要踩在椅子上。中间是玻璃柜，我把自己动手做的工艺品小心的放进去，柜子都快放不下了。玻璃柜的下方是放录音机的，把收录机放进去，还空出一大块地。最下面是小抽屉和小柜子，放工具等用品。第二部分：上面有一个大玻璃柜，妈妈把最心爱的工艺品放在里面，下面就是放电视的，底下还有放录像机的夹层。第三部分有一个书柜，爸爸把成套的书放到里面。比如：鲁迅全集、北京大学名录等。下面有两个抽屉，妈妈用一个抽屉放相册。我用一个抽屉放电动机、小灯泡、电线等。

组合柜给我家带来方便，把我家打扮得温馨而富有朝气，我喜欢这套组合柜。

我爱我的存钱罐

我喜爱我的电动模型，也喜爱我的石英钟，但我最爱我的存钱罐。

我那存钱罐的造型十分新颖别致，像一把蓝色的大锁。在这把"大锁"的中间有一扇带锁的小黄门，门虽不大，但又厚又结实。这把锁还配有一把特制的大钥匙，有钥匙便可以开关这把锁。在小门上的小锁孔边，画着一个滑稽的小丑。它头戴一顶小丑帽，金黄的长头发沿着帽子向上翘着，下面是一张倒着的瓜子脸，两只大眼睛好像两个大灯泡。红色的鼻子圆乎乎的，像一颗小樱桃，出了号的大嘴上带着微笑。这个小丑穿着花衣服，蓝裤子，又带着一条黑色背带，脚蹬一双特大号黑皮鞋，大概得有40号那么大。它一手举着商标，一手握着一把金钥匙，显然要看管好我的"小金库"。

　　这个存钱罐刚来到我家后，时时刻刻都在提醒我要勤俭节约。有时我想买那些可有可无的东西时，一看到存钱罐上面小丑微笑地看着我，好像在说："你要学会勤俭节约，不要乱花钱，快把钱存起来！"我就会不禁一笑，把钱投了进去。几年过去了，我养成了存钱的好习惯。

　　我爱我的存钱罐，因为它不仅造型美观，而且还培养了我生活俭朴的好习惯。

　　（评语：从不同角度写了储蓄罐的可爱，感情真挚，语言活泼，注意书写整齐。）

第三部分　初中

88. 暑假

7月20日。益：

江被 H 中学初中录取，通知他参加暑假新生体育测试，家长参加"家长学校"。

我去参加"家长学校"，知道江分在四班，家长们见习了新生的体育测试，结果：优良占15.6%；及格占38.1%；不及格占46.3%。H 中学是全国体育先进单位，是全国体育达标先进单位。学校决定，除了15.6%的之外，都要参加暑假的体育班。

四班是一个普通班，不是重点班，和江同时被录取的一位同学，虽然考分不够录取线，但是他在数学比赛中获得一等奖，因此，不但被录取，而且进入最好的班。

7月25日。益：

江每天骑车去参加体育班。一天，摔伤了左腿和左手，我给药，给他外敷和内服，保证他不会发炎。真是防不胜防，估计他骑得太快所致。

江在学车过程中，没有摔伤过。在我带他骑时，也没有摔过。自己一个人上路，就不一样了。父母不能老跟在旁边呀！只好让他"吃一堑，长一智"、"吃回苦，学会乖"。

思来想去，没有良方，只能骑车与他同行一段时间，直到放心后再让他一个人骑。

H 不愧为全国体育达标先进学校，经过暑假体育班的训练，江的体育成绩就上去了。

89. 入学

9月5日。益：

江进入 H 初一，给他买了手表、书包、照相机，订了学校指定的报纸等。

从小学到初中，各方面有了变化。学校给他们打了两种防疫针——麻疹和乙肝。

上课后连续考了三天，一为考察一下学生水平，二为唤起学生注意。语文老师找江谈了两次，一次是默写得不好，不及时复习；一次是字写得不佳。这位老师是有经验的，对学生要求严格的好老师，她的目的是为了给一年级新生打下一个良好的基础。她用谈话，而不是罚抄，达到了教育的目的。

我还是以不变应万变，每周给大江准备少量的数学题，周二学英语，每日检查他的数学和语文作业。

他骑车时，带他同行一段。

11月3日。益：

江这一段学习，数学多次测验，成绩不稳定，从66分到99分，90分以上居多，常犯低级错误。其他成绩尚可。下星期期中考，盼他走运。

到市重点了，有一个适应过程，希望他能很快地适应。

11月7日。益：

期中考，考前的复习，老师安排得不错，比较系统。但不知江领会、悟性和细致的程度如何。6日考语文、地理；7日考数学和外语。他每逢考试，没有作业，反到空闲得没有事情做。

数学"迎春杯"自由报名，听课费100元。自由报名，开明多了，竞争就应该是这样，公平和公开。

江对考试有信心，但愿他的信心能给他力量。

昨天早上，车骑得太快，我送他，反追他不上。今天，他慢了一点，到左安门桥，我才追上他。也许他不愿意我送，他不知道骑得越快，我越不放心。反倒不能不送了。

90. 期中考

11月8日。益：

日子过得飞快，江通过了进入H中学后的第一次考试。数学98、英语118.5（满分120）、地理93、语文81。平均：97.625。因为有120分的记分法，我觉得平均分的意义降低了。

11月19日。益：

江期中考，班上第4，年级排名31。他们班上的第1是年级的第1。他这第4却到了31，这就是班级之间的差距。这次期中考，江的体育单项

——引体向上为班第 2，年级第 7。就他来说，极不容易，他的手掌破了层皮。

可以看出，在小学江体育不好，是老师教得不得法。不然，为什么在 H 他的体育就好了。

江的小学不是重点校，进入 H 后，能有这个成绩也不易，剑桥英语班对他的英语成绩起了很大的作用。

第一次期中考，是一次遭遇战，很重要，第四名给了我信心，相信他一定能学得更好。好比一次长跑，要有耐力和信心。

江骑车还应多加小心，昨日下午回家时，给骑快车的人碰了一下，有惊无险。

每周二，是我最忙的日子。早上送他骑车上学。回来写作或看稿。下午 4 时半去接江，送他去学外语后回家，晚 7 时 10 分再去接。

每天晚上，江做好作业入睡后，我看他的数学作业，用铅笔划出错误的地方，便于他第二天清晨改好。

91. 家长会

11 月 26 日。益：

今天开家长会，任课老师都讲了话，讲各门课程对学生的要求，希望家长帮助。老师们从不点名批评学生，家长的座位就在学生的原位，桌上放着学生的考试成绩。老师们都讲对学生的要求，让家长知道，并没有要家长去教学生。其实到初中后，不是每个家长都能代替老师的职能的。

第一次参加初中的家长会，学校和老师都给我留下了好印象。经过暑假的体育锻炼，江的体育成绩有显著提高，我对 H 已经有了好感。这次的家长会，我感到学校的整体性，教研组的组织能力，对优秀学生的重视，和小学大不相同了。

H 相对来说，给学生自己发挥留有余地，不完全是题海战术为主，但是多少还有一点，和我的教学理念相近，我的教学理念中没有题海战术的地位。江也对此较为适应。

记得江在小学一次考试前，得腮腺炎没有参加考前的复习和题海战术的练习，考的结果几乎没有什么影响，就说明了我的教学理念。

题海战术只能提高分数，而不能提高举一反三的能力。

92. 迎春杯

12月31日。益：

两周前，江参加数学"迎春杯"预赛，地点在广渠门中学，他估计能过预赛，但还有不小心算错的地方。

这种不小心出错，就是把会做的题弄丢了分，假使能不断提高不出这种错误的能力，在升学考试时，就能做到超常的发挥。

今天是江的生日（农历）。前几天，江患流感，发烧39度7，三天后退去。这次"迎春杯"预赛，全区74人参加，H占34人，其中1班（H把认为最好的都放在1班）24人，江所在的4班2人。他自己认为，他这次发挥得还是可以的。

那位曾得过数学竞赛区一等奖，在H最好班的同学，这次没有过关。江从普通班中挤进了决赛，说明他是有一定实力和潜力的。

1997年

1月22日。益：

江初一上学期的期末考试成绩：语文87、数学95、生物93、历史95。平均：93.7，班第9，年级第44。

H的期中和期末考试，考的科目不完全一致，除数学、语文外，其他科目期中考过，期末就不考了。

这样减轻了学生的负担，这个做法是明智的。

2月4日。益：

江参加初一"迎春杯"决赛。自己感觉良好。他会的，就认为题容易。如果真容易，那也没有什么好处，因为题目容易，大家的分数都会好。比赛不在于题的容易与难，而在你比别人高出多少，排在第几？

93. "华罗庚金杯"

3月23日。益：

江"迎春杯"的成绩为78分，没有能得到市的三等奖。市三等奖，H仅有两名。但江取得了全国第六届"华罗庚金杯"少年数学邀请赛复赛的资格。

将于 3 月 29 日上午 9 时在北京师大实验中学（西单民族文化宫后面）进行。感谢 H 给了江展示自己的机会。

H 公布了"迎春杯"数学竞赛优胜名单，共 16 人，江名列第 8。

3 月 27 日。益：

江还停留在学习就是完成作业的境界上。因此，学习兴趣来时有主动性；兴趣去时则主动性毫无。怎样才能进一步提高他的数学水平呢？我在思考，因为数学水平高的学生，往往能带动物理和化学的学习，整个理科水平就能更上一层楼。

3 月 29 日。益：

我和江"打的"去北京师大实验中学参加复赛。遇到 80 中的学生家长，说 80 中没有一个三等奖。80 中也是市重点中学，这样看来，H 还算不错了。赛后，江自己感觉还可以，认为比"迎春杯"还好一点。

据江的水平，他还不可能在全国比赛中得名次，他是以智力、聪明取胜的，他不是那种下苦功夫的人。但是，有名次比没有名次好，能列 H 第 8 也不容易，说明他有 H 最好班的实力，使他能保有一种和一班竞争的心态，不会自满，对他的成长是有利的。

94. 扫墓

4 月 5 日。益：

我们一家与吉（堂弟）一同去佛山陵园扫墓。这次是吉弟开桑塔纳去的，在颐和园附近堵车，几乎停了两小时，走到温泉仍认不得路，好不容易总算找到，我们在墓前照了相。回来的路上，走了一段高速公路，感觉不错。

江有一篇作文如实的记录了这次扫墓，给生活添加了活力和情趣。

扫墓途中

星期六，我与父母，叔叔一同去佛山陵园给爷爷、奶奶扫墓。

上车后，一路顺风，飞一般到了颐和园，堵车了。汽车一辆接一辆堵在前面，一点不得动弹。

十分钟过去了，二十分钟过去了，三十分钟过去了，一个小时过去了，还是寸步未行。这怎么办呢？"这有一条小路！"叔叔突然眼睛一亮，说道：

"我们从这儿走!"于是,他将车开进小路。汽车左拐右拐,终于上了大路,汽车继续前进。

到了温泉,大路不见了,前面是一条"鬼子路"——二三米宽的土路,坑洼不平,左边是河,右边是土山,一不留神,汽车就有掉进河中的危险。随着一阵颠,我们终于走过了泥泞的道路,到达目的地。

通过走这段路,使我懂得了在人生之路上也会有困难与坎坷,但我们要去克服,去寻找克服困难的方法,勇往直前,这样才能在人生道路上勇往直前。

95. 基础和提高

预习班

6月1日。益:

江去市少年宫的初一班学习,每周六上课,上午三小时,三门主课——数学、外语和语文轮流上。我陪读,有的家长在休息室剥毛豆。江对上课还比较满意。和在学校学习相比,属于普通的提高班的性质,现在是预习下学期的课程,不是奥校性质的班。我非常重视基础性质的培育,那才是根本的。

北京数学学校

6月24日。益:

我注重基础的同时也注意提高,送江进入高水平的"北京数学学校"——由师大教授主讲——的数学班,来提高江的数学水平。那时上课的地方在海淀区56中,后来在师大校内。这个学校只收市重点学校的学生,江在H和他参加数学竞赛取得的成绩,是符合该校的条件的。8月18日上课。

江在北京数学学校一直学到高三上学期结束,还选了应用数学和物理等课程,对他的理科学习极有助益,而且对他后来参加数学竞赛奠定了基础。

我采取的办法是提高班和普通班相结合,让江自己去融会贯通。

7月23日。益:

初一下学期期中考,数学97、语文84、英语96、生物91.5、历史97。列班第15名。

期末考，数学 83.5、语文 83、英语 92.5、地理 92。列班第 8 名。

进入中学后，分数不是重要的，从上面的分数看来，分数高时名次低，分数低时名次反高。看来期末时题难了，分数低时，江并不太低，所以名次高了。

我也看到了潜在的危险，就是在重要的考试中，如果题目容易，江弄不好要吃亏的，所以打基础仍然很重要，是不能掉以轻心的。

进入市重点中学，是在一个高层次的素质中的竞争，对孩子的成长是有益的，一般说来，在 H 的年级名次，就相当于区的同年级的名次，对衡量孩子的真正水平，有很好的参考价值。

所以，到市重点中学后，不但要看班名次，还要注意年级的排名。

96. 初见成效

7 月 28 日。益：

江进入初中后，经语文老师的教诲，写作能力有很大的提高，他把在家中自己读书的收获，在作文中如实地记录下来，使我得到极大的满足和安慰。

语文老师在开学之初找江谈过一次写字问题，以后再没有找他谈过，也许江写字有所进步，应该感谢这位语文老师。

我对江培养的理念是文理并重的，我觉得学文比学理难度大。所以对理稍稍倾斜了点。从他的作文可看到他学文也是有一定潜力的。

这些文章是记实的，也是他成长的一部分。

我和书的故事

我家的书很多，九个书柜和两个书架内全是书籍，足足占了我家两个房间。在别的地方还有书，厅中组合柜书橱里放满了书，窗台上也放着书，甚至床头也堆着书。书籍从小说到教材，应有尽有，连大学教材都有几套。我曾经废寝忘食地看金庸、古龙的小说，也曾因为一个小问题一头扎进书堆，一翻就是老半天，也曾沉浸在各类科普书籍中，竭力思考那些费解的自然之迷。但给我印象最深的书籍不是金庸的《笑傲江湖》，不是《题海》，也不是《钢铁是怎样炼成的》，而是柯南道尔的《福尔摩斯探案集》。（以下称《福》）

小学五年级，我读了这一部书。不读不知道，一读才知其为什么风靡全世界。书中独特的思维方式，独特的人物，独特的环境，一切都那么新奇。

书中独特而严密的思维给我极深的印象。记得一次,我看其中一篇《血字的研究》,从晚8时看到晚11时还不忍放手。它巧妙的情节给了我很大启发。

家里书多,就要常常整理,家里每一次较大的变动(指改变各个房间布置),最麻烦的也就是搬书。我们先把书一本一本地从书柜中取出,从书架上拿下,小心翼翼地放好,把空书柜或书架搬到指定位置,再将书一本一本地放上。我和爸爸整理书时总按类型分开放书,所以书籍都很好找。

前不久,我家买了几本"电子书",即电子出版物。我拿一张"C++教程"光盘看了起来,一看就爱不释手,它图文并茂,加上语言、音乐、录像、动画,充分利用了先进的多媒体的技术,怎能不使人心动呢?

我还收藏了几本老书,不算太老,几十年前的。我对它们倍加爱护,其中一本《天文学》,我经常翻看,虽对其中复杂的球面三角、三角函数计算几乎一窍不通,但其中讲的一些简单原理给我很大启发。

我和书之间有很深的感情,它给我很大启发。

《福尔摩斯探案集》给我的启发

我看过许多侦探小说,但给我印象最深的就是《福尔摩斯探案全集》。

此书讲述了19世纪末名探歇洛克·福尔摩斯与伙伴华生医生在他们的探案生涯中各种扑朔迷离、有惊无险的经历,反映了一代名探福尔摩斯细心、谨慎的为人以及当时社会背景下不同人的不同表现,写出了复杂的社会关系。并使我进一步体会到了做事要认真、仔细,考虑问题要严密、周到。

我自认为办事很仔细,可还是总出错。看完《福尔摩斯》后才知道自己办事离认真、仔细还差得远。要说考虑问题严密、周到更差得远。比如我下围棋,一次只能看到一两步,思维不够周到,而福尔摩斯,在探案中的每一步,都经过严密的思维,甚至推想出结果,"演绎法"到了炉火纯青的地步。他甚至能从蛛丝马迹中推算出结果。如他能从桌上的一些泥土中推出这是什么地方的泥土,是怎么弄上去的,如他在一案中成功地从泥土中推出一位运动员穿着跑鞋从窗外跃进。他能不用任何仪器从脚印中看出那个人的身高、体重及身材,很少出错;能从香烟灰中推断出烟的品牌、种类、产地等各种属性;能从一些不引人注目但十分特殊的痕迹中推断出发生的情况。这些无不令人拍案叫绝!可见他的思维多么敏捷,知识多么丰富。

一次,他在破一起自杀而嫁祸于人的案件时,找出疑点——桥上的一个小坑。他马上想到这是用石头和线系住手枪使手枪在其自杀后落入水中时,敲击石桥栏杆时留下的痕迹，还做实验证明了这一点，为被嫁祸者结了案。这真叫人拍案叫绝！也充分反映出福尔摩斯严密的思维，与他的细心。

而我们做事时，往往连一些显而易见的情节都把握不好。举个最简单的例子，笔帽掉了，又有几个人有耐心地寻找并将它捡起来的呢？通常是找不到就算了，可过一会儿一看，笔帽就在自己脚下！

最令人叫绝的是福尔摩斯破译恐怖分子通讯密码的事。

一次，福尔摩斯在破案中发现恐怖分子用小人举旗的密码，他看见后百思不得其解。最后他竟拿出字典，一翻就是几个小时，将各个字母的常用率算出，再算出不同姿势的小人举旗了的各个图案出现概率算出，再逐个破解。这种毅力，我们有吗？我想，就是让我们将一本牛津英语字典从头到尾翻一遍，很多同学都会叫苦，又何况再总结出每个字母的出现次数了。现在又有几个同学坚持每天锻炼身体？冬天体育课一跑"5+1"、"5+2"、"5+3"时，总有些人装着受伤或坚持不住而参加见习，这点毅力都没有，又何况是用几个小时来研究一本字典呢？这毅力值得我们一学。

福尔摩斯还有异常严密的思维，细心、认真、仔细的工作态度和惊人的毅力！是个不凡的人。他把办案视为娱乐，视功名、钱财如粪土，爱憎分明。

那么，福尔摩斯是个虚拟人物，那么柯南道尔笔下的福尔摩斯是不是有些夸张了呢？因为他一人具有这么多过人之处！

不，一点儿也不夸张。至少他的非智力因素——工作严谨、认真、仔细；待人诚恳而爱憎分明；不求名利；意志坚强这几点我们应该能够做到，努力吧！

我的小居室

我的小居室大概只有十平方米左右，它虽小，但给我的生活带来了无限乐趣。下面我就介绍一下它吧。

我的小居室是一个长方形的小屋，在我家门厅的右侧，它的宽边大约两米五十左右，长边大约三米多。宽边朝南北，长边朝东西，门在朝南的宽边上。

一进门，正对着你的是一扇明亮的窗户，窗台上放着一个精美的小石英钟，它全身金黄，钟身下有一个小摆不停摆动。左边的西墙上，摆着两个金黄色大书柜，其中一个书柜里装满了书，密密麻麻的。里面有各种各样的图书，其中，爸爸上中学、大学用过的教科书、习题集、工具书及参考书就有一百多本，爸爸说，这些书以后对我非常有用，所以舍不得卖掉。其中，还有几本年代已久的小说、故事书，有《牛虻》、《钢铁是怎样炼成的》、《爱迪生》等等。这些书能给人们以启迪，明白许多人生的哲理。其中有两三本还是解放前出的呢。

另一个书柜就不像它这么满了。它里面整齐地码放着一些现代小说，有侦探小说、童话小说等等。它们的总数还没有第一个书柜书籍总数的三分之一多。书柜中剩余的空间陈列着我的"小制作"，什么"会叫的电子猫"、"抢答器"等等。从纸手工到电子玩具，每一件都是我精心制作的。从小学一年级到初中一年级，在我制作的千千万万小制作中，每一件都记录了我的成长进步的脚印。在右边的东墙边，依次从前往后放着我的床与写字台。床虽算不上好，但也很舒适。写字台是我学习、工作的地方，它虽不大，但也布置得井井有条。

这就是我的小房间，我学习和生活的地方。

评价一位历史人物——朱元璋

朱元璋这个人，因为本是平民出身，所以做皇帝之后，关心百姓，他比较会收买人心，在众将的帮助下，亲率大军赶走了对汉人压迫过重的并已腐败的元王朝，这是优点之一；朱元璋奖励耕种，是优点之二；他能严惩贪官污吏，这是优点之三。

朱元璋废除三省六部制，对他统治更有利一些。

朱元璋缺点不少：一、设立多种残酷刑法，建立特务机构使众人屈服，不说他坏话；二、沿用科举考试，并"八股取士"，用八股文，这对中国古代乃至现代的文化影响很坏；三、大封藩王，重现唐末藩镇割据局面。

总之，这个皇帝年轻时很有作为，越老越糊涂。

成功来自勤奋

成功来自勤奋，这是一句良训。它告诉我们，勤奋是成功的基础。的确，没有勤奋，就不会成功。"埋头苦干是第一"。

在历史上，千千万万科学家、学者都通过不断地刻苦钻研，才获得成功。

美国大发明家爱迪生，在研制电灯时，曾经住在实验室里。他勤奋工作，废寝忘食，困了就睡在实验室中。他为了找到一种耐高温的灯丝，用无数材料进行试验。由于他们勤奋，在经过无数次试验后，终于发明了电灯，给人们带来了光明。

学习也是如此。古今中外，有哪一个勤奋的人学业无成，有也是很少的。所以，一般来说，勤能出成就，"勤能补拙"也是针对这说的。

大生物学家童第周，小时候晚上学，上学后几门功课不及格，他不气馁，仍刻苦学习，晚上在昏暗的灯下刻苦读书，用勤奋补"拙"，最后考上大学，并出国留学，他是一个成功者。在国外，老教授做分离青蛙卵外表皮的实验，但从未成功，他刻苦钻研，大部分课余时间都在实验室中渡过，最后终于获得了成功，震惊了世界上许多著名学者。

所以，一个人无论在学习、工作中，必须勤奋，有勤奋才能成功，勤奋是成功的保障。

97. 举一反三

8月11日。益：

我总是把他最需要的知识，不知不觉地传授给他，不断地提高他的能力。我给他看的、做的，是我认为最直接、最短的路。让他用最少的时间，最小的力气，来取得进展。因为我研究的就是怎样用最少的题，让学生学会，我研究的是举一反三。我把我全部的学习经验都用潜移默化的方法影响了江。

少而精的教学才能做到举一反三，首先要能举一。

暑假，江这几天跟我学因式分解、分式和二次根式。几乎是二年级一年的课了。教会他并没有花多少时间，会不难，关键在于熟练准确地解题，我常常是让他独立地去解决问题，他实在没有办法时再去帮他，不是替他做，而是一语道破，激发他思考，自己去解。

快速地教会江的关键，在于选题要少而精——就是举一，精在于有层次，即选择一组由浅入深的题，让江自己去做，好像一个梯子，让他自己走上去，出题要根据他的水平。这样时间长了，自然会从中体悟到所学原理的深度和学习的方法。

这一组题，把最难的题放在最后，如果先做这题，是做不出来的，但是经过由浅入深的排列，就很自然地做出来了，这样就会兴趣大增，渐渐地达到举一的要求。总之，要他自己领会有一定的深度，才能反三。

举一反三的结果，应该是学会和深刻领悟原理，如果做了一百道题，他的能力应该会做三百道题或更多，理解多于硬背，富于创新能力。而题海战术应该理解为见过的题，就会做，没有见过的就不会。容易形成学生猜题，从题海中取高分，其结果失去了创新能力。

举一个例子：在改革开放之初，我已经回到了恢复招生的学院，但当时我还在一个普通中学兼课，教高三物理。我的班上有几个物理学得好的学生，我指导他（她）们参加区（海淀）的物理竞赛，结果，这几位同学得分相同，都未能得奖，都差一道题就能获得名次——得奖。其中女同学，我讲到的问题，全做对了，如能再多做一道就得奖了。男同学对我讲到的，他有一题未能做对，而没有讲的，他做对了一道，所以得分相同，未能获奖。我了解了原因，原来是，女同学能举一未能反三，男同学在我指导时，他有自己的复习计划，我讲到的他还没有来得及全面消化，但他有自己对课程的领悟，他有反三的能力，但一没有举好。比赛后，他再全面消化我讲的内容。我接着指导他们高考。不久，他（她）们都进了全国高校的一类院校，应该说都有了一定的举一反三的能力。但那位男同学进了清华的物理系。女同学也不错，而男同学多了一点领悟和创新。

98. 玩具

玩玩具也是这样，许多玩具都是他自己组装的。

看到江的成长与他的玩具，感慨万分。他玩过的几乎都是经他组装的智力玩具：各种拼装玩具、各种船模、航模，对讲机，学习机，包括（不是玩具的）电脑等等。放在一起，不下几十种。

而我的玩具只有寥寥可数的五件：我的第一件玩具是小铃鼓。还是听妈妈说的，她是说我听话懂事，才讲到这件玩具。说我玩小铃鼓时不小心碰到了她的眼睛，她说了我，我就再没有把小铃鼓碰到妈妈的眼睛了。

第二件玩具是一个小火轮，一点火在水中可以走的。那是在抗日战争南京沦陷前不久，我和妈妈为了躲日本轰炸，从南京回老家镇江，在镇江买的。

第三件玩具是我最喜欢的打软木塞的双筒枪，当我们逃离南京，走出梅园新村的家时，六岁的我把它藏在门后，以为那是最安全的地方，仿佛说，我回来还要玩的。一步一回头，恋恋不舍地出了门，就再也没有回去过，家里什么也没有了。

第四件玩具是一个风筝。那是逃到江北小纪镇时，随父亲去镇上买的，在回来的路上放到树梢上，眼睁睁地和它告了别。

第五件玩具是逃到上海住在"中社"旅馆时，我们住的房太小，只能放下一张大床，我睡的床每天晚上打开，早上收起。所以，我只好到这个旅店的大厅上去做作业，和几个住在这里的大学生玩，他们喜欢我，送了我一盒木制的拼装玩具。可以拼装成大吊车、起重机等机械设备，我很喜爱它。（所以我也引导江自己做玩具。）

后来，我就再也没有任何玩具了。

江生活在一个现代化的欣欣向荣的时代。

99. 分数

9月16日。益：

暑假后，初二下学期开学了。每天抓紧他的数学和物理学习，看他每天的作业和预习准备。特别是着重每周的数学测试（应看作每周的复习和小结）。学习电脑要定时。我不买游戏软件，我的要求是：希望他能争取通过国家的电脑等级考试：代数的基本功——运算能力，还要再扎实一点。

9月29日。益：

江上学期，取得了班第8。这并不太理想，他有潜力，要看到自己的力量。但是数学作业还经常出计算差错，要加强自我检查，不然，对未来的应试是不利的。

江在市数学班学习的时间和市少年宫的学习时间冲突，只好放弃了后者。国庆节，江不愿出去玩，要把钱省下来用在电脑上。这学期以来，江的数学测验了四次，都在90分以上。

这几年接送江对我有很大的锻炼，自己觉得比过去健康多了。

11月8日。益：

学校开运动会，江参加赛跑，跌破了皮，我用云南白药治疗，没有感染，要完全好，也需时日。我发现他的自行车闸不灵，给他修了车闸。

期中考后，江在386电脑上装了光驱。这也是不容易的，他大胆地装了上去。这时，家中的电脑，他装、拆已经可以随心所欲了。

初二上学期期中考的成绩是：数学95、语文83.5、英语97、政治88.5。列班上第5名。我总觉得现在中小学，老师给的分数太高，这不利于学生的进步，我当老师时，学生及格不难，要取得90分以上的成绩就不容易了。80分以上的都是好学生，升学是没有问题的。现在很难说，有的学校，校内得好分考不进好学校，甚至考不取都是有的。不同学校分数的含金量是不相同的。

100. 贺卡

12月26日。益：

江的数学每周有一次测试，是数学教研组出题，连续得了两次满分，这是很少见的。他的理解能力较好，计算能力差，常出低级的加减乘除错误。今后应更细心、及时检查才好。

昨日圣诞节，不几天后元旦，到初中后，同学们在此时互赠贺卡。初中的孩子天真、无邪。过了这个时候，就不会这样了，要珍惜。这期间很短，但这就是人生。他（她）们给江的贺卡题词是：

"新的一年就要来临了，希望你忘掉所有的烦恼和忧愁，去以更新的面貌接受1998年的曙光。""愿喜悦平安伴随着你在每一个日子里！"

"祝你新年快乐！生日快乐！圣诞快乐！祝你像大鹏鸟一样展翅高飞！"

"深深的祝福，愿我的祝福，如一缕灿烂的阳光，把你幸福安宁的生活照耀。"

"无论你在何方，我都会默默祝福你。"

"最好的朋友欢乐的时光总是

最易逝去

特别是在这想念的季节里

总让我想起最好的朋友

不知你近来可好"

"一声季节的问候，带着我的祝福，愿你佳节愉快。"

"我的心中，每时每刻都有一个你。"

101. 进步

1998年

1月16日。益：

江的初二上学期期末考试成绩是：政治94，语文89，数学96，外语91，物理94，历史97，地理92、生物93。体育70.5、音乐良、美术优、计算机优。列班第三名。

从名次上看,大江有进步,希望他能后来居上。

1月24日。益:

江前几天受凉腹泻、低烧,影响了他数学学校的两天课,只上了四天课,今天数学学校考试定受影响。这几天,上午四节课,中午在路上随便吃点什么,下午还要去H体育锻炼,寒假期间,辛苦得很。前人诗云:

"盛年不重来,一日难再晨。及时当勉励,岁月不待人。"

2月27日。益:

江今天被批准加入"中国共产主义青年团"。祝贺他的进步。

3月24日。益:

最近,江的数学得了一次100+10分。他用三角函数解了一些勾股定理的题,而且做对了。他在数学班上遇到三角函数,有些地方我给辅导了一下,不想他就用上了。

我总觉得他的做题方法,不便于检查,必须一次性做对才可,不然在考试时会吃亏的。

3月31日。益:

江连续两周数学测验得了满分。他学习数学,也有强项和弱项,应用题是他的强项,他善于思考。计算是他的弱项,他老想用速算,因此易出错还不便于检查。初二下学期的期中考快到,提醒他注意。

4月10日。益:

前些天,江参加初二的数学竞赛,地点在广渠门中学。考试前夜,他还有烧,但考试的那天早晨,竟霍然痊愈。

今日,江说,预赛,区里取了70名,他名列第三。大江进入初二以来,成绩稳定地上扬。我想他的班主任段老师会高兴的,因为她是数学老师,又是班主任。

名列第三是他学数学的一次进步,也说明他的数学在H——在区——是名列前茅的,这要感谢数学学校的培育。

4月27日。益:

期中考已过,学校组织他们去游居庸关。为了他更好地学习电脑,他的电脑从 386 换成了奔腾 200 的 586。江考试的自我感觉良好，从已知的成绩看来，数学、历史在班上名列前茅。还要不自满才是。

江的初二下学期期中考试成绩：数学 98、英语 92、语文 90、历史 91、政治 94、物理 94。列班第 1 名，年级第 6 名。他们班的第 12 名，在年级排到了第 95 名。

第一次得班第一，也是一次进步。

5 月 4 日。益：

陪江到花园村中学参加数学竞赛的复赛。见到赛题，我的感觉是，他大概通不过复赛。

赛后与江骑车到北京大学，北大为庆祝成立 100 周年，热闹非凡。给江买了纪念邮票和一件印有北京大学字样的衣服。还在宝塔下、未名湖畔照了几张相。

这次北京大学百年校庆，我这个老校友参加了编辑纪念专刊的工作和出席了在人民大会堂的纪念会。

5 月 5 日。益：

送江参加国家计算机一级 B 的考试。后去北京大学红楼和"孑民堂"参观，我们在红楼照了相。见到展览，毛泽东那时在图书馆工作，每月工资 8 元；李大钊 120 元；陈独秀 300 元；蔡元培 600 元。

5 月 29 日。益：

下午，我去 H 参加家长会，知道 H 中考情况。一般说来，每年 H 初中约有三分之一考入本校高中，而且有一次考年级第一的学生居然没有考上。

会上，我听到不少表扬江的赞语，如：知识面广，主动学习，有礼貌，虚心等等。我知道这次是偶然的，江的成绩是不稳定的，他只比第二名高一分。每次期中考并不考所有的课程，有不少机遇成分在内。希望他要有自知之明。赞语有时会使人晕头转向，这就是捧杀！

7 月 2 日。益：

昨天期末考试，他自我感觉不理想。我希望他不要以为自己真是第一了。给江扔废纸时，发现不知是什么人写了这样一句话："……要为你殉情而死。"我告诉芳，我们的看法是：初二的学生都是孩子，以我对江的了解，不要当真。我们不必过问,只当没有这回事,此事定会不了了之。后来,果然再也没有什么动静。

7 月 19 日。益:

江拿到了国家一级 B 的计算机证书,很漂亮。初二拿到这张证书,是一大进步。但还须努力。

江参加北京科技夏令营,共四天,住密云,吃、住、玩,他很高兴。

102. 微积分

7 月 31 日。益:

江初二下学期末成绩:语文 88,数学 89,英语 91.5,物理 94,历史 95,地理 95,生物 98,班第 4,级 30。他们班的第 9,在年级是第 99。这就是班之间的差距。

对江成绩的起落,这很正常,我相信他会自我调整的。

单位给了一次机会,芳和江去北京电视台当义务观众,高高兴兴地去观光了一次,还拿到一些赠品,每人一件汗衫、一瓶饮料、一张光盘。

暑假中我突发奇想,我在看了他的数学几乎学完了函数,给我很大的启示,我觉得可以让江通过学微积分,进入高等数学的境界,激发他对未知领域的好奇和兴趣。何不让他在数学学校学习的基础上,再增加一点灵感呢?就这样办。

我从函数中的极值问题入手。

这几天,我在他已有函数知识的基础上,通过解决应用题中的极值问题,计算什么情况下,最省钱、路程最短等,从他已有的代数知识上,绕过解析几何,进入高等数学——微积分,我大胆地做了尝试。

我做了一点卡片,做了极简单的讲解,然后他看卡片消化。我是通过解数学应用题,求函数变化中的定值,来引起他的兴趣,进行指导的。

就这样,通过从微分法的导数学习,江进入了高等数学的领域。我给他做了很多极值的应用题,使他从变量的变化中,感受到微分法中导数的高明之处,他的学习兴趣大增。

我觉得初中的学生,学过函数后,可以从代数进入微积分的学习,其中三角和解析几何部分的应用,可以以后再学,从代数直接进入,是一条学习微积分最短的道路。

8月1日。益：

早上，江去英语学校参加剑桥英语二级考试，是中国老师主持考的。

8月25日。益：

暑期学习已经结束，数学考了100分（满分120），他自己很满意，约居数学学校班上六七名。江说，有一道题他用了刚学的微积分。

江在小学三年级学了代数解方程后，不敢用。学了那一点微积分，我觉得他还不能运用时，他却大胆地用了。

103. 课外活动

9月3日。益：

江升入初三，他初一、二，都是三好生，一般说来，三好生的人数，约与考入H高中的人数相当。当然，还有一番竞争，看来他不放在心上。

9月24日。益：

数学周考，考应用题，这是江的强项，得100分。

两年来江参加学校的几项课外流动，对江的成长起了不可估量的作用：我认为，这些活动不亚于正课教学，起到正课教学所不能起到的作用。应该向有关的老师致以深深的敬意。

（1）编辑《H人》

这学期，江成为H的学生刊物《H人》的编辑，负责专栏，对他说来，是锻炼。H的学生刊物，全是学生自己组织撰稿，编辑，自己写作，全部用电脑操作，江参加这个工作，对学习电脑和提高语文水平非常有益。他有一篇作文记述这件事：

学校给了我能力

上中学以前，我的组织能力十分差，尤其是人际交往与为人处事，是我最不擅长的。上中学后，我的能力提高很快，这与老师的教导和同学的帮助是分不开的。

第三部分 初中

升入初二后,我加入学校校刊《H人》的制作者的行列,使我的能力进一步提高。后因一个偶然机遇,我晋升为校刊的编辑。在当编辑的一段时间里,我的经验不断增长,能力也不断提高。而其中的一件事使我永远难忘,因为它是我在人际交往中的一次重大失败,也为我从单纯走向成熟奠定了基础,使我的交往能力以及处事能力有了很大提高。

那是我刚刚升为"编辑"时的事。我的上级将那期校刊的主题以及版面安排传达给我,我准备将我的设想如实汇报给撰稿人,征求他们的意见后,再分配任务。因此,必须召开一次撰稿人会议。当时我毫不犹豫地将开会时间定在了第二天中午,将通知交给了校广播站播音员。下午广播中播送了我的通知。第二天中午,我早早地在预定地点等候撰稿人,当时的我满怀信心地坐在椅子上,来回翻看预先制定好的《会议内容设想表》,时间过得真慢,好不容易等到了开会时间,可是没有一个撰稿人来会场。我的心沉下去一半,只得站在会场门口,向过道里张望。一分钟、两分钟……十分钟过去了,连一个撰稿人的影子也没看见,我失望极了,在门口踱来踱去,仍不愿放弃这最后一点希望。上课铃响了,我彻底绝望了。为什么?为什么一个撰稿人也不来开会?是因为我是初中生,而他们是高中生,瞧不起我,还是……一下午的课我都没上好。第二天,我一个一个地找了他们,而回答却使我哭笑不得:"不知道呀!什么时候通知的?……对了,通知那时广播坏了!""下午考试,中午复习,太对不住了!""中午篮球联赛,忘了请假,对不住?"……唉。都怪我没有考虑到他人的特殊情况,是我错怪他们了。

几天后,一次精心策划的会议顺利召开了。无一人缺席,那时真是太激动了。这次人际交往及处事的失败与几天后的成功,使我从单纯走向成熟,也是我在人际交往与处事能力上的一次飞跃性提高。

总之,在学校这一个大家庭里,我的各方面能力随一次次的成功与失败不断提高着,学校给了我能力。

10月5日。盖:

假期中,江的英语班没有停。开学一个月,江的学习还正常,一次物理没有考好,被老师说了一通。因为江是物理课代表。

这位老师的教学,我是觉得有点与众不同,她从不安排学生家庭作业,在课堂上能完成全部教学任务。江似乎学得也不错,但我几乎看不到江的物理作业。我觉得作业可以少,但不能没有。这样,学生不能很好领会做物理题的严格的规矩和必要的思维。

中秋，学校的天文小组活动，大江积极参与，还接受了北京电视台记者的采访。他有作文记此事。

（2）参加"天文小组"活动

记中秋赏月

自古以来，中秋节就成了团圆的节日，不但要吃月饼，还要进行赏月。

10月5日是农历八月十五，学校组织住校生、留学生先开"赏月晚会"，共同联欢吃月饼，再利用学校的先进天文设备进行"赏月"。管理天文台的任务就落到了我们天文小组几位组员的身上。

晚七时半，"赏月晚会"结束，校领导与住校生、留学生来到了天文台。大家在高清晰度的望远镜下看到了月球的真实面目，不时赞叹科技的魅力。

为搞好这次活动，让大家满意，学校动用了全国最大的科普望远镜——50cm反射望远镜，遗憾的是，主镜由于种种原因不能启用，只能用20cm导星镜（折射镜）。在望远镜中，月亮异常明亮、清晰，大家赞叹不止。

留学生们在平台上跳起了舞，唱起了歌。他们动人的舞姿优美的歌声使大家感受到家的温馨。大家边吃月饼边赏月，欢声笑语响成一片，到处充满节日的气氛。

木星出来了！大家停止手中的事，争先恐后地围到望远镜周围。明亮的木星显出异样的光彩，增添了节日的气氛。

九时，活动结束，我们恋恋不舍地离开了天文台，踏上归途。

晚上北京电视台三台的电视教育新闻里，有采访H天文台的镜头，其中有一个江的特写镜头，大约三秒钟。

10月11日。**益**：

江参加区内校际的时事竞赛，如被选上，可以不参加期中考，如果入选学校或CW区的代表队，取上名次，将来在中考时可以加分，江在积极地准备。我觉得他付出的代价太大。

（3）参加小马拉松赛

益：江什么都想参加，江成了H参加小马拉松跑的选手。从天安门跑到复兴门，五千米不到一点。他兴高采烈地去了，并写文记了此事。

记国际马拉松赛

10月10日，我们一行200人代表学校参加了长城国际马拉松比赛，我们跑小马拉松，为5公里。

上午7时，往日平静的天安门广场上已是万头攒动，各种旗帜在花丛中随风飘扬，不亚于十一的广场。

8时，参赛者已基本到齐。小至几岁小孩童，老至七八十岁的老人，全都满面春光，做好了参赛准备。

9时31分，随一声枪响，大军浩浩荡荡出发了！上万人同时从广场出发。想当初，在学校下课间操，老师一声令下，千余人犹如洪水般涌向教室楼，多么壮观。如今万人起跑，壮观程度可见。万余人如万马奔腾，涌向西长安街，像开闸泄洪一般。长安街北侧，无处不是人，无处没有比赛的激烈气氛。据说前些年业余选手不足千人，如今，随着"全民健身运动"轰轰烈烈的开展，不少人越来越意识到健康的重要性，不约而同地参加一系列健身活动，为首都增添了活力。更有人"花钱买健康"，健身房、游泳馆、田径场，无处没有他们的身影。广大群众不惜交纳报名费来参加这一活动，因为他们知道，一个人只有有健康的体魄，才能更好地完成社会赋予他的任务；才能生活得更加充实快乐。这是"全民健身运动深入人心的体现。同学们，希望在"99国际马拉松赛"上能看到你的身影！

关于天文小组活动，江还写了不少文章，如：

H中学50厘米口径天文望远镜简介

我们学校有一流的设备，在实验楼顶层，坐落着全国最大的科普天文望远镜——H中学50厘米口径反射望远镜。

望远镜坐落在实验楼的楼顶里，它的外壳为白色，这样反光性能好，整个房间显得更亮一些。望远镜主镜长2米，整个望远镜有数吨重，据说光是主镜片就有2吨重。所以望远镜的支撑系统与传动系统尤为重要。望远镜支撑系统是一根方形的小柱子，柱子顶部是一根纵轴，控制望远镜水平转动。轴上还有一条横轴，控制望远镜垂直移动。整个传动系统由两台电脑控制，一台在望远镜支柱内，一台在楼下控制室中，通过控制室中电脑进行对望远镜的操作。

横轴一边是配重箱，另一边就是望远镜的主体部分即光学部分。

1998年9月7日观测半影月食

昨天晚上，发生了一次半影月食。我们天文小组在关老师的带领下对月食进行了观测。

由于半影月食发生时，月球在地球半影中，地球半影很亮，用普通的光学设备很难观测出月亮明暗变化，所以我们仅将此当作一次实践。傍晚七时八分左右，月亮终于展现在我们眼前。七时十分是食甚，我们急忙将几架望远镜对准月球。金黄色的月亮常使人想起传说中的嫦娥玉兔，给人以生机勃勃的感觉。前人留下传说，说月球上有美丽的海洋和陆地，有一种生机勃勃的美。而在望远镜中，月球是另一种美。美丽辽阔的海洋变成了黑暗的平原，广阔的山地变成了高原上一座座环形山及放射纹，在太阳光照射下，发出耀眼的金光，地谷环形山加上放射纹，在阳光照射下，像一块黄金在强光照射下闪闪发光。我们在老师带领下认识了风暴洋、澄海、雨海等几块平原及一些环形山。老师又讲了半影月食的成因，9时半，月食结束了。月亮发出白色耀眼的光，恢复了往日的光辉。这次半影月食的观测，虽然没有达到想象中的效果，却也使我们增长了知识与实践能力，使我们深刻地了解了月球，更深地了解了天文、了解了天空、了解了宇宙，这真是一次难忘观测。

参观兴隆观测站手记

天空晴朗，我们一行几十人乘车来到北京旁边的兴隆观测站。

观测站坐落在一座海拔900米的高山上。一路上群山环绕，山上岩层清新可见。真后悔没带一位地质老师，不然的话，我们的知识量又要丰富许多。

山路曲折但并不难行。窗外风景奇佳，远处200多米高的雾灵山依稀可见。山中犹如笼罩着一纹纹白气，远处景物朦朦胧胧，更显现出一种朦胧的美。唯一可惜山中无绿水环绕，于是便少了一些惬意之感。

约摸一个小时，汽车驶进了观测站。因为天文观测的需要，站旁大小村落工厂很少，所以污染很少。站内空气清新，鸟语花香，是避暑的好地方。正值七月下旬，这里却十分凉爽。我们来到一座装修美观的楼中，工作人员向我们介绍了中国最大的望远镜2.16米口径反射式望远镜以及先进的60、90厘米口径的施密特折反式望远镜。它采用特殊的校正镜，使呈像更清澈。这让我们充分感受到高科技无穷的魅力。工作人员不但热心地为我们讲解望远镜的构造，以及光路图，还细心地介绍了"216"望远镜牢固而灵活的支撑装置，圆顶先进稳固的转动装置，使我们大开眼界。

听完讲座，我们要去亲身体验——参观"216"、"60、90"两台望远镜。"216"望远镜的支架有些特别，前后两根柱子支撑着一根巨大的轴，两端指向南、北天极。轴一边是配重，一边是望远镜镜身。整个支撑系统甚至比镜身还大数倍，这样便十分牢固、结实、又选稳定。

参观完两台望远镜，我们尽情地在山间玩耍。路边的植物大多数在城里都未见过，这时又后悔，没有请生物老师一起来，来，我们又能长知识了……

参观结束了，我们仍是恋恋不舍，希望多看一看这美丽的观测站。

兴隆的2.16米望远镜

在21世纪，中国兴隆观测站4米口径拉默斯特望远镜建成前，2.16米望远镜是中国最大的望远镜。它由中国科学院南京天文仪器研制中心、北京天文台和自动化研究所合作研制的，于1989年在兴隆观测站安装并调试完成投入正常运行。

兴隆站坐落于河北兴隆县旁一座海拔900米的山上。那里海拔虽不太高，但各方面条件都适合天文观测。据说当年选址时，开始选中了观测站对面的雾灵山，但由于那里地基不牢而改选这座900米的山。这里晴天多，每年观测超过270夜。

望远镜的基座为一根大柱子，上面斜卧着一根巨大的梭形轴，轴两端正对着南、北天极，靠在柱子上的一头对着南天极。轴的一侧是配重另一侧是镜身，这样的设计牢固又灵活。整个望远镜镜身为白色，配重箱为黑色，其他部分均为淡黄色。

望远镜光学系统分两部分，即卡塞格林系统和折轴系统。主镜是一个2吨重的镀铝凹面镜，位于望远镜底部。平行光从镜口射入，在此进行反射，在前面的附镜再次反射，在望远镜后聚焦。在附镜与主镜之间还有一个反光镜，将另一束光线打出镜筒，在外面又经多次反射后聚焦。

"2.16"望远镜除了北京天文台的科学家使用外，有2/3的时间供给国内外其他天文学家使用。

记流星雨的观测

11月17日下午,我们一行二十余人在政教处谢老师的带领下,来到风景秀丽的怀柔水库边的登山基地,对最负盛名的狮子座流星雨进行了观测。

七时,汽车在崎岖的山路上行驶,点点星光射入车窗,是那么幽静。不一会儿,我们的汽车驶进了怀柔登山基地。

18日凌晨1时,我们怀着异常兴奋的心情来到怀柔水库边,准备好观测设备,架好照像机,拭目以待着这一罕见奇观的出现。那里虽然十分寒冷,同学们穿着棉袄、羽绒服都直打哆嗦,但我们的热情丝毫不减。大家仰望天空,连眼睛都丝毫不眨,一位同学开玩笑说,要不是为观测流星雨,他在几个月之内还不会擦他那副已满是灰尘的眼镜。

正说着,一道亮点在天空中划出一道美丽的弧线。大家欢呼、跳跃,为这好光而鼓掌。

2时,随着天文关老师的一声令下,十五台相机同时打开,对流星雨进行照像。大家似乎已忘记了零下十几度的严寒,毫不犹豫地摘下手套,打开相机,投入紧张的工作中。傍晚7时还水光粼粼的水库俨然已成了冰的世界。往水库中投大块石块,水库中的冰竟然纹丝不裂,冷风刮来,大家一边打着寒颤一边工作,有几个同学的相机被冻得散了架,才不情愿地停止工作。

3时,已预测极大值中心时刻不远了,天空中流星数目稍稍多了,已接近2分钟一颗。大家抖擞精神,舒活舒活筋骨,准备迎接这33年一见的罕见奇观的最高潮。空气凝固了,同学们的额角出了汗珠,眼中放出精光。三时十五分、三十分、四十分……一个半小时过去了,大家都冻得像冰葫芦似的,但流星雨还是没有出现。天公不作美,没办法,我们怀着最后一丝希望,苦苦等待着。

东方泛出了鱼肚白,一天中最冷的时候到了。看看表,凌晨四时半,大家一夜未合眼,脚下都有一些发虚,腿也软了。这时才发现,一夜未睡竟一点儿也觉不到困。也许是太兴奋了,也许是天太冷了,也许是目睹狮子座流星雨的心愿未能实现,但又盼望着流星雨的出现,这种科学实践精神,成为一种精神支柱。但天快亮了,流星雨还未出现,大家未免有些扫兴与绝望。寒风中,树叶沙沙地响,对面宿舍中柔和的灯光刺激着我们的视觉神经,发出了无形的诱惑,我们太需要光明与温暖了!不!我们一定要站好这最后一班岗,因为狮子座流星雨还没有出现!

一双双冻得已几乎没有知觉的手熟练地操纵着照像机，一双双渴望的眼睛盯着天空。天渐渐亮了，流星数越来越少，大家越来越失望，我们已从手上、脚上、脸上一直凉到心里……

归途上，电台广播中说，狮子座流星雨极大预报失准，提前十余小时已经出现，可以说，我们白白浪费了一个晚上。但如果你问我后悔不后悔，我会斩钉截铁地说，"不后悔！"因为这次观测无形中锻炼了我们的意志与品质，这种精神在今后会有用的。

104. 准备中考

11月20日。益：

时间到了初三上学期期中考，学校也在为学生升学做准备，时事竞赛江未能选上，还是认真地准备期中考吧！不要三心二意了。

江参加时事竞赛如能选上，将来有加分的机会。这很吸引他，如不成，他就牺牲了准备期中考试的复习时间。这样，期中考不理想。看起来分数还行，但排名不行。政治90、物理95、语文97、数学98、英语102、化学93。列班第10，年级第92。

所以，从现在起，一点也不能大意，要如履薄冰，战战兢兢才好。

每天晚上江要做本子上的练习，复习化学、物理，和听英语录音带。

我还给江在《电脑报》函授学校（二级班）报了名，并不要他花多少时间，要一份材料，随意看看也好。

1999年

1月17日。益：

芳退休后学电脑五笔字型输入，颇有成效。这几天，她用电脑输入江小学时的日记，一边输入，一边重读，一片童心，江幼时的景象，在她的输入中重现眼前。

1月30日。益：

时间过得真快，江初三上学期期末考试已结束：语文104、数学116、外语112、物理97、化学98、历史85。年级第53名。他自己觉得考得不好。我觉得也还过得去。

人生就是这样，人生常有悬念，反倒促使进步，一点悬念没有，反倒没有意思了。

寒假中，江要上数学学校的数学班和物理班。H要他参加比赛，要参加培训班，他也很艰苦。

2月21日。益：

春节，亲友们都在电话中拜年。年初三，江和同学去CW体校赛足球，因对方弃权，他们进入第二轮，赛了一场被击败，中午回家。

我是不赞成江玩足球的，因为容易受伤，我只告诉他我不赞成，但我不能禁止，由他在实践中去体会。

我的感觉是，大江的瞬间反应不很迅速，玩足球是不适宜的。

3月4日。益：

初三下学期已开学，电视剧"天龙八部"也演完。这几天，为了看此剧，江的睡眠不够8小时。昨天下午上课，江几乎睡着。

4月9日。益：

江参加竞赛：物理差3分；化学差2分。但是学校对他特别优待，追加一个名额，让他代表四班本周日去参加数学竞赛。

5月7日。益：

江通过了体检。眼4.9。体育测试得满分。学校估计H学生升入重点中学的占40%左右。

6月1日。益：

大江一模：语文106、数学97、英语112.5、物理87、化学94。班名次第5，年级第48名。总分496.5分。

6月23日。益：

今天，有记者来采访。江明天中考，愿他否极泰来。最近，他打翻了茶水，烫了手，跌破了腿、伤了腰、摔在水中。初三以来，一系列比赛均没有取得好成绩。在一模二模中。勉强过关。总之。一切不走运。现在，我只有一个愿望，留在H就好。

江根本没有认真地准备中考，他在认真地看高中的数学教材，做了很好的笔记，还做了习题。看来他认为中考考H如"探囊取物"一样容易。

6月26日。益：

三天中考已过，他自认为：语文、外语和化学较好，我估计他大概和学校模的情况差不多。

7月9日。益：

今天知道了江的分数，546分，后来问了班主任段老师，知道了一些情况，可能在分数线附近。我认为，有些事不必强求。

任何人的成长，一帆风顺者极少，不从中吸取教训，不可能成长的。但是，还是应该自责的。教训是"大意失荆州"。

H不是有过这的先例吗？考第一的没有考上本校吗？

7月14日。益：

这几天，忙于打听录取、扩招，还去查分。其实，江这次考分和在学校考差不多，分数还略高，我估计还是题稍容易了些。后来知道，比H的录取线低一分。

7月15日。益：

今天下午，关老师给江拿来了天文流星雨全国摄影三等奖的奖状，太晚了，加分和特长生的申报时间早已过去，什么也来不及了。我们拿到奖状就去找校长，校长叫我们去教务处登记。看来，他要将大江做计划外处理。

这张奖状是"中国天文学会普及工作委员会"和"中国青少年科技辅导协会科技中心工作委员会"1988年12月颁发的给江的"在一九八八年'全国中小学生狮子座流星雨观测通讯赛'中荣获摄影照片三等奖"的"荣誉证书"。我们也不知道为什么到现在才拿来给江，真是有苦说不出。

105. 择校生

7月19日。益：

我给H校长李仲秋写了一封信：

我写道：

"……上次来看您，正好您马上要开会。没有来得及汇报孩子的情况，现简单地写在下面，供参考。"

"他这次中考成绩如下：

总分 546（数学 112、英语 110、语文 107、物理 90、化学 97、体育 30）。这是他入学以来考得最差的一次。他在 H 的历次考试中，大多排名在年级前 50 名。初二时曾获年级第 6 名。中考前一模时是年级第 48 名。初二数学竞赛 CW 区第三名。初一时数学竞赛成绩优胜。流星雨的天文摄影获全国三等奖，最近才拿到奖状。记得那天是北京最冷的一天。他用上海牌 120 相机照的，能获奖不容易。

这些成绩的获得和学校、老师、领导对他的爱护和教育密切相关的。

他在学校除任数学、物理课代表外，还参加天文小组和校刊的编辑排版工作，并被评为优秀记者，直到中考前一天，还应北京教育报记者的采访，为学校而忙前忙后，这些工作提高了他的素质。

不管怎么说，他这次中考考得不理想，出了一些低级错误，这也是难以原谅的。但是他也有一些长处，善于思考，热爱数学和电脑（已取得国家计算机 1 级 B 证书）。

他非常热爱他的学校，他在小学五年级时，就在 H 假期举办的数学班（六年级学生参加的）学习过，还得了优秀奖。后来终于考上了他爱的初中。他取得的成绩和 H 的培养分不开，他非常感谢学校。

这次他非常后悔，悔恨自己未能考好。他极想 H 看到他的长处、宽容地录取他。

作为家长，我们也是这样。希望您能理解我们的心。"

8 月 1 日。益：

昨日下午，109 中高一 4 班的班主任王老师来电话，通知江已被 109 中录取，8 月 10 日去报到，带 260 元，参加入学前的军训。班主任看来很想要他去。

江认为，H 的老师会给他说话，在择校生的名额中取他。

人生的挫折总是有的，从中奋起才是好样的。

8 月 4 日。益：

昨日，江的同学来电话，他知道学校已经同意大江回去，问："江是怎么回去的？"

这个电话使我得到了这个宝贵的信息，我去找了李校长。拿到了高一的入学通知，以及转学联系表。此表，H 已经盖了接收章。

经我与李校长商谈，应该特别致谢的是，李校长亲自作择校生江的介绍人，介绍江入学。

8月8日。益:

今天江去考《学通社》记者,后来上高中后,他有一篇随笔写了这件事。

难忘的一天

语文课上,老师让我们以《难忘的一天》为题进行口头作文,听到题目后,首先浮现在脑海中的是1999年8月8日那一天。

那天是学通社招聘新记者的日子,地点是35中。我徘徊在35中操场上,手握早已填好的报名表,心潮久久不能平静。我盼这一天已经很久了。大半年前,当我听说北京有个优秀记者的摇篮——学通社时就已许下了心愿,一定要加入这个组织。现在她终于招生了。带着这个心愿,我来到35中,但进入35中校门后,却发现自己是多么的紧张,心怦怦地跳,紧握着报名表的手开始有些颤抖,我觉得她又是那么遥不可及。

我做了个深呼吸,略微调整了一下心态,大步走入了教学楼,考试共分三试。很顺利便通过了一试,我满怀信心地进入了二试考场,二试是笔试,从黑板上五个题目中任选一题作文,限时40分钟。五个题目都要求写议论文,大抵是给一段话,或一个命题,写一写自己的看法或感受。我记得我写的题目是这样的:"工作是为了生活。生活是为了工作。你同意哪个观点,为什么?"当时我竟把政治课中所学的"生产力和生产关系的关系"硬生生的套入文中,得出了"工作是为了生活,生活也是为了工作"的观点,没想到竟"混"过了第二试。

第三试是口试,我与几个同学坐在考场外,等待着"恐怖"的第三试的到来。终于轮到我了,我与十几个同学一起进入了考场。考官王瑾老师面带笑容,她那迎贵宾似的笑容一下使我从紧张中跳了出来。我们陆续坐好,考试开始,考官一阵轻松的自我介绍,使沉闷的考场一下子活跃起来,大家脸上都露出了笑容。考试正式开始了,她做了一段开场白:"我看你们的眼神,就知道你们是不是在认真地听。看你们的姿态就知道你们是不是很紧张,通过跟你们谈话就知道你们的口才和写作水平有多高。现在咱们就随便谈谈,你们可以充分展示自己,谁能让我留下深刻的印象,谁就胜利了!"我们一起畅所欲言,大家有说有笑。最后,短短的二十分钟考试在欢快轻松的气氛中结束了。

我慢步走出校门,回味着这次不寻常的考试,感慨万千。这大概是我出生以来,经历的最轻松,也是最新奇的考试。回想起九年来历次语文考试,一种压抑感油然而生。人与人之间的一座桥梁——语文课的学习语言,为的是让每个人词能达意，读能有收获，甚至能出口成章，而不是刻意地分析某个人的某篇文章中的某个词语何在，甚至违背作者本意，去刻意分析本是妙手偶得或根本就是作者不经意中创造的词语。换一句话说，一篇好文章从不同角度欣赏，会有不同的感受与理解。以现在的阅读和出题方式，只会对大家的创造性思维发展起到阻碍作用。

在日趋激烈的竞争中只有能够展示自我，才能在千千万万人中脱颖而出。要充分展示自我，至少需要有好的口才，流利的文笔，敏捷的思维。语文课正应该培养人的这些能力，而不应该从语言学家的角度去培养。语文教育似乎要改革一下了！

考入学通社，并不是想当记者，而是想培养自己的能力。请不要误解。

益：那天是我陪他去的。

8月18日。益：

从5月江进入中考的一模、二模以来，直到今天，家中经历了一段不平凡的日子。先是关心、教导大江的生活、复习和考试。江却和往常一样，满不在乎。以H分数线一分之差，名落孙山。分到109中（区重点）。我和H商量，得到H的允许后，又到109中办转学手续，好不容易，才得到109中的许可。

今天总算把江去H高中的入学手续办妥。

一切已成过去，知子莫若父，他的学习方法受我的影响很大，他不适合区重点学校的那种学习方法——题海战术。H好一点。

在这一次"中考"差一分之后，我没有责难过江，我相信他一定会自责的，我不喜欢孩子作检讨。我想他内心一定也不好受，我从不提这次失利的话题。奔波了一阵子，总算得到了较为圆满的结束。

就在中考前两个月，江的初三作文中有一篇文章自责了另一件事，其原因和这次"如出一辙"录如下：

一封信

某某：

你好！转眼间4月已至，初二数学竞赛也将开始，希望你能在数学竞赛中取得好成绩。

有一件事使我自责了很久，现在告诉你，希望对你有所帮助。

第三部分　初中

　　3月28日，是初三物理联赛一试，考场在广渠门中学。考场纪律很严，不得自备草稿纸等用具，但题目不甚很难。我拿到卷子，仔细审了一遍题，开始答卷。前几道题似乎有些偏难，或许是我还没有进入状态，经过一番思考才做出答案。但后来，我渐渐进入了状态，越做越快，后面的几道所谓"难题"，全部被我攻克。这样，很快地做完了试卷。当时，看着大多数同学还在不停地答卷，我有些得意：从小学到现在，没有一次理科竞赛我没有被选入复试，就连小学五年级我跳级参加六年级的《迎春杯》数学竞赛，我也轻松进入了决赛。何况我在这次比赛之前作了充分准备，练习题难度相当于物理二试难度，一试又有何可惧？当时，我简直太得意忘形，连看都没看一眼卷子就将它交给了监考老师。几天后，成绩公布了。我落榜了！仅以三分之差落榜了！拿到试卷，我满怀疑惑与惊异仔仔细细看了遍试卷，看完后，我傻了，在计算错误和审题不认真丢掉了十多分！我懊悔极了，当时我为什么不检查？为什么不再仔细看一看试卷？为什么……总之，自责到最后，我终于说出了两个字——活该。

　　的确，因为对自己的过分信任而不去对答完的试卷进行检查是很不应该的。希望你能从中吸取教训，在面对任何考试时都要用一颗平常心去面对，不要自满或自我信任，不要急躁。最后，希望你能在这次数学比赛中充分发挥出自己的水平。

　　祝在这次竞赛中取得好成绩。

你的初三同学
1999.4.1

　　益：那时，江在家中做什么呢？他在准备物理的复赛。他以为预赛是轻而易举，不费吹灰之力的事，结果竟没有通过预赛。他不知道，事情往往是认为万无一失时出事的。这是一大教训。这次，他如不在作文中用写信的体裁谈到这件事，我是一无所知的。这次的差一分，我想，对他也是刻骨铭心的。我说什么都是多余的，只有他自己才能战胜自己。真是"成也自己，败也自己。"

　　人贵有"自知之明"，说起来容易，做起来呢？！

　　不能"自知之明"，往往会"自以为是"。

　　古语说得好"智者千虑，必有一失。"

　　这两次重大失误的震撼会带给他什么呢？拭目以待！

第四部分　高中

106. 军训（3）

8月20日。益：

晨，江去H中学报到参加军训。妈妈送他，从家中出发，坐公共汽车，中途换车，一直送到离H最近的8路车站。江背一个行李卷，手上提一个大提包。其中有几件衣服、少量的日用必需品，和一个老式沉重的军用水壶。

江到校后，坐大轿车去南口，参加为期一周的军训。这是他出生以来第一次离家一周独立生活。

通过这一段的亲身经历，体会到中学招生的种种，不是身历其境，是很难相信的。

从江的考试来看，他中考的成绩要高于一模，但是他还是以一分之差落选，我总觉得有一点遗憾。H领导说，初三的40%可以考入高中，江的落选是意外的。其中有一些不确定因素，一分之差，有一点运气成分。

他在中考期间，每天的用具都是我检查的。他用的B2铅笔都是我给他放的，三天都是如此，但是第三天考完后，在他铅笔盒中竟有一枝笔尖用得很圆的HB铅笔，我问江，这枝铅笔是怎么来的。他也说不清楚，但是他坚持说，他没用过这枝HB铅笔。（因为如用过这枝笔，电脑判分时要吃亏的，从笔的情况看，肯定是多次用过的）我只能信江的话。

中考考作文时，在他的作文中，敏感的老师可以想象到，可能是H的学生，很可能会招来更严格的给分。

我的估计，中考的出题比一模时容易，这也可能是江落选的原因之一。大江就怕题稍容易，这样一来，分数普遍高了，而江反而要出错。

江以一分之差落选。这是没有办法的事，只能哑巴吃黄连了。

8月28日。益：

江军训回来，睡了两个晚上，每天睡12小时，他还未睡够，身体没有复原，咳嗽。

江这次军训的生活感受，记录在他的高中随笔中。给我的感觉是，大江在培养自己的素质并具备有向前看的决心。我放心不少。

我与跨世纪

21世纪，是一个令人向往的时代，一个科技大飞跃的时代，能用生物工程技术治疗顽疾，开发出物美价廉的太空产品。信息高速路使人们"天涯若比邻"。当然，还少不了激烈的市场竞争，21世纪将成为一个人才辈出的时代，21世纪正向我们走来，我却在21世纪前夕进入了我的高中时代，这是人生的黄金时代。进入黄金时代的第一课，是军训。

军训的第一天新奇而有趣，青山绿树下，解放军战士一个个表情严肃、步履矫健而齐整，宿舍中床铺整齐得像经过雕塑家细心琢磨的艺术品。总之，一切的一切都那么陌生又充满情趣。可从第二天开始就不那么好玩了，早上5点多就要起床，还没有来得及洗漱，就要出去集合练习队列。朝阳虽比不上正午的阳光那么毒辣，却也不似城里的那么温和，十分钟后就已开始觉得燥热难当了。早饭后，马上又要进行三四个小时的训练。下午训练时，太阳当头高照，像一个大火团在头上滚来滚去，但还要穿上那一身厚厚的迷彩服，人像进入了蒸笼，那种难受的感觉是无法用语言形容的。没有想到的是，晚饭后竟然还要训练，平均每天有十几个小时在训练，保质保量地完成七天的训练，需要极大的毅力。

最苦最累的是第三、第四天。这两天是逐渐从不适应军营生活走向适应的过渡期，相当于长跑的"极点"。但其中最最累的还要算第四天的下午，那个下午特别闷，不一会儿就汗流满面了。我们要练的是正步走的分解动作，摆动脚要停在离地25厘米处，直到听到教官喝令后才可以收腿，我自从早上起床后两腿就软绵绵的，加上一上午的训练，走路时都费劲，何况正步走的分解动作了。正步走分解动作开始了，我迅速将左腿踢出，右腿突然一痛，险些摔倒。坚持了约20秒钟，双腿打颤，旁边的同学有的已退下阵来。我也快坚持不住了。正在这时，我忽然感到一种神奇的力量，使我精神振奋，我竟然坚持到了最后。在这力量的鼓舞下，这一下午的训练显得轻松了很多。

七天的军训中，使我最难忘的要数临走前的那一晚了。我们与教官恳谈了很久。大概是对军营尤其是对教官有些恋恋不舍吧！大家谈得特别投缘。我们问教官当兵苦不苦？是如何坚持下来的。他说："当然苦！早上要带沙袋，背背包跑5000米，中午再跑5000米，晚上还要跑10000米，其他时间都是队列和体能训练。记得有一次，班长让我们练习举枪，枪下还吊着两块砖头。他让我们举整整两个小时。练习完毕，我挪了一下身子，就'扑通'一下栽在了地上。还有，你们知道我第一次跑5000米用多长时间吗？52分钟！而我现在，最慢18分钟！我之所以能克服这么多困难，就是因为我有上进心，凡事我一定要比别人做得好！"

当夜，我久久不能入睡，回味着这番特殊的谈话，我感悟到了很多很多。我想："做为跨世纪的一代青年，应当有强健的体魄，丰富的文化知识，不凡的创造力，而这都不是天生的，是从努力的学习、艰苦的锻炼和丰富的社会实践中得来的。而在学习、锻炼与实践中会遇到大大小小的挫折，要渡过难关，在竞争中处于不败之地，就要有上进心与顽强的毅力。"我恍然大悟，在第四天下午正步训练中使我坚持到最后的神奇的力量不就是上进心吗？只不过在军训中我们遇到困难与解放军战士的困难相比实在太少了。我这才明白军训不仅仅要锻炼我们的意志，更重要的是，让我们真正感悟到人活着就应上进，使我们能主动将顽强的毅力和在军训中那不怕困难的勇气用于今后的学习生活中去，为我们迈向新世纪打下坚实的基础。新的世纪即将到来，新的生活即将开始，我要时时刻刻用教官的话激励自己奋发图强，用刻苦和毅力在历史崭新的一页上写下自己的一笔。

107. 开学

9月15日。益：

开学，江比过去略有用功，但按我的标准还不够。

今天召开高一家长会，由年级组长万亚男主持，讲话的校领导有：李仲秋、陈维佳和谢海涛。

陈维佳副校长是负责教学的，他介绍了H的基本情况。但是我注意的是H近三年考上北大、清华的情况。

1997年，270人参加高考，考上北大、清华的有33人；

1998年，334人参加高考，考上北大、清华的有34人；

1999年，295人参加高考，考上北大、清华的有40多人。

根据这个数字，江这一届共400人（包括40名择校生），三年后考上北大、清华的也不过30－40人。不容易呀！

我让江上H，就是为了能上北大、清华。我相信H，H培养学生的理念和我很相近，H给我留下了指导的空间。江在H初中时，他的素质有全面的提高，我坚信他读下去是有希望的。我相信自己指导高中学生的能力，我要和江共同度过这一段艰难奋斗的历程。我相信自己的教学经验，相信江的能力。如在一般的区重点，就是考了第一，也是没有什么把握的。

李仲秋校长说：H的学生在清华的分数不高，但后劲比较强。各科的作业不超过两小时，有必做的和指导性作业，必须给学生自主的空间。

108. 最好的语文老师

高一的语文老师宁堃，打开了江的文思，江写了诸多充满激情的随笔。

自我

翻开高年级同学的随笔，给我的感觉是字里行间都抒发着他们的激情，渗透着他们对人生的感悟。在校刊任编辑和录入时，我时常翻看不同年级、不同爱好的同学的随笔。文章大多语言朴实无华，但平实的语言中蕴含着不平凡的内涵，因为无论多么华丽的词藻都无法创造出或是掩盖住青春的激情。

我们年轻，我们热爱生活。让我们抒发内心火一般的热情，在这里探讨人生，纵情放歌，唱青春年华，狂热的梦想。让我们用青春迸发出的火花，点燃火热的心。使青春之火在这里长久不熄。

本人自我介绍：

江，男。1983年12月24日生。爱好颇广。在校刊任编辑时，有很多机会翻看别人的随笔，发现他们的随笔有着一个共同的特点——充满了激情。最令人感动的是，他们的同班同学对他们的每一篇文章都进行了认真的评点，在文章后写下了读后的感想。随笔是一个探索人生，感悟人生的好场所。

听说要写周记，突发豪情在前面写下了一段本人对随笔的看法。文笔拙劣，请勿见笑。

江
1999.9.3

（老师评语：激情是青春的鸣放，热力四射。源自内心的真情，自然流淌成青春的诗行。9.9）

江刚入学，他的语文老师——宁堃，见到江的几篇随笔，写下了上面的评语。

这位老师开学三天就对大江很赏识，教了江一年（我在家长会上见过，没有留下深刻的印象，但是他的评语却给了我极其难忘的，几乎是永恒的记忆。她的评语是与学生思想的共鸣，产生的效果是不可估量的。听说后来去了新加坡），使江对语文产生了极大的兴味，有很大的提高。她破格给江语文高分，她是江的伯乐。

学校认为这位老师不长于应试教育，但是我却认为这位老师是江遇到的最好的语文老师。这位老师的评语，我读了，都能受到她的激情感染。可惜这位老师只教了一年，这一年使江写作能力有了突飞猛进的进步。我的好老师的标准是，上过这位老师的课，就情不自禁地喜欢这门课。发挥了自己的全部潜力去努力。

高一学年结束时，全班在她的指导下，江主编了一本班刊，显示了这位老师的教学水平，也是一种特殊的人格魅力——和全班学生的思想的共鸣。

教过我的初中语文老师，只有一位老师有她这种教学和人格的感染力，那时我们的语文是学"古文观止"。他每上完一课，如《桃花源记》、《师说》等等，他并不叫我们去背，而我们自然的就背下了。后来，我上高中的语文老师教我们《孟子》，他告诉我们，一定要背下多少，考试一定要考默写的，我们都背不下来。原因是他讲得几乎和读白话《孟子》一样，没有一点激情——即老师对课文没有激情的理解。

109. 期中

11月13日。益：

江进入高中以来，第一个期中考已经过去，还不知成绩，他自己估计：他的成绩依次是数学、化学、物理、语文和外语。我原怕他数学考不好，他倒自我感觉良好。他考过数学说过，他检查时，查出20多分的错误。

他做题速度快，一次性的准确性差，喜欢用口算，在运算中易出错，靠检查来弥补。

从这次检查出20多分的错误，可以看到，重大失误带来的初步成果，那差一分的代价是值得的。

11月20日。益：

江去北京市科协进行计算机复赛。昨天查了地图，找科协的地址。江上了高中，或者说从初二开始，就免去了我的接送任务了。

前几天，江与学校的天文小组同去密云，拍流星雨，用了两个夜晚，一无所获，回来用了约20个小时的睡眠来补。那次用我的上海120相机拍，得了全国三等奖，这次用的相机好了，什么也没有。所以，事情的成败，不完全在相机的好坏。回来后几天精神不佳,上不好课。拍流星雨很劳累,几乎整夜不睡,镜头对准天空某一空域,不停地拍。我和他在我们住的大楼平台上,夜晚拍过一次,我觉得,需要有耐心,不怕劳累,还要有一点运气。

这次期中考,江得了一个从未有过的好成绩:数学100、物理97、化学99,语文84、英语76。由于数理化考到296分的高分。获班上第一名,年级第2名。他这次考试,给我和芳、给自己,信心大增。

江有一篇随笔,记他这次观测流星雨。

三十三年后再相聚
——记观测狮子座流星雨

整整盼了一年,狮子座流星雨又回来了!

车行驶在山路中,天虽不算很晴朗,却也能隐约地看见银河——相对城里来说,这已经很不错了。

经过三小时的颠簸,到了观测地点——密云水库北面的射电天文观测站。去年暑假我来过这里,一望无际的水库,整齐的射电望远镜阵,曲折的乡间小路,繁星满天的夜晚,还有新鲜的玉米和柴鸡。好怀念啊!现在,黑暗中看不见广阔的水库,望远镜也没有白天壮观,小路已被修成了石板路。"银河"不如夏日的绚丽。地中只剩下枯干。但松柏仍青翠,山依然是绿的。故地重游,旧景不在,少不了的是一丝惆怅。

虽是初冬,却非常寒冷。水库边更是如此。"风萧萧兮易水寒",水边之寒不同于狂风之寒,虽不那么刺骨。久而久之,却从手脚直凉彻心肺。我们一人操纵两台相机。每张胶片曝光5分钟。也就是说每人一共要站上4个多小时。

云开始吞噬天空,雾起来了。相机上、背包上都结上了霜。人,在发抖。但我们内心是火热的,把云雾烤散了,霜烤化了,人,不冷了!

于是,黑夜的旷野上,不时响起一串串相机快门的金属碰撞声,没有什么声音比这更悦耳了。

时间一秒秒地过去,流星一颗又一颗地划下,惆怅变成了喜悦,天地间似乎只有我们。

观测结束了，狮子座流星雨，三十三年后，让我们再相聚！

后记：在路上，不知是什么原因，或许太困，或许觉得有些"前途未卜"，总觉得有些不舒畅。重游密云，回想起往事，忆起与同伴玩耍于水库边，一起踢球。打球，心情更不顺畅了。

但这次观测比较成功，所以心情渐渐好转，这是不奇怪的。

（老师评语：人的情绪变化之微妙颇令人难解。触景生情，昔日不再来，生活中有多少相聚，就会有多少别离，可谓"聚散两依依"。）

江的写作水平，在她的指导下，夸张一点说，真是"一日千里"，教语文，能使学生学出兴味，能对学生的一般习作，写出这样充满激情和哲理的评语。真是一位少有的好老师。

110. 360 名以外

11 月 26 日。益：

高一期中考后的家长会上，李仲秋校长讲了一段颇有意思的话：他不点名地提到了江。他说："一个学生，是 360 名以外的（指正取以外的择校生），这次考了全年级第二名，他停顿了一下接着说，这个学生到了外校又回来了，原是本校初中的。"

他的话引起了全场的家长、老师、学生的注意。我知道他说的是江，江回 H 还是他介绍的呢？这个成绩没有辜负校长。江考 H 高中时考了一个在 H 时的最差成绩，二个月后江在 H 考了一个在 H 的最好成绩，他超越了自己，这是很不容易的。

这正是两次重大失误震撼的结果。

当时，江的班主任段老师在江考分据年级第二，数学 100 分之后，要去江的数学笔记，想了解江平时是怎么学习的。江拿去的是他在复习中考期间的自学高中数学教材的笔记，段老师还以为是他上课时记的，说他学得很好，不知是他中考差一分的沉痛代价。

差一分的代价成了择校生后，考出了令人惊奇的成绩，说明了只要他努力，是能够学得很好的。我的工作是发挥好他的潜能，庆幸当初买来高一数学教材让他自学了。

期中考时，我出过几道题测试江的物理，江答得比较好。后来看到了他的物理试题，其中有一题和我出的斜面问题几乎一样，我就更放心了。

一个择校生理所当然地不能进入学校的最好的班，这次考年级第二（理科第一），超过绝大部分的高材生，引起校领导和老师的特别关注。

他是普通班的学生，还是一个360名以外的择校生。但是考出年级第二的成绩，说明他具有H最好班尖子生的冲刺力。

可以说，江不亚于H最好班的学生。

111. 摔伤

12月22日。益：

今天冬至，六天后是江的生日。日子过得很快，还有20天期末考。江的成绩要稳定下来，还必须从基本功抓起。

12月27日。益：

最近，江踢足球，把右手摔伤，第一天疼得厉害，吃饭要用左手，休息了一天，好了一点。每天有一点好的进展，但仍不利落。他不肯去医院。今天看上去好多了，但仍不肯提水瓶。现在每天吃药和贴膏药，他真是多灾多难。

（这次摔伤，虽然一般情况下不影响学习和上体育课，但是，很长时间不能很好地做引体向上的动作。后来直到高中快毕业时才好转，好到他勉强能做引体向上，通过了体育毕业测试。）

112. 姐

12月29日。益：

元旦前后，同学间互送贺卡，为此，我们就给江准备一些贺卡。

有一位和江同年级不同班的女同学，可能比江大一点，她让江叫她姐，江在初中时，回家说起过她，说我姐。江很平常地这样称呼。我们奇怪，为什么称姐呢？江说她比他稍大，常在一起参加学校组织的活动。因为同姓，她让江这样称呼，江也无所谓。我们也不加干预。

去年和今年，他姐都给他贺卡。江对我们也不保密。

去年的：

"江：

我一直想告诉你，你给我带来了欢乐，带来了希望。荣亮说：能有一个谈得来的朋友，不易。我一直将你视作我最好的朋友。或许，这世界上没有永恒的东西，但在我的心中，你有一个永恒的位置，你永远是我生命中的一缕阳光。

新年之际，也在你 15 岁生日之际，衷心祝你永远平安、幸福、快乐！

98 岁末"

今年的：

"江：

你知道吗。你真的很可爱，我一直为你感到骄傲。新年来了，祝你永远快乐、幸福。"

99 岁末"

对他的这位姐，我和芳的看法是，只要在正常的交往范围之内，我们不干预。H 开家长会时说过，男女同学正常交往是可以的，在高中不要单独交往就可以了。初高中时，他们不在一个班，但是有一些共同活动，参加校刊编辑、天文小组、课外的各种讲座等等。他们从没有单独有什么交往。当然，她总会找一些机会，去问他的数学问题。等等。

江把同学给他的贺卡带回来，从不回避，我们看，他也无所谓。

我们往往在和他的谈话中，不鼓励也不禁止他的交往。但是，提醒他将来的志愿，暗示他，你要考北大、清华，要当研究生，可能还想出国。爱情和婚姻，你自己拿主意。很清楚，过早的进入是不相宜的。

这位女同学，比江稍大，学习和待人接物的修养都不错，比江精细。我们以不干预的方式，把这个权给了江。本来也是他的权利，他还没有成人——18 岁之前，我们很放心。

她和江不在一个班，在初中时也不在一个班。在班级活动中常遇到，江戏称他姐。她常找一些数学问题去问江，有时还送一些小礼品和贺卡给江。我们在江面前谈到她时也戏称姐。在江中考时，她曾来过一个电话，给我留下了深刻的印象。那时，我正在为差一分在和学校联系。那天正好江不在，我接的电话。她很大方地说，她是他的同学，关心江录取到何处。我把江可能回 H 的事给她讲了。她居然说：她做梦都梦到江。这只有一个非常坦率的人，才能和一个同学的家长，以一种童言无忌的语态、口气说出来，非常纯洁。

直到我读到她给江的优美的散文《灯》后，对她才有了进一步的理解。

灯

午夜梦回，我坐在窗前，凝视着眼前的黑暗，一种不知身在何处的恍惚和莫名的感伤在心中徘徊，挥之不去。心如止水的我只愿将自己的躯体和灵魂融入这平静而深远的暗夜。冥冥中一段旋律从心底浮起——《忘却的悲伤》。悲伤真的可以忘却吗？

蓦地，眼前有亮亮的东西在跳动，像精灵在花瓣上跳舞，如此轻盈、玲珑。心的湖水被拨动，荡起一圈圈涟漪。是它——我心中的一盏明灯。它虽然并不很亮，但足以照亮我的心灵、我的灵魂。充满愁绪的心被抚平，往事只留下一段美丽。

和他的相识是在一个凉爽的雨后夏日。没有什么具体印象，因为这并不重要。我只记得我们很投缘，只记得他是本年级中最杰出的学生，只记得他也许在别人眼里有些恃才傲物，但对我却真的很好。

初中生活是充满竞争的，为了在竞争之中处于不败之地，我们一年多没有介入对方平静的生活。就这样，热情渐渐冷却。

然而，生活却并不平静。父母的相继下岗，姥爷的去世以及父亲的几次生病住院，都冲击着家庭中每个成员的心灵。

记得初三面临中考时，父亲又一次因胃出血住进医院。母亲为父亲，为家庭，为工作奔波劳碌。在这样的家庭环境中，我看着其他同学积极备战中考而无所适从。

幸而有他。当他的身影在我的脑海中一闪而过时，我发现他在我的心灵中竟如此根深蒂固，以至于我一直未发现。我不敢肯定，准备年级考第一的他是否会在紧张的复习中抽出时间来安慰我这个许久未联系的"朋友"。

他的热情让我感动。无论多么紧张，他都能耐心地听我讲述生活的琐碎，支持我，安慰我，鼓励我。就因为他平日话不多，所以我才放心着他的沉默，勇敢地面对生活。面对一次又一次的挑战。

生活像飞跃渡口的鸟，只把影子留给水域。

我和他认识已四年。如今，我们都已经长大了，都多了几分理智。我真的想一如既往地守着他，让他一生一世做我的朋友，但我实在不忍心再去打扰他平静的生活。纵使千般不舍,我还是要走的,禁不住泪水滑落如许,有一种无根的失落感,很痛。

佛说:修行百世方能同舟。也许,我的修行还不够吧。

当心的潮水淹没了时空的概念,那低低的雁鸣诉说不尽的却是生命的灿烂。正因为没有承诺,也就无所谓背叛。

灯的美丽,在于它可以给人温暖和希望;生命的美丽。在于它的坚持和信念。有了灯的生命,为灯而美丽。为生命而坚持。"

这篇文章发表之前,江带回来,我和芳都见到过。想到江漫不经心回来说起他的姐:经常有事无事的去向他请教数学问题;江在师大听数学班和物理班的课,她也设法去听;有时要江请她吃饭,江把师大的饭票给她让她自己去吃;等等,以及我所知道的,她非常关心江,对江的学习等情况了如指掌。

我和芳都想过,这位女同学真是有心人,现在还在高中,这种朦胧的感情,不知道将来会怎么样。如这位同学能坚持下去,我和芳是不会反对的。

就这篇文章说,有思想,有文采,也有很强的自我控制力,应该说,我和芳对她的印象是不错的。但是,这篇心灵倾诉的散文,似乎自己退出了……,不然怎么说"没有承诺,也就无所谓背叛"呢!

(后来,江考上北大,这位女同学考到清华,他们各奔前程,童年的往事也就随风散去。)

113. 恩师

2000 年

1 月 9 日。益:

江未来想考理工科,文科的历史、地理等只要稍好一点就行了。有的要抓紧,要有特长。把升学需要的科目——数、理、化、生物、语文、英语学好就行了。高中的课程是紧张的,从应试来看,不能平均用力,非要苦学和巧学相结合,取长补短不可。

1 月 13 日。益:

收到《北大校友通讯》第 27 期。季羡林的文章《站在胡适之先生墓前》,甚佳。他说出了对人生某一方面的感悟:

"积八十年之经验，我认为，一个人生在世间，如果想有所成就，必须具备三个条件：才能、勤奋、机遇。行行皆然，概莫能外。"

"我把重点放在第三项上：机遇。如果我一生还算得上有些微成就的话，主要是靠机遇。机遇的内涵是十分复杂的，我只谈其中的师恩一项。"

我自己的情况也是如此，我的成就和师恩都能联系得上。但是我更愿意用恩师——对我有影响的老师——这个词。小学时的级任（班主任）老师——任继兰；初中时的书法老师——俞肃斋；语文教《古文观止》的张老师；教数学的代数、几何老师和教化学的老师。高中的教《范代大代数》的数学老师吕学礼。（江上初、高中时还用吕学礼主编的数学教材。）大学的老师钱端升、王铁崖、吴恩裕、朱光潜、潘家洵、毕克顿等等，都是我的恩师。

所以，我想江也应该记住他的恩师。我提醒他：在小学，一年级启蒙的谭老师，当区里在暑假中停办了几乎所有的数学班，只保留了一个为将升入六年级学生参加"迎春杯"数学比赛的班，江当时只是将升入五年级的学生，是被王老师破格收进的。介绍江去的是张淑霞老师。这是江参加重要比赛的起点——不能忘记。

一句话，一个人的成长，不能没有伯乐。特别是千里马，他比任何马都需要伯乐。

伯乐——机遇——恩师，有时三者是相互连在一起的。

114. 比赛专业户

1月25日。益：

江高一上学期期末考试不理想，但语文竟考了92分，这是入学以来的最高分。这位语文老师宁垄特别喜欢江，江也为这门课下了功夫。他的散文有突飞猛进的变化。江的语文老师中，第一个发现大江创作才能的是宁垄。江的数、理、化成绩，大不如期中考。只有化学过80分，数、理只有70多分。但学期成绩，参考了期中成绩，老师都手下留情，给了他好分数。可能，他的期中考，引起了许多老师的注意。可以说，H重才，在其他学校是不可能的。

2月4日。益：

江在寒假中，前五天去师大的北京数学学校学习，后去怀柔参加学通社的冬令营，共用去六七百元，还交了开学后的540元师大数学班的学费。一笔不小的开支。二婶曾说过，现在的孩子是钱堆起来的。

3月19日。益：

高一下学期开学初，我去H参加家长会，江在高一年级受到表扬。

但是，江最近的三角、几何测验只有六七十分。我知道，他正在用很大的力量准备他的应用数学论文和应用数学的比赛，自我感觉良好。为了准备这篇论文，他花了个把月还多的课余时间。

江去师大附中参加"第三届北京高中数学知识应用竞赛决赛"。决赛分两项：一是开卷做论文，二是闭卷考试。

江的应用数学参赛的论文是《明察秋毫的装置——由卡文迪实验想到的》，闭卷考试后，将论文和试卷一起给监考老师。

花这么长的时间准备论文，影响正课的学习和测验是必然的。

3月24日。益：

前不久，老师给江一个机会，每星期六上午去参加奥校的化学班。所以，大江更忙。我戏称：H把江看成是"比赛专业户"了。

江说，他愿意参加各种奥校班，要看看自己的长处和爱好到底在哪里。我是不太愿意他这样做，一来老师似乎在培养他，二来我尊重他自己的意见。所以我没有说"不"。

4月15日。益：

收到中国少年作家班学员录取通知书，是给江的。通知说：经考核你被录取为2000届中国少年作家班学员（学期2000年——2001年）。——中国少年作家班 2000年4月12日

我猜想，是他的恩师宁堃推荐的。

115. 入选

4月19日。益：

好消息传到了学校，江参赛的应用数学论文《明察秋毫的装置——由卡文迪实验想到的》竟成了高一唯一入选的论文。H高二有六篇论文入选，高一只有江的一篇。论文入选并不分高一、高二还是高三，是以水平入选的。

江虽是高一，等于是和高二高三的一起参加竞争。

4月22日。益：

入选的论文还要进行答辩，学校对其答辩进行了帮助。

江去答辩他的论文，评论甚好。北大和师大的教授颇欣赏他的论文。在答辩中，老师问他，微积分怎么学的，他如实答道："是爸爸教的。"

微积分是我教的，但用到这篇文章中，完全是他自己的做的，我没有想到他会用，更没有参与。而且这篇论文有一个特点，所有数据是江用积分由电脑编程计算的。

江的这篇论文的起因是这样的，这学期，江参加了CW区科技馆的活动——关于激光的全息摄影的实验，是高二学生参加的，不知怎么让他知道了，他也去参加了他们的活动。江是一个求知欲很强的孩子，只要觉得有兴趣，他就能钻进去。从他小时候背唐诗，到初中时敢于学微积分，直到现在，应该说，他这方面的直觉还是不错的。说实话，我不一定赞同，但是我没有阻拦。只要他自己觉得有时间，就去吧！

江在实验中知道，这种实验很难做得好，只要有很微小的震动——如衣角碰了一下实验台，就会导致实验失败。于是，他就想去测这个微震动。他从卡文迪许测万有引力常数的实验得到了启发——灵感。那么多的高二学生不去碰这个问题，他初生之犊，就钻下去了。于是，科技馆的赵老师支持了他，给他提供了许多实验的方便。

这个创意是他的。一直到论文写成，已经差一二天就要交稿了，我才从电脑中见到这篇文章。我给他做了一点编辑加工，没有任何实质性的改动。

为写这篇文章，他调动了他所有的知识，他设想用激光射到一个球面镜上，激光器放在被测的台面上，台面如果有微小的震动，由反光镜反射的光就会偏转，给到一个光敏电阻上，于是接通了电路，电表有显示，光的多少与电表成正比，表示出震动的大小，测出了微震动。涉及的数学有：几何、代数、高斯定理、微积分等；涉及的物理知识有：光学、球面反射、电学、电子学；他计算有关的数据时，用了微积分；这时他用了积分和电脑知识，所有的数据通过程序计算。他把他的长处汇于一处，得到了好评。

科技馆的赵老师居然给他做了一个样机。虽然测不出那么高的微震动，但是意思表达清楚了。江把他的知识用到了极处，当时，他不可能再向前走了。对一个高一的孩子来讲不容易。就此而已。

他的成功，还在于测微震动，是可以用于测地震，核试验等多种用途的。

如果要我写这篇论文，我一定先了解国内外的地震台测地震的方法，和自己的设想比较后，才敢定题目动笔，他不然，想到做到，真是初生之犊呀！

116. 小记者

5月1日。益：

一个时期以来，江作为学通社的小记者，写了不少文章。4月25日，江和崔媛媛合作写的文章：《我自己喊CUT！》发表于《中学时事报》：

我自己喊CUT！

我学会了使用摄像机

刘思博起初一窍不通，现在他已成为了一名出色的摄像师。他说："开始我只是跟父亲学过摄影，抱着误打误撞的态度，报名参加电视台的摄像工作。从学习摄像机的每一部分功能开始，一直到学会拍全景、近景和特写。印象最深的一次是在电影院似的报告厅里拍讲演，那是我第一次实地拍摄。起初我感觉到手很生，但老师和"台长"在一旁不断地指导，猛'打气'。从那次活动后，我的技术不断地提高，现在，我已经可较熟练地使用摄像机，完成校园新闻的拍摄了。"

编辑机原来如此好用

我是电视台的一名编辑。在刚进入电视台时，看见演播室中带着大大小小按钮的编辑机，虽然不会使用，却产生了浓厚的兴趣。后来，老师为我们讲编辑机的使用方法，从他自己的使用经验谈起，手把手教我们。原来，编辑机就是一个将原始录像再加工的装置，剪辑、复制甚至加特技都可以在弹指一挥间完成。编辑机原来如此好用！我似乎入了一点门。

我曾是主持人，现在我还要做主持人

白雯萱初一时就曾担任过校文艺演出的主持人。初三，她第一次走进演播室，成为了学校广播室的主持人。现在，她的主持才能在H中学电视台受到了欢迎。

在第一次试镜时，她从容不迫，面带微笑，流利地朗读新闻稿，她的语调引来全场人员的阵阵掌声。她说："初一我第一次上镜时，非常紧张，心怦怦地跳。现在面对镜头，我不再紧张了，相反的，倒多了一种新奇感。感谢

H电视台给我机会。过去我曾经是主持人，现在，我还要做主持人，而且要比以前更出色。"

电视台的第一期节目正在紧张地录制中。H人的风采会通过镜头传递给自己的同学、自己的师长、自己的父母、自己的……我们在镜头里、在不觉中慢慢长大。

采访/学通社CW分社江、崔媛媛

我奖给江一台彩色打印机。本机不算贵，但耗材不便宜，一个黑墨盒要200元左右。

5月4日，益：

我带大江去北京大学参加北大102周年校庆。大江有一篇随笔记了此事。（后于7月14日发表于《北京教育报》）

一个梦开始的地方
——难忘的北大之行

两年之前，我曾经来过北大，也许是那时年龄太小，只记得北大很大，中间有个未名湖，湖边有一座宝塔，很高很气派。总之，记忆中的北大是美的，像一个公园。

也许是年纪稍长了一点的缘故，这次去北大，已不再觉得那是一座公园，而是一座知识的殿堂：湖边的青草地上，新图书馆的阅览室内，百年纪念讲堂边的长凳上，少不了北大学子求知的目光，少不了忙碌的身影。

新图书馆的20世纪《北大百位学者墨迹展》中，从康有为激情满怀的为中华崛起而奋斗的长篇大论到现任北大教授勉励人们奋发图强的新诗，无一不体现着北大人对民族的热爱，对学子的关心，也许这就是北大人过于常人之处吧！

大概是由于102周年校庆的缘故，假日的北大热闹非凡。白发苍苍的老人带着亲人，漫步在未名湖畔，忽而遇见另一位老人。两人对视良久，忽然拥抱在一起，许久许久，只看见满是皱纹的脸上流下一行热泪。原来，这是几十年前的同窗好友，之后便聊起了红楼趣事，似乎忘却了身旁的亲人，也许这就是北大人对生活执著的热情。

其实，印象最深的是《北大102周年校庆校友大会》上北大艺术团的真情演出。记得演出开始前，主持人风风火火地走上台。当她左手紧握麦克风，深情地注视着观众，宣布演出开始时，她再也抑制不住内心的激动，露出了灿烂的微笑，一种无法形容的发自内心的微笑——演出开始了。说实话，每一个节目都不比专业演员演得差。演出结束后，主持人与全体演员一起挥起手臂，真心地祝福。随着真情的目光传遍了百年纪念讲堂的每一个角落，也许这就是北大人对事业的一份激情。

北大之行结束了，却又好像没有结束。显然意犹未尽。

忘不了碧绿的湖水；忘不了屹立着的宝塔；忘不了这一个梦开始的地方。

5月5日。益：

《北京教育报》发表了江的环保文章：

楼兰漫笔

"青海长云暗雪山，孤城遥望玉门关。黄沙百战穿金甲，不破楼兰终不还。"

古楼兰地处丝绸之路交汇之处，自汉朝末，就与匈奴在其附近的广大地区交战。楼兰不仅是一个经济中心，还是兵家必争之地。

多少年前，那里是一个世外桃源，高山融雪哺育着这方净土上生活着的善良的人民。从早到晚，街上驼铃不断。也许古长安也不过如此繁荣。可后来，大兵压境，战事不断，马蹄无休止地践踏着她娇弱的身躯。终于，她没落下去。大片草木被垦伐，或被战火烧毁，沧海桑田，只剩下黄沙中的点点瓦砾。

也许，战争本身不是最可怕的，而最可怕的是它对环境的影响。

环境与很多东西一样，得到它看似不费劲，但如果不好好爱护，又很容易被破坏掉。而且被破坏以后就很难再恢复旧貌。

如今，虽然战火已基本平息，但其他人为对自然的破坏却有增无减。随意翻出几张报纸，便有关于环境破坏的文章。

也许，对环境的破坏是人类历史发展的必然产生的恶果，是无法阻止的，除非让历史倒退。但事在人为，经过努力，可将对环境的破坏减到最小。当然，还可以采取一些补救措施。

人们在行动：

光秃秃的土地上种上了树苗，荒山绿起来了；

伐木工人放下了电锯，森林茂密起来了；

工厂的烟囱收起了黑乎乎的爪子，公共汽车换上了液化石油气作液料，大气干净了；

塑料袋换成了布袋子，"白色污染"消失了；

一次性商品都印上了可回收的标志，垃圾减少了……

我们看到了希望，重新回到了一个清洁的世界。

"长城外，古道边，芳草碧连天。晚风拂柳笛声残，夕阳山外山。"

希望这样的美景不要消失，虽然有一丝惆怅。

希望不要送别这美丽的世界，否则那将不只是有惆怅，还有漫天的黄沙，淹没了一堆堆枯骨……

（益：这些都应该看作是她的语文老师教的成果，在报上发表文章，江的写作情绪大增。家中，我有很多关于环保的书籍，他看过一些，也许影响了他。

下面这篇文章，记录了江初三下学期的心情，和在 H 得到的锻炼。可以看到课外活动的重要性。

从初三到高一是江成长的一个重要阶段，文、理都有飞跃性的进步，他的学习和工作量是惊人的。）

离别小忆

初三下学期，中考进入倒计时，我要退出校刊了。心里别有一种滋味，我坐在电脑前，这是我在初中最后一次为校刊工作。

初二，校刊编辑部成立了！同学们跃跃欲试，我与同学一起去报名，被约为撰稿人。

生活中的第一次总是让人难忘的。

第一次写稿：抱来了资料，用自己的语言将主要内容提了出来，再添油加醋，一篇介绍性文章诞生了。不几天，被退了回来，评语是："写得像说明书，空洞的介绍太多。"我难过了好几天。

第一次当录入员：一天，班长要登记电脑爱好者同学名单，几天后，我们这一批所谓的电脑爱好者被召去当了录入员。我接到一篇2000字的文章，限两天之内完成。我回家手不停地敲着键盘，半个小时，打了不到500字，原以为录入很容易，现在看来还真不简单。

第一次当编辑：因为"加速度"编辑组人手不足，将我任命为该栏目的副总编辑，这时我才知道编辑也不是好当的。组稿是件看易而实难的差使。起初，我经常由于组稿而到处求人，随着工作的开展，逐渐形成了一批固定的撰稿人。组稿不困难了，录入呢？在我再三地做工作，有些人愿意为校刊出力了，来不及时只好由我自己来承担，常常是连续坐在计算机前三四个小时，有时还利用午休时间来工作。

第一次排版：当第六期"加速度"快要完成时，忽然通知我排版人员因故不能工作，让我独自完成排版工作。排版要把整串文章"贴"到屏幕上，再定型、插图，还要不停地预览整体效果，并用加、减空行、空格等手段加以调整，最后达到较好的视觉效果。双休日，我一早就坐在电脑前，认真对版面进行修改。我为失败而叹息，又满怀信心地再来一遍，也为创意的成功而欢呼。有时为小毛病而反复修改，也为布局更合理而瞑目苦想。

第一次成功：转眼间双休日过去了，我的作品完成了！一种成就感而生的喜悦使我差一点儿在地上翻几个跟头，那种喜悦只有在经过艰苦劳动成功之后，哪怕是一点小小的成功之后才会有的。我相信校刊会越办越好！再见！

117. 一等奖

5月12日。益：

听江说，高二的老师提到了他的论文。从这个消息看，似乎H的论文，他的最好。看来，结果快公布了。这次期中考，数学考得不理想。参加这么多的课外活动，正课是一定要受影响，这是一点也不奇怪的。

6月1日。益：

《北京青年报》发表江采写的《李小飞外交官的孩子》。

6月13日。益：

《中学时事报》发表了张楠、江的文章《走进OM》。

6月24日。益：

江拿到了应用数学论文竞赛的一等奖的证书。颁奖的是：北京高中数学知识应用竞赛组委会。

江写了一篇文章反映了他论文获奖时的心情。

暴风骤雨带来的喜讯

窗外灰蒙蒙的。忽然，雷鸣电闪，水倾盆而下。狂风似乎要将大水全都卷走，它摇撼着五中的这座钢筋水泥的建筑——天好像快要塌下来了！

屋内，北京市2000年应用数学竞赛发奖大会正在进行。数十支辉光灯下，一位中年教授正侃侃而谈。外面还像夜里的孩子，昏昏沉沉的，也使大厅的灯更加耀眼。

几位教授介绍完本届应用数学知识竞赛的情况后，颁奖开始了——我捧着奖状，只觉得沉甸甸的。狂风带着雹子打在玻璃上，噼噼啪啪，依旧像洪水那么猛烈得将心灵深处最真的感受倾泻而出，似奔流入海的江水，似脱缰驰骋在一望无际的荒原上的骏马，不可阻挡。

一个初冬的早晨，几个中学生，踏着落叶，徜徉在冷清的操场上。他们似乎有说有笑，突然间，又打架似的争吵起来，像这冰雹拍窗户那么激烈。这时，教学楼门打开了，他们飞快地冲进教室，各自抄起一支粉笔，在黑板上画了起来。圈圈越画越多，争吵也不再进行了。哈哈，这是我和同学们一起在"解决"初赛试题。

转眼到了假期，为了写论文，不得不做些实验。于是，几乎每个星期，都可以看到辅导老师消瘦的身影，聆听她喋喋不休却又引人深思的教诲。记得有一次，我做测定光敏电阻特性曲线的实验，可就是得不到理想的结果。后来，在无意间玩弄电表时窥到了天机——原来，在测量电阻的阻值时，我用手固定电表触头与光敏电阻的导线，而人体是导体，测出的数据当然不准了！但是老师什么都没有说，只是放弃了一个休息日，帮我做完了实验。

春风吹遍了大地，一个明媚的早晨，班主任告诉我论文通过了初评，让我五天后去答辩。这五天，数学组几乎所有的老师都帮助我和其他通过论文的同学准备答辩。印象最深的是答辩的前一天，我将一张答辩提纲的磁盘交给了一位最忙的老师，下面一节是体育课。刚一下课，还没有来得及抹去额上的汗珠，就迎面碰上了他。"你要的东西已经打完了。"一句再简单不过的话，两张再普通不过的打印纸。包含着一颗火热的心，一片赤诚的希望！

我

渴望成功

它来之不易

渴望失败

那也是一种情趣

在失败后

获得成功

才是一生中

取得的

最值得骄傲的成绩

感谢所有支持、帮助我的老师和同学们，衷心地说"谢谢你们！"

118. 得失

7月4日。益：

《中学时事报》发表了江的文章《法，就是要客观公正》。

7月7日。益：

江的期末考试已经结束，不知考得如何？但是，他自己看来感觉良好。考完后，放一天假，他和四个同学到北大玩去了。玩了一天，他说。在考试过程中，觉得数学没有来得及检查，也许就是这门课差一点。

他在论文和当记者写文章方面花的时间太多了，时间是一个定值，没有办法，只好有得有失了。

119. 烛光

7月10日。益：

高一这个学期的期末，大江所在的高一（9）班，在语文老师支持下，自己打印了一份班刊，取名《烛光》。由江和张牧君编辑。暑假后，就调整班级，江去了7班。所以，这是第一期，也是最后一期。出版日期是今天。这也是江编辑的第一本刊物。

学校下学期要按文理分班，9班要分散了，字里行间，临别依依。

封面是彩色的烛光。《烛光》两个字是金色的。下面一行小字：北京 H 中学高一（9）班班刊。共 45 页，约 5 万多字，配插图。封面和卷首语都是诗。

烛光

烛光
轻轻柔柔的
点燃了无尽的畅想
十六岁，多梦

白蜡化成油滴流下
顺着残烛
晶莹剔透的
悄悄地带走了一分一秒
感叹光阴如梭，一去不返

蜡烛
渐渐地变短
烛光
却没有因此黯淡
终于
蜡烧尽了
烛光淌下一滴眼泪
用尽最后的力气对我说：
十七岁，不哭

卷首语

烛，象征着无私的奉献。它点燃了自己，却照亮了别人。

烛光，浪漫而富有诗意，却时时刻刻吸吮着烛的血液。

十六岁——快乐的花季，即将逝去。

当一个人突然有一天明白自己的一切一切都要靠自己去创造、去改变时，他会发现：生活其实很痛苦，因为他将面对一个个痛苦的抉择；生活其实很快乐，因为生活中充满了机遇和挑战。

十七岁，不要迷茫。

后记

钩钩小指的相约，不管是不是戏言，已经过去了。我们长大了、成熟了，才知道什么是离别。

好想回到你的身边，我的同学，我的高一九班。

无论你走到那里，不要忘记曾经有一个高一九班，因为你曾经是她的一员，曾经为她高兴、为她难过、为她骄傲、为她落泪。

还记得吗？教会我们同甘共苦的军营；国庆练队时我们一起度过的那一个夜晚；还记得运动会上 N 个第一、足球场上终场前的进球吗？

你一定忘不了我们自编自演的英语剧；忘不了篮球比赛前傍晚的一次次练习；更忘不了我们的老师。

且行且珍惜，我们永远是朋友！

"你们的文章各有特色，每一个人都是有独有的，不可替代的，因为'你'是真正的你，一个活泼泼的生命体。"

——宁堃老师

正是在她的引导下，才产生了这本班刊，谢谢她。

班刊选了40篇文章。分情感；事业；竞技；生活；情趣五篇。

收入了江写的文章：《诗人、人生、感性》、《拯救》、《离别小忆》《暴风骤雨带来的喜讯》。以下是前两篇：

诗人、人生、感性

前不久看到一篇叫《木架人生》的剧本，作者是一位男同学。几位好友看了之后，一致认为：剧本细腻的笔法，独特的思想，不大可能出自男同学之手，而我则不尽然。

我读的诗、词不多，但从我读的有限的诗词中，得出一个结论——诗人的性格是具有两面性的（本人愚见）。

几个星期前学到张九龄的诗《望月怀远》，前两句："海上生明月，天涯共此时。"写出了海上月出的气势，也写出了他广阔的胸襟。而接下去"情人怨遥夜，竟夕起相思。灭烛怜光满，披衣觉露滋。不堪盈手赠，还寝梦佳期。"笔峰婉转、细腻。老师说：这是模拟女子的口气来写的。而全诗的气势与细腻形成了鲜明的对比，致使后人对诗的原意迷惘不知。

前些时又读到李清照的诗词，其中一首《声声慢》："寻寻觅觅冷冷清清，凄凄惨惨戚戚。乍暖还寒时候，最难将息。三杯两盏淡酒，怎敌他，晚来风急，雁过也，正伤心，却是旧时相识。满地黄花堆积，憔悴损，如今有谁堪摘。守着窗儿独自怎生得黑？梧桐更兼细雨，到黄昏，点点滴滴，这次第，怎一个愁字了得？"全词充满了女性独有的伤感。

而她另一首诗："生当作人杰，死亦为鬼雄。至今思项羽，不肯过江东。"其豪言不亚于男性。

我认为，诗人同时具有两方面的性格，即男性的豪壮与女性的细腻。在不同的条件下，会体现出不同的性格。而两种性格的融汇与体现，是建立在诗人对人生有深刻理解的基础之上的。张九龄的《望月怀远》正抒发了作者对人生、对分离的见解。

其实，任何人同时具有两方面的性格，但为什么那么多诗人、词人的两面性格为他人所知呢？很简单，因为诗人大多是感性的人。感性的人容易将自己的情感融入文章中，为人们所知。而其他的人容易将他的另一面性格隐藏起来。

但当人真正理解人生之后，两方面的性格便会融为一体，眼光也就会合起来。这就是人们在经历了沧桑后各方面能力都会自然而然提高的原因。

感性与理性是很难区分的。说实话，我自己都不知道自己是感性的还是理性的。在某些时候，我很理性，而在别的时候，我很感性。

同学说：《木架人生》的作者是一个感性的人，并要对这个剧本进行彻底的修改。但我并不同意别人来改这个剧本。

感性的人在写文章时会下意识地写出自己对某些问题的见解，便有了所谓的"妙手偶得"。可以说：作者的每一个词句都蓄含着他的思想，可能有进连他本人也体会不出来。所以，不要以别人的眼光来修改感性的人的文章。

我觉得，小说的作者是能随意驾驭自己的人。一部小说中有各种各样的人，有感性的、理性的、粗糙的、细腻的等等，而作者要不停地将自己改变为他们中的任意一个。所以作家要能随意驾驭自己，改变自己。

拯救

一

夜，无边的黑夜。圆月高挂，好似恶魔的眼睛，把噩运带向人间。北风萧萧，水寒易骨，壮士远行，音信渺无。为什么英雄自古多坎坷，只留下无尽的悲壮与惆怅，化作英魂无数。

文，徘徊在林荫道上。自古红颜多薄命，难道她的命运也那么悲惨？

她轻轻揉肿得像桃子般的眼睛，缓缓抬起头，仰望夜空，寻找着一颗不平凡的星星……

星光惨淡，月照无眠，何事偏向别时圆？

五天后，她就要和远方的亲人永别了。悲伤又有何用？这一切都是老天安排的，无法改变的。天啊，为什么那么无情？天若有情天亦老；月若无恨月长圆。如今月圆无恨，天却无情！

二

十个月之前，文的丈夫——雨乘坐太空飞船探索冥王星。在归途中，发现由于在设计时一个小数点之差，降落伞无法打开，这意味着飞行器将坠毁，雨的生命将随飞灰消失，带回的标本也将化为乌有。

五天，还有五天，五天的生命。对于一个垂死的人来说，五天多么珍贵。海伦·凯勒曾在《假如只有三天光明》一文中提到，一个人如果知道他只有三天的光明，那么他会视这三天为生命中最宝贵的时光，何况对于一个垂死的人，这五天多么重要！

雨正专心研究一块岩石标本，嘴角带着他那惯有的微笑，似乎没有感觉到死神在向他靠近，他只有五天的生命？

也许这才是英雄本色，生当作人杰，死亦为鬼雄。人生自古谁无死，死则万事俱灭，只化为枯骨一片。其实，我们无时无刻不在生死线边徘徊，只是自己没有感觉罢了。一旦感觉到，则已经离死亡不远了。

真正的英雄早就看透了这一点，已将肉体的生死看得那么淡漠，他们只求精神的生存，因为没有思想的活着比死了更可怕，而精神是可以永存的，精神就是广义上的所谓"灵魂"，不是指那些神话故事中的"鬼魂"。

雨还是带着那惯有的微笑——能够淡漠一切的微笑。他已经分析完一块岩石，于是打开储藏柜，将分析后的标本小心放进一个黄色的抽屉，又轻轻拉开另一个红色抽屉，里面装满了大大小小的从冥王星上采集的岩石，一共还有53块。如果按2小时分析一块的速度计算，他正好能将在生命的最后一刻将53块标本分析完。他已决定将这生命最后106个小时献给全人类！

三

"还有办法吗？"

T博士无奈地摇了摇头。

文什么也没有说。她没有哭，但欲哭无泪要比大哭一场痛苦得多。两个星期，她瘦了三圈，原本明亮的眼睛黯然无神，本该乌亮的秀发无精打采地打着盹。跟随雨的一年中，她学会了看淡生死，却没有看淡也永远不会看淡生离死别。这也许是由于女人感情太过细腻了，细腻是女人的天性，无法改变罢了。

"我们发现设计上的失误后就与他失去了联系，我们预计飞船将坠在新西兰附近海域，巨大的冲击力将船肢解。我直说了，您丈夫生还的概率只有十万分之一。"T博士摘下眼镜，掏出餐巾纸擦了擦湿润的眼眶，哽咽着说："多么好的人啊，唉，白发人送黑发人啊！"他抬起颤抖的手，点了支烟，转过身去，全身肌肉突然痉挛起来。

文道了声谢，默默走了出去。她想通了，在她料理完雨的后事后要陪着他一起走完黄泉之路。

四

离最后的时刻只有五个小时了。风光秀丽的沙滩上挤满了人，孤岛一下成了旅游胜地，人们争相目睹人类历史上最大的悲剧，商人们自然不会错过这一发财"良机"，这两天光望远镜就买出了30000架。也许这是个可怕的悲剧。

打捞船已经就位，倒计时也已开始。

文独自一人站在人群边，她已经养好了精神，准备为雨料理后事。毕竟，雨是她唯一的亲人。

突然，一道白光划过苍穹，眨眼间落入水中，掀起层层巨浪，一道道水柱好似擎天棒，直冲向云霄，无数根擎天棒形成一个大漩涡，似苍龙出水，飞天而上。

人们不禁欢呼起来。

这时，从漩涡中飞出一个像小型火箭似的东西，落入远方的中……

五

距死亡还有一个小时，雨提前完成了分析岩石的任务。他将资料存入一张光碟，又将光碟放入了"黑匣子"中，好在他生命的最后一刻将黑匣子发射出去，使分析后的数据完好无损地保留下来，免于损坏。

还有一个小时的时间。

雨这才发现，没有人能逃脱对死亡的恐惧。往事一幕幕在脑海中浮现。

"听说人死之前，一生中每一个难忘的片段会在眼前浮现，所以我现在在回忆往事。死亡是什么滋味？是痛苦的吗？亦或真能得到解脱？"他的思想很乱。

他突然间想起了文。她的一颦一笑又映入眼帘，雨两眼湿润了。对不起，文！"他反复重复着，声音越来越小，越来越小。

时间越来越少。

他终于看见了他的祖国，看见了长城。之后，是澳大利亚的沙漠、蔚蓝的大海。

直面死亡，他的心情反而平静了。

在入水的前一瞬间，他按下电钮，"黑匣子"升空了，之后，就什么也不知道了...

这才是真的勇士！

六

文奔到岸边，她再也忍受不住内心的悲伤，终天哭了出来。

打捞船飞抵现场，开始作业。

夕阳西下。晚霞映衬着文的面唇，晶莹的泪滴拆散了太阳金红的余晖。

人生是一场梦。聚散、分离只是梦中的一段段小小的插曲，却决定了这是个好梦还是一个噩梦。

"人生代代无穷已，江月年年只相似。"梦，是做不完的，宇宙的形成与演变不也是一场梦吗？

也许，梦醒时分，是最清醒的时刻。人死之前才能给自己的一生做一个最公正的评价。

如果，一个人能有两次生命。那么他在第二次的生命中有可能成为圣人，因为他已在梦醒时分总结了他的前一生。

雨安祥地睡着，在医院的病房中。该醒了，新的梦又将开始。

文静静地坐在雨身旁，带着微笑，并没有狂喜之情，人们大多没经历过这苦涩后的甘甜，所以体会不到文的心情。

雨醒了，带着微笑。

"我还没有死是吗？"声音那么平静"告诉我怎么回事，好吗？"

手与手握在了一起，心与心连成了一线。

"飞船被打捞上来时，发现它完好无损，真是奇迹？"

"完好无损？"雨不禁有些动容，但嘴角还带着微笑。

"后来，发现飞船的落点下面竟然有一个能收缩的架子，虽已陈旧不堪，但加上水的浮力,已将冲击力减小,使飞船没有遭到破坏。"

"水下怎么会有个架子?"

"据科学家分析,加上架子上的史料记载,很久很久以前,那里是一块大陆,上面的生物已具有很高的文明。他们计算出某天某时一颗小行星将落在这块大陆上,但他们没有发明火药,所以也没有炸药一类的东西,不能将小行星在空中击毁,所以就建了一个可以收缩的支架,想减小小行星带来的冲击力使破坏减到最小。"

"后来支架怎么完好无损?"

"他们定架子方位时点错了一个小数点,当他们发现时已经晚了,灭亡的命运已无法改变,所以只能在支架上刻上一段文字,告诫后人,勿!"瞧一个小数点,它可以毁灭一切。

"由于支架是用特殊材料制成的,所以没有在大灾难中毁去,后因地壳变动,深入了海底。"

"然后我就撞了上去!"雨知道。

文也笑了。近一个月来,她第一次这么开心地笑。"谢天谢天,你没有死。"

"不,我已经死了一回。"雨的笑容消失了,这是文第一次见他那么严肃……

七

"我心伤悲,亦既见止,亦既觏止,我心则夷。"

文依偎在雨的身伴,这是她一生中最幸福的时候。

雨轻轻抚摸着文青丝般的长发,带着幸福的微笑。这微笑能化解世上所有的情愁,逐散内心的严寒。

夜,很静。月亮露出大半边脸,将无数金光洒向人间,与他们一起分享生死重逢后的喜悦。

他们什么话也没有说,只是默默地凝视着对方。这无声的对话胜过千言万语。爱情可以胜过无数句祝福,无数个问候。

爱情之火在两人心中燃烧着。这火不是荒野中的大火,只是两点星星之火却可以永远燃烧下去。但两点火花相遇,可以放出巨大的光辉。

"你怕死吗?"文打破这沉寂的幸福,首先发问道。虽然,她曾听过无数遍雨对生死的见解,但这次雨直面死亡,感受自然与往日不同。

"虽然我以前似乎已看淡了生死,可面对死亡的临近,我却感到十分恐惧。"雨诚挚地说："也许人天生应有对死亡的恐惧感，这感觉是与生俱来的，所以没有人真的不怕死亡。"他顿了顿，用一种与众不同的带有一种经历沧桑后的成熟的语气接着说："也许我和以前的我不样了，因为我已经死了一回。"他似乎还要说什么话，又沉默了。

文也沉默不语，她知道他要说什么。

一个人如果经过一次"死亡"，他就不会再有对死亡的恐惧，因为——死亡不过如此，却也会更加珍惜现有的一切，因为——这一切他曾经失去过。

这种人真正看开了一切，但相应地也会产生一种豪气派气，在别人看来，就是有些自负。

但文却没有这种自负的豪气，还是那么谦逊。他的梦已经醒过一次，也已在死亡之前理性地总结了他的前一生，所以他知道自己该做什么，不该做什么。

这就是他的过人之处，——理智地面对一切。

"你什么时候发现飞船坏了？"

"距那一刻还有整整五天时间。"

"你真的一点办法也没有了吗？"

"如果当时就进行修理，有可能将降落伞修好。"

"但你没有这么做。"文略有些不悦地说。

"成功的概率只有千万分之一，我还不如做我该做的事。起码我没有浪费时间，我把我的生命献给了我的事业。"雨平静地说。

"可你应该想一想我！"文嚷道，"你知道吗，如果你死了，我会多么痛苦。"她哽咽着。

雨怔住了。事实上，他在选择死亡前的确想到了文，但他还是选择了死亡。

从古到今，情与义本就是一对矛盾，古人常说"忠孝不能两全"，而有时情与义也不可两全。

当情与义不能两全时，英雄们大多选择"义"，于是便有了"霸王别姬"的凄婉故事，《白桦林》中小伙子与姑娘的永别……

当然，也有选择"情"的。但那些人虽没有引起人们多大的非议，却也在历史的长河中渐渐被人们所遗忘。

文突然抱紧了雨，颤抖着说："对不起。我想我没有看错你，你是我心目中真的英雄！"

雨的眼眶湿润了，这是他复生后第一次哭……

八

清晨第一缕曙光照在文热情洋溢的笑靥上，粉红的面颊泛出了金光，仿佛蓬莱岛上盛开的桃花。这一夜，多难忘！可夜必竟过去了，黎明的曙光照亮了大地。

"让这一切成为过去，我们重新开始新的生活。"

两个人手拉手，蹦跳在花丛中，像无忧无虑的孩子。

从某些角度说，孩子是最幸福的，正因为他们的无忧无虑。"少年不识愁滋味"大多数人的童年是在嬉戏中度过的，那时的他们根本不知道什么是烦恼，哪怕大人们为他们急白了头发。

长大后，许多人抱怨自己，抱怨自己在童年时代没有好好用功，甚至荒废了大好时机。可是，换一个角度说，在一个小孩子的词典里，根本没有"人生"这个词，他们不知道为什么要活着，为什么要进取，虽然大人们常在一旁督促着他们要好好学习，将来报效祖国。当他们意识到自己的存在时，他们才会主动的努力，而这也标志着童年时代的结束——逐渐走向成熟的开始。所以没有必要抱怨自己荒废了童年的大好时光，抓住现在才是最重要的。

现在，雨和文已度过了一个短暂的休假，雨又接到了探索冥王星卫星——卡戎的任务。

"你要去发射场吗？"

"是的"雨柔声回答道，"能为我热爱的事业奉献出我的青春，是我最大的荣幸。"雨避开了文的眼睛，因为他的目光中充满了痛苦，这一分离，至少9个月。他只能尽自己所能安慰文："放心吧，这一次不会有事的。"他虽这么说，可心里还是没底，孤身在外，谁也难免遇到什么不测。但他只能用这样的话安慰她，毕竟，他们经历了一次生离死别。

"我有一种不详的预感。"文不安地说："我们步行去发射场，好吗？"

于是，两人手握手，肩并肩，走在百年古道上。这条道长10公里，尽头就是发射场。

不知为什么，两个人走得很慢，仿佛这一别就是生与死的诀别。

再长的路也有走完的时候。但事在人为，路要是不走，就永远也走不完。道旁开遍了鲜花，又是一个晴朗的傍晚。晚风轻轻拂起文的柔发，柔发一丝丝触在雨的脸上。两个没有说话，因为他们都不知从何说起，也许自己一句失言，就会使对方的心灵受到创伤。

"长亭外,古道边,芳草碧连天。晚风拂柳笛声残,夕阳山外山。天之涯,地之角,知交半零落。一斛浊酒尽余欢,今宵别梦寒。"

路,终于走完了。之后,一个在天之涯,一个在地角,如今送君去,不知何时再相见。

火龙升上了天空,英雄开始了征途。

九

九个月过去了。

深秋的傍晚。

瑟瑟的秋风使劲儿摇着树干,要夺去它们身上最后一点,枯得发黄的绿色,又惹得落叶上下飞舞,像是金红的晚霞中的游蝶,警示着大家冬日的严寒即将到来。文踱在那条林荫道上,这是他俩初识的地方。

那也是一个深秋,正在休假的雨在这条道上遇见了文。起初他们只是擦肩而过,之后雨无意间捡起了文遗失的手链,并还给了她。后来,在他们的深交中,文被他的人格魅力所吸引,嫁给了雨……

她紧握着那条手链,虽然那只是一个极廉价的处理品。如果不因为那条手链,她可能永远也不会认识他。

这时收音机中传出一条爆炸性新闻:一颗谷神星大小的小行星撞击了木星,而科学家却还原不出它的轨道,物理学家们决定成立专门研究小组,解开这个谜题……

文自然不会关心这类新闻。她只关心来自宇航局的报道,因为三个月前,雨又同地面失去了联系!

十

可一年、两年、……五十年过去了,雨还是音信全无。

深秋的傍晚又来了。文已白发苍苍。她拄着拐棍,蹒跚地走在那条道上。一片落叶缓缓落在她的肩上,她颤抖着抬起右手,轻轻拿下这脆叶,握在手中。她的手上仍带着那条手链,手链已斑驳不堪,也许她的心也斑驳不堪。她每天都要在这条林荫道上散步,回忆过去的一切一切。

张爱玲说过,一个人年纪越高,距离童年渐渐远了,小时候的琐屑的回忆反而渐渐亲切明晰起来。

文清晰地记起她的童年,更忘却不了与他所经历过的风风雨雨,忘不了的,永远,永远……

天空中一颗流星划下,陨石划破天穹,落入发射场边的水池中。

于是第二天，又是一条爆炸新闻——雨乘坐的飞船上面的"黑匣子"被发现了！

文发狂似的奔到宇航局，录像带开始放映——

雨望着无边的宇宙，似在沉思。这时，计算机警报器突然响起，在前方不远处发现一颗小行星。然而，可怕的是它轨道正指向地球，而地球上，人们却对它一无所知。雨果断地拿起对讲机，可那玩艺又在关键时刻掉了链子。

这时，他突然站起身来，在飞船里踱了起来，眼中充满了矛盾。他突然奔回控制台调转飞船，直冲向了小行星！

他闭起了眼睛，嘴里喃喃地说着："对不起，文，永别了！"

随着巨大的爆炸声，小行星冒着浓烟冲向了木星……

在场的人眼睛都湿润了。困扰了科学家五十年的迷题终于被解开。

文平静地说了句："我没有看错他，他临死前还记得我。"便默默地闭上眼睛。

她听到雨死的消息后，心便死了，活着还有何用？不如乘风归去，情愁化作清风散去……

"雁过也，正伤心，却是旧时相识。守着窗儿，独自怎生得黑，这次第，怎一个愁字了得？"

这也许是她一生的写照，但她却是幸福的，因为她没有看错他……

后记：

本文原本是写给 OM 头脑竞赛作剧本的，但后来发现不适合改作剧本，于是便成了一篇科幻小说。

本文将我对人生的许多见解融入进去，塑造了我心目中"英雄"与"英嫂"的形象。

"英雄气短，儿女情长。"多情的英雄才是真的英雄。

在新闻冬令营，"烛光晚会"告诉我如何做人。我早想写一篇散文回忆烛光晚会。但又恐文笔拙劣，损坏了烛光晚会在我心目中的地位。张爱玲说过：回忆如果有气味的话，那就是樟脑的香，甜而稳妥，像记得分明的快乐，甜而怅惘，像忘却了的忧愁。那么，我就一直回忆下去吧，本文只是把我所感悟到的东西汇集成章而已。

特别要说的是，我之所以想到让主人公死一回，是因为在烛光 Party 上，一个叫任小彤的同学向我们讲述他的人生历程。他心脏不好，曾经停止跳动过，但又奇迹般地复活了。于是他把一切都看得很淡，努力起来劲儿也很足。

他从来没上过体育课，可中考体育拼出了28分，最后肺穿孔住进了医院。他看淡一切的性格是我所向往的，但在他说话总带有一种自负的语气，这也许与他的历程也有着密不可分的关系。

后注：

宇宙中，物质是不灭的。他们的生命以另一种方式保留了下来，得到了永生。

2000. 4. 10 晚

益：江的《两个错误的小数点》（科幻短篇小说）载入《中国作文大革命》一书。孟翔勇、刘国强主编，今日中国出版社，2000年8月第一版。此文原在班刊《烛光》中以《拯救》为名刊载。出版时有删节。

120. 绿色远征

7月15日。益：

江的期末考试成绩，只有中等成绩。他参加了那么多的活动、比赛；写了那么多的文章，学正课的时间必然受影响，成绩不可能很高的。听说下学期要换班主任了。

暑假中，江在新班主任生物老师带领下，去了河北丰宁县参加"丰宁绿色远征军"的活动。花了300元去植树。H一共去了10个人，3男7女，他们班就去了3男两女。

江有一篇随笔记了这几天的情况：

绿色远征

失落的寻溯——7月17日

汽车驶上了平坦的乡间小路，当带着草香的凉风迎面吹来，我才意识到我们已经离开了北京。我们的目的地——丰宁县城就要到了。

也许是在山间经历太多的颠簸，我有些疲倦。刚欲合上朦胧的睡眼，却突然瞟见了蓝天——像海一样蓝，蓝得清秀、脱俗。下面是绿的玉米地。人们常用"翠"、"碧"一类的词来形容绿，可这里的绿是无法用普通的词形容的——阳光射在雨后一尘不染的碧叶上，那绿比洁玉还要夺目，却又不失清纯，行在蓝与绿的世界里，疲倦消失了。

也许是在钢筋水泥世界里太压抑，在大山中又有一种迷茫感，车驶出大山后就好像被释放了似的。下午车经过一座山包，上面用白灰刷着"再造秀美山川"六个大字。山是秃的，可山下的草还算青郁，听说那里就是黄旗镇，经过几年的治理，环境已有了很大的改观，往前不远，到了潮河的源头，在一块平整的山石上刻着"潮河源"三个字，下面是一片汪浊潭，听说是靠地下水补给。周围是一片草原，从地形看，那里像是干涸的河床。潮河源并不似想像中的人间仙境，却像一位恬静的少女经历太多的世俗沧桑后成熟了许多，但却苍老了，容颜不再。

不错，潮河的确经历了太多的世俗沧桑。从三千多年前的氏族社会开始，她便用甘露养育着北方人民，她目睹了燕赵的兴衰，饱受胡汉战争的蹂躏。她经历得太多了，的确应该亲切地叫她一声"母亲河"了。

几多沧桑，时间带走了茂繁的原始森林，带走了潭的清澈如镜，只剩下一潭的浑浑噩噩，一段刻骨铭心的历史和抹不去的惆怅。这就是母亲河的源头吗？我从一本1988年出版的中国地图册上看到，黄旗镇的潮河源头已经成了断流的虚线！也许几十年后再来这里，导游会指着一滩戈壁，沉痛地说："这里就是昔日的潮河源。"这当然是炎黄子孙不愿意看到的。难道我们的母亲河的命运都是如此吗——黄河断流、长江沿岸水土流失，污染严重等等。

远处山坡上的马儿还在悠闲的踱着，马儿啊，你知道命运吗？

哎，只有拿起铁锹，以种树的方式化解心中的遗憾。

继续前进。车用尽了力气在崎岖的盘山路上爬着、爬着。两边是峭壁和悬崖。我们的目的地是坝上草原的宿营地。坝上草原属内蒙古高原东南部。正名为"张北高原"，而"坝上"是它的俗称。

不知绕过了多少山峰，前面豁然开朗起来。导游告诉我们，目的地——大滩镇就快到了。窗外是一大片草场，稀疏却连为一片。远处是丘陵，灰褐中略透出一丝苍绿。

京北第一草原，不似想象中"天苍苍，野茫茫，风吹草低见牛羊"的广阔，却也有它的海阔天空。

车左转右转，绕过一座座丘陵，可眼前总是一副草、山、天的景象。天上的云近在眼前，好像伸手便可以触到似的。

车似在无边的幻境中漫游，当我们进入一座小镇时，我才意识到自己的存在。小镇还算整洁，车经过一所小学校，我看见穿着白、蓝衣服的小学生们说着笑着走出校门，目光天真无邪。这时导游告诉我们，这里便是大滩镇了。

大滩，这就是大滩！清雍正年间，大滩附近是蒙古人的牧区，称"海留图"，意为草木繁茂。乾隆年间，汉人开始迁至此地，清末形成了村落。因村庄在广阔的草滩上，所以定名为"大滩"。可我看到的草虽多，却很稀，远不够"草滩"，与"草木繁茂"相距甚远。出了镇，周围除了几株碗口粗的树，便是一片片荒田，枯苗打着盹，曾几何时的沃土变成了现在这个样子。

沿着前人的足迹，我寻到了母亲河，寻溯到了二百多年前的"京北第一草原"，战鼓声回响在耳边。珍重，母亲河。

这个眼光我将一生难忘
——7月18日

早上起床，看表只有4点半，无意再睡，便出门走走，天已泛白，四周是薄薄的雾。天气很冷，穿着长衣都觉得冷飕飕的。不过在北京暴热难当的时候，我一个人躲在长衣里感受严寒，这也是一种情趣。

遥望东方，山被罩在晨雾中，已是白茫茫的一片。对了，不如欣赏一下这高原上的日出吧。于是便取出相机，找了一片较开阔的地方，迎着寒风，凝视东方。眼前有一座破旧的砖瓦房，灰蒙蒙的墙，旁边歪歪斜斜地依着一根木杆子，已经发黑，恐怕有不少年头了。天越来越亮，远处的山雾也渐渐浓起来。不知今天是不是能看见日出，但既然等了，就等到底吧。

天越来越亮，而寒冷却似乎越来越强烈。也许雾太浓，看不到日出了。

突然间，山谷间跳出一个耀眼的光点，似一颗长久不见天日又突然被天光照亮的钻石，透过轻纱般的云雾，清艳之美，不但没有减弱，却多了一种朦胧。钻石不断扩大着，晨曦中的微山似乎更清晰了，小砖房也变得明朗起来。

人们赞美日出，因为它象征欣欣向上，而我却觉得日出真正的美，是因为它逾越着一切阻挡它到来的东西，用它的光亮穿透暗淡，把光明带向世界。也许高原日出的美就在于它的朦胧，它的逾越一切，不可抗拒。听说这里除了夏天，其他季节都是风与雪的世界，而每天不变的是这陋室前的辉光，与晨曦中的苍山。

其实人可以逾越一切，却不可逾越自己的极限，就像太阳永远无法用自己的光辉把自己变得更绚灿。但这又是人的伟大所在。人的大部分发明都是为了延续自己的身体功能，使其能达到自己的极限，发挥出最大的光和热。

人在创造着一切，却也在毁灭着一切。丰宁就是一个例子。就像太阳，造就了这个世界的勃勃生机，却在时时刻刻风化着所有的一切，同时也在消耗着自己。

在食堂吃完早餐，我们一行来到大滩镇中心以南植树。那里是荒田，很明显，地被耕过，而苗却不见长。人们先前知道耕地的重要，伐林毁草，开垦荒地。而现在又知道了植被的重要，退耕还林、还草。这是人类的倒退还是先人太愚蠢了？都不是。人类在不断地探索，不断逾越，不断明白许多不曾明了的道理。不管先人的做法今人如何评论，他们在不断开拓，的的确确是想进步的，就像发明了一样东西，开始很受人们的宠爱，可后来又发现它的种种坏处，它也只能躺在博物馆中哀叹了。

我们现在要做的，便是把这片荒田永久地扔进史册，藏在博物馆中一个不起眼的角落里。

同学们干得很卖力，接近尾声时，我和一个女同学分到了一组挖树坑。她脸色很白，好像有点儿不适。后来她的朋友来接替她，她回车上去了，最后我们超额完成了任务。

回到营地，我听说还有两个孩子病了，可能是因为劳累过度所致。

下午，我们去自然保护区参观——那个女孩子没有去。路不好走，而周围的草更稀了，只是大片黄滩中的点点绿星。车过一个村庄，在黄土地上，墙已发黄，仿佛能把触上它的所有东西中的水分吸干，连这黄土地也不例外。村里的人穿着朴实，却整齐，可他们在枯垣边却显出灰黄色。我们的车经过时，每个大院中的老老少少都堆在院门前，直愣愣地盯着我们。表情是好奇，是无奈，是自卑，是赞叹！或许还有更多的呆滞与木然。回来时，又路过这个村，老人孩子和妇女们还在门口张望，男人们则坐在干涩的屋顶上，瞧着我们的汽车，一个大院中的一个小姑娘，放下浇菜的水壶，直起腰来，也盯着我们。我突然发现她眼中空荡荡的，似乎少了一点什么。

后来，同行的一位老师告诉我，她曾接触过"山里人"，她小时候也生活在边远的农村。那时，离村几百米的汽车站对她来说就是另外一个世界，汽车是"城里人"应该坐的，是属于"另一个世界"的人。

我没有对这一切发表议论，但我知道，那个眼神我将一生难忘。

探访北京的门
——7月19日

上午起晚了5分钟，没有再次欣赏到日出，却见太阳在更厚的云后露出粉脸，继续升着、升着。

目的地是小坝子乡的榔头沟村，是北京的门户，也是沙化较严重的地区之一。汽车在沙中行驶了约半小时，路过一座山庙，红色的牌门柱已满是斑斑印记。而山却是美的——峻峭、奇秀、郁青，加上一层山间雾气，虚无缥缈，听说一位得道喇嘛曾在这里参悟、修行，后为了什么，跳下山崖，便一睡不起，卧于雄山丽水之中，与山寺为伴。很久之前，一群牧人打搅了熟睡的老僧，后来便是漫天的黄沙，搅得大喇嘛不得安宁。现在，寺前已是黄滩遍野，只有一条窄得可以迈过的浊溪悄无声息地流淌着，带走了老喇嘛的哀思，带走了一片绿，看着黄沙中的峻岭，我默然了。也许山间氤氲足以安慰亡灵，或许当山石重见天日的时候，就是老僧自叹没有预知后世神通之时。但愿这是戏言，但愿高僧能安睡。

离别札记

来到丰宁县委招待所午餐，之后便要回北京了。

我们的导游小姐就要回旅行社了。临行前，她郑重地赠给我一张名片。车开了，穿过广阔的草滩，进入了山区。过了进京检查站，我们离开了曾经丰芜康宁的沃土,离开了梦一般的丰宁。吧梦中的丰宁是一个水泉甘美、庶草丰芜的地方。乾隆帝合"济尔哈朗图"与"阿穆呼计图"为"丰宁",就是因为它的庶富。这次记忆中的丰宁却是黄土漫漫,到处是干涸的河床,在灼日下长卧的被人遗弃的昔日的河桥。有些地区已经得到了很好的治理,人们还在创造着一个个奇迹——不是奇迹的奇迹,我们就是他们中的一员。

不知先辈们是否描摹出今日丰宁的样子,就当是一场梦吧!

丰宁,丰芜康宁,丰宁,一路好走。

(此文2010年被评为二等奖)

121. 少年作家班

7月22日。益:

江去师大北京数学学校参加为期6天的数学夏令营的短期培训。结束后,还有中国作家协会鲁迅文学院的"少年作家班"的短期培训在等待着他。然后才能进入正常的暑假复习活动。也许是宁堃老师推荐了他。我想,去听听,也是有好处的。

8月2日。益:

江在北师大的数学班结束后病了两天。休息两天后,去"少年作家班"报到,这个班在朝阳门外,四环到五环之间,离家很远,从家去,坐43路车后再转112路无轨。我陪他去报到,晚11时才回家。早上8时上课,很辛苦,路上要走一个多小时。

江交了习作,获中国少年作家杯三等奖。

用心感悟

"其实我们很容易被感动,而且我们也常常被感动,只是这份心情不过是长河中的一簇小浪花,悠然间已然逝去。以至于要将这点滴感动汇集成篇时,竟无话可说了。"(摘自《关于感动》,种金睿)

作文课上,冥思苦想而想不出一个选材写周记时,总觉无从下手。对于这些我早已习以为常了。为什么会这样?周围令人感动而经久不忘的事太少了!或者说,理性的人,太不容易被感动了!但看了这篇叫做《关于感动》

的文章后，我发现自己错了，完全错了。不是令人感动的事太少了，而是这感动实在难以驻留。不是不容易被感动，而是根本没有用心去感，又何来感动？记得上小学时，每当写《难忘的一件事》时，我就想到同一个选材，想创新，在心灵深处却再也没有任何蛛丝马迹。我开始抱怨周围可感动的事太少了，实在太少了；上中学后，每每作记叙文，尤其是记一次活动，总写成"流水账"，我抱怨周围的"闪光点"太少了，实在太少了；在读了种金睿的文章后，我开始用心去感受周围的事，我抱怨自己以前太不注意感受，被感动得太少了，实在太少了。

在数学学校初中部上课时，一次，老师迟到了，头上还多了顶帽子。她解释说，因为她骑车路过工地时头部被高空坠物砸伤，缝了许多针，所以迟到了。大多数同学都一笑了之，他们笑老师，笑老师的语调，笑老师的不细心，甚至笑老师在重伤之余还能不忘自己的学生，不忘给他们上课，想到这儿，能不为之感动吗？那些把类似有事当作茶余饭后的笑谈的同学们在经历这短短的几分钟时根本没有用心去感受，才没有被感动。我们的不易被感动实际上是不去感。

事后，我终于领会到文章的内涵。

穿梭于大街小巷，只要用心观察，会不乏一些令人感动，发人深思的东西。只有用心去感，才能被感动。只要能抓住感动，写作文时就不乏好的选材。总之，好文章出于感动，只有"感"才能"动"。（老师评：缘何有感？用心去体会生活故有感。）

后记：

由于《关于感动》在校刊发表时，我承担了该文的录入工作，所以我曾以比看报认真十倍的阅读质量来读此文。读后给我的感触很大。

随年龄的增长，尤其是上高中后记文体不限，有充分的余地去选材，面对作文，有一种"豁然开朗"的感觉。无意间又翻开《关于感动》，自认为对文章的理解有了进一步的发展，故写此文谈谈自己的看法，请勿见笑。

（同学评：文章融入了作者真挚的感情。）

（老师评语：一个永远敞开心灵用心关注世事的人才会发现很多细小而意味深远的"琐事"。多思故易感，情敏故易动。）

难忘的金蔷薇的故事

2000年7月31日到8月7日，是我们来自27个省市自治区的215名学员和家长难忘的日子。我们在鲁迅文学院度过了难忘的8天，一起聆听了著名作家的教诲，一起探讨文学，一起游玩等等，难忘的太多了，从开营仪式开始——

金蔷薇的故事

在开营仪式上，《人民文学》的副主编崔道怡老师给我们讲了一个金蔷薇的故事。故事大致是这样的：从前有一个非常非常可爱的女孩子，父母战死沙场，一个叫沙威的士兵带她回祖国。在路上，小女孩闷闷不乐。于是，沙威给她讲了一个金蔷薇的故事：

在他的故乡有一个老奶奶，很穷。但她家有一朵金做的蔷薇。人们问她为什么不卖掉金蔷薇换来幸福。她说，那朵金蔷薇是年轻时一个爱慕她的人送给她的，说可以给她幸福，所以她不能卖掉它。果然，不多久，她的儿子成了一个很有声望的画家，老人过上了幸福的日子——是金蔷薇带给她的。

小女孩问沙威，是不是会有人送给自己一朵金蔷薇，沙威说，一定会有的。于是小女孩不再郁闷，有了灿烂的笑容。

在祖国，沙威退伍后，以扫大街为生。若干年后，一次在无意间碰到了昔日的小女孩——现在已经是如花似玉的少女。原来，两人都在不停地互相寻找。小女孩和她的男朋友吵架了，于是住到了沙威的家里——一间破旧的小屋。不多久，一个富家少爷到处寻找小女孩，小女孩在临走时问沙威，是不是有人会送她一朵金蔷薇，沙威仍然斩钉截铁地回答："会的。"

之后，沙威天天在金店门口清扫。回家后，他坐在昏暗的灯光下，一粒粒捡出比粉尘还小的黄金——从成堆的沙土中——直到深夜，将土中的黄金挑尽。数十年后，他终于，他终于有了一锭黄金。于是，他让一个金匠打造一朵金蔷薇。金匠听了他的故事后，决定免费为他打造——金匠毕生所打造的最美丽的金器诞生了。沙威拿着金蔷薇，到处找寻昔日的女孩。后来听说，她同丈夫到了美国，再也不会回来了。

沙威在临死前，把金蔷薇送给了金匠，金匠把它珍藏在橱柜里。后来一位大作家看到这朵金蔷薇，非要买下不可。但在听了沙威的故事之后，他说，这个故事的价值远大于这个金蔷薇的实际价值，便离开了金店。

故事完了，崔老师希望我们做从尘土中提炼黄金的人，把真金留给后代。

雨中真情

沙威的故事不知感动了多少人，因为追求真情的渴望，潜藏在每一个人的心里，到永远。

人间自有真情在，8月2日晚饭后，突然下起了中雨。我们被困在饭店里。饭店距鲁迅文学院有好几百米的距离，而我们手中仅有为数不多的几把雨伞。而且晚上还有课，是谷禾老师讲诗歌创作。雨越下越大，这可急坏了饭店里所有的人。不知是谁发现饭店的小院里有两把遮阳巨伞，服务员知道后，冲出店堂，扛起两把巨伞飞奔了回来。这时一位山东大汉冲了出去，撑起大伞，大声喝到："谁跟我回去？"不一会，伞下聚集了十多个同学，大家出发了。紧接着，第二把巨伞护送着另外十几名同学离开了饭店。约十分钟后，山东大汉回来了，绿色的衣服紧紧贴在身上，已经成了墨绿色，头发也捻在了一起，显然经过了雨水的冲刷。他告诉我们，鲁院的大门在翻修，大伞进不去。而大门离教学楼还有100来米的距离。这时，又不知是谁叫来了两辆三轮摩托。但一位老师说，摩托车太大，也进不了鲁院的大门。无奈，只好作罢。不一会儿，小伞送来了。但伞太小了，只容得下二三个人。于是，同学们两两成群，艰难地行进在泥泞中。一位来自辽宁的同学带上了两位小妹妹，小女孩们在伞的保护下又蹦又跳，而这位大哥哥的大半个身体却淋在雨中，雪白的衬衫上沾上了点点星辰，连成一片，仿佛永恒的银河。

反串——童真创造的奇迹

如果说创造是孩子的天性，那么，我们的联欢晚会就给了孩子们一个这样的机会。晚会中有一个节目是反串，男的演女的，女的演男的。随着观众的掌声，上来一个身材修长的"贵妇"。"她"身穿黄色连衣长裙，"九尺金莲"，套着一双高跟凉鞋。脸上涂着浓妆，眉毛描得又细又弯，脸红扑扑的，噘着"樱桃小口"，踱着碎步，似乎想显示一下自己的"魔鬼身材"。不知道的以为"她"刚参加了"名模大赛"。"她"轻拂兰花指，时不时地向观众飞几个"媚眼"，再"娇嗔"一下。小观众们笑得合不拢嘴。

这时，上来了一个小个子，小八字胡向上翘着，像你的挂钩一样，身穿一件天蓝色长袖衬衫，底下一条牛仔裤，还是喇叭口的，迈着"罗圈步"，一摇一摆地走上台来。"她"瞟了"贵妇"一眼，挺胸昂头坐在了旁边的凳子上，台下更是笑得前仰后合。在后台，"贵妇"和"小流氓"卸下"宝妆"，露出庐山真面目——"贵妇"原来是一位英俊的大男生，而"小流氓"则是一位眉清目秀的"小女生"。

谈笑间，八天已经过去。我们学到了很多课本中没有的东西，得到了一次精神的洗礼。相会在明年。

益：大江在高一这一学期过去的时候，他对高一这一学期有一段独白（标题是我加的）。

独白

乘坐着陆凌涛的《老式汽车》，徜徉在一个没有大师的时代，随手翻出随笔本，虽然只有85页，但它陪伴我走过了280个日日夜夜，记录了我胜利的喜悦，失败的痛苦。有我对生活的迷惘，也有对人生的见解。

85页，一页页翻过，往事历历在目，激起了我潜在的伤感。诚然，时间如流水，一去不回，带走了一个个春夏秋冬，冲淡了内心的酸甜苦辣。随笔本像一道大坝，拦住了涓涓细流。但闸门一旦开启，波涛便汹涌而出，滚滚浊流汇集而下，一发便不可收拾。

还记得军训的最后一天，教官将一个个背包递到汽车上，我们接过包，却久久不愿放下，但还不忘夹紧行李，挥起手臂，许久许久，直到再也看不见高大的门楼，望不到随风摇曳的红旗。

忘不了在35中操场上，盼到了那张刚刚过录取分数线的考卷，头也不回，连蹦带跳地蹿进了教学楼，我通过了学通社招聘考试第二试！

犹记第三试过后，王瑾老师的教诲——你们的考试才刚开始，最艰难的还在后面！是的，我迎来了新的挑战——战胜自我。

难忘的太多了，第二次高中口头作文，第一次大作文，第一次投稿，等等，往事犹记，在内心深处。

2000年1月27日，我登上了生存岛，开始了五天的"新闻之旅"。人生路漫漫，弄不清谁是谁非。百支残烛，织起了残破的记忆，网住了和煦的阳光，创造了永恒的神话——烙在每个人的心灵里——永远不会被洪流冲淡，永远不会消逝。

可以说，这"生存岛之旅"使我改变了许多，这从我的文风和笔峰中也不难看出。开学的第一节英语课，同学问我："What did you go?"我毫不犹豫地说："I had a winter trip in Huai Rou（怀柔）and I'd learned how to be a human！"

回忆起准备论文答辩的故事，还犹如发生在昨天。那天，我们聚在报告厅，给高二3、5班作了一次应用数学论文报告。从开始的不自然，到后来的侃侃而谈，凝集了师哥、师姐们友好的掌声、鼓励的目光、和会心的微笑。

的确，他们对我的帮助很大，使我在答辩当天面对台下满坐的专家、教授，能对答如流。但也与老师的支持和帮助是分不开的。那天做完报告后，陈校长、袁主任和数学组的段老师、谢老师、蒋老师、田老师为我们逐一分析论文修改提纲。翌日，当我把有答辩提纲的磁盘交给谢达宏老师后，仅仅一节课时间，便把打印出的初稿交到我手里——要知道，偌大的一个H中学，要打印一份材料还真不容易，而谢老师能在百忙之中帮助一个学生完成他课业之外的任务，多么不容易呀！之后，段炳燮老师一次又一次地帮我修改论文答辩提纲，即使在一次次进出学校办事时也不忘抽时间看一看我的进展情况。

说起大段老师，还真有些惭愧，一次，我在他的课上小憩。后来，他给我出了10道题，不一会我就做完了，满怀信心交上去，可竟然错了一半，他什么也没有说，只是在我的试卷上重重地写下了"而今之计从头越"的批语。

"而今之计从头越"，是啊！我和高二的几个同学在OM头脑奥林匹克竞赛中，经历了一次小小的挫折——在7个队中只得到第五名。但我们一起努力，同甘共苦。渡过了难忘的两个月，终于我在随笔上留下了"OM的点点滴滴，已铭记在心中，我们的纯真永不磨灭"的感叹。也留下了对这次比赛的总结。"我们虽然只得到了第五名，但古人云：'尽吾志而不能志者，可以无悔矣！'我们付出了努力，一起经历了许多许多，共同创造了一段抹不去的记忆，我们是胜利的！"不要怕挫折，无论是否成功，之后一切便是从头开始，前面的所有都可以用一个句号结束，是的，从头来过，为时不晚！

122. 名列前茅

9月1日。益：

高二开学，H因江获得2000年北京市第三届应用数学论文竞赛一等奖，奖给江H中学校友基金会第19届奖学金。发给他奖学金证书，和应用数学论文竞赛的一等奖证书。

同时，被评上高一的三好生。

给了很好的评语：学习主动，知识面广，能主动钻研各科知识，基础好，理科尤为突出。在高中数学应用知识竞赛中获一等奖。

两天后，5日《中学时事报》发表了江的文章《什么样的学生适合复读》。15日《北京青年报》以本报学通社记者的名义，发表了邓小泊、白麟、崔浩、江的采访文章《上线考生弃学复读率增加，高考成本是否昂贵》。

10月21日。益：

给江买了一辆稍好一点的自行车，花了约500元。芳60大寿，我今年70岁，我们都不准备庆祝，特别不愿请客。我觉得正如钱钟书所说，老人过一岁少一岁，有什么值得庆贺的呢？

11月12日。益：

江期中考结束，我只想他能进入班的前6名。

中考六门课共490分，平均81.6，江认为他能进前3名，也许会第一。

我和江去书市，我买了一套唐宋诗词；江买了大百科全书的光盘。

江这学期在校外上四个班：师大的数学、物理；14中的化学；55中的生物。看来，也许生物老师是他的班主任，他对生物大有兴趣，想学生物化学，前一学期，则想学理论物理。

二年级期中，许多课程都将结束，江说，他要开始复习了。

我觉得，他的学习方法和我们那时大不相同，也许是由于电脑的出现，许多都发生了变化。

11月13日。益：

听江说：可能在班上名列前茅，不知在年级能排多少。千万不能以为现在这种学习就够了。要清醒，比赛不等于高考。现在还要为了未来的高考努力，还要注意如何应试。我不主张为了应试而学习，那样是很难出现科学上的顶尖人才的。从科学史上看，顶尖人才都不是成批培养的，牛顿、爱因斯坦、华罗庚、陈景润都不是成批培养出来的。从文学史来看，顶尖的人才，李白、杜甫、曹雪芹、鲁迅、狄更斯、托尔斯泰也不是能成批培养的。因为，他们都是真正独立思考的人，当然，一般的人才是可以成批培养的。当然，应试还是适应多数人的，所以应试也是应该重视的。不过以题海战术来应试，是降低了对人才培养的要求，层次就更低了一些。

12月1日。益：

H中学又奖给江三枝派克笔：二枝为原子笔、签字笔，一枝为灌水笔。

我的同事对我说：他去看一个朋友，这位朋友的孩子在H高二（和江同年级而不同班），据说，江是H的尖子生，知名度甚高云云。

期中考，江为班第一，年级第51，也不容易。但可看出，因为这个第51要考北大、清华也是不太可能的，这个班的水平不是很好。

123. 优秀记者

12月11日。益：

江获北京青年报社、《中学生时事报》编辑部、北京中学生通讯社发给的"1998－2000年度北京中学生通讯社优秀记者"证书。这是江为报社写了那么多文章，得到的奖励。写得太多，会影响正课的。要提醒江注意。

12月24日。益：

江最近忽然对乒乓球大感兴趣，因手臂的伤，他不得不渐渐地放弃了足球，加之我们一再关照。但是他想一下子练出来，有点急于求成。我告诉他，世上没有一蹴而成的事，希望他通过打乒乓球能体会到做什么事，只有持之以恒，才会有成就。

124. 回顾

2001年

1月1日。益：

进入21世纪了，报上刊载了20世纪影响中国历史进程的20件大事。依历史的顺序为：1. 1900－1902 八国联军；2. 1911 辛亥革命；3. 五四运动；4. 1921 中国共产党成立；5. 1926 北伐战争；6. 1927 南昌起义；7. 1935 遵义会议；8. 1937－1945 抗日战争；9. 1945 中共七大召开；10. 1945－1949 中华人民共和国宣告成立；11. 1950－1953 抗美援朝；12. 1952－1956 完成社会主义改造；13. 1964－1970 两弹一星研制成功；14. 1971 中华人民共和国恢复在联合国合法席位；15. 1976 粉碎"四人帮"结束"文化大革命"；16. 1978 全国科学大会召开；17. 1978 中共十一届三中全会召开；18. 1992 邓小平南巡讲话，党的14大召开；19. 1997－1999 香港、澳门回归；20. 1997 十五大召开，确立邓小平理论为党的指导思想。

这些重大事件，构成了国家在相当长时期的大环境，然后必然决定或影响了各个家庭的小环境。日本的侵入，毁了我们镇江的老家和南京的小家。而我们现在的这个家是改革开放所赐。国家发展了，个人才可能有发展。

125. 希望之星

1月3日。益：

还有八天，江要进行高二上学期期末考试了。

这几天，他换了乒乓球球拍，想一步提高。我告诉他，想提高，不论是体育还是学习，跳过基本功能学好是不可能的，这就是欲速而不达，没有办法，一切要从头学起，基本功打好了，速度自然就来了，现在，球拍不是进步的关键，基本功是关键，其中也有练和悟的关系，事情往往是隔行不隔理的。

1月14日。益：

江期末考试已过，不知考得如何。最近，江迷于打乒乓球，不断地改善其球拍，他技术不全面，打攻球。

我给他买了不少大学的生物书，因他参加的课外小组，由市里的老师给他们讲课，几乎是大专的内容，他的班主任是生物老师，要他去参加。

H中学看到江入学后的各方面的表现，特别是年级第二名及应用数学论文市的一等奖等等，颁发给他H中学第一届"希望之星"荣誉证书。

1月17日。益：

江的考试成绩：数学98，语文83，物理92，化学87，外语73，生物85。外语的分数低了一点，外语是要下功夫的，光靠聪明是不够的。可以看到，他是几乎没有时间去念外语的。只能提醒他自己来调整。

1月22日。益：

这几天气温达零下15度左右。江的成功与倒退，要靠自己来感悟和调整。

悟是一种哲理：人的思想是不断随着实际在变化的，但大多是落后于实际的，超前的很少，稍超前能引导人们前进，过分超前就容易不切实际，成为幻想，甚至是空想。后者从事某种文学创作——科幻小说，还可以，从事实际工作就不行了。如果超前的思维有正确的部分，也要从当前的实际出发，一步一步向前。

任何人的成功都不是永恒的，在某一时间内是成功的，成功后，成功就成了新的起点，还要不断接受实践的检验，连爱因斯坦都不例外。

我在照相册上贴相片，原来是用相角的，后来不知什么时候起，再也买不到相角了，才发现社会已经发展了，没有厂家生产相角了。

我想找自己年轻时的感觉，特意去买高中时曾感动过我的小说，五十多年后再读，找不到当时的感觉了，没有了当时的激情，当时曾以为我这种激情是永恒的，现在看来，不是的。

我又想到，我到东吴大学学习，一年后回到复旦中学时，曾觉得，原来的楼梯似乎变得窄了。其实楼梯没有变化，变化的是我的感觉，感觉是会变的。

我很爱看京剧，而且非常投入，被剧情感动得满脸泪花。我在看"铡美案"时，听包公（裘盛戎演）在国太求情时，对秦香莲唱道："这是纹银三百两，拿回家去度饥寒，送子南学把书念，长大成人莫做官，你父倒把高官做，害得一家不团圆。"被演员的唱、做感染得流泪不止。

当然，不是每看这个戏，看到此都会流泪。可见，自己思想变化了，看戏时感情也是变化的。

我还记得，我年轻时，每遇周信芳演出"追韩信"，我总是到场的。我为萧何、为刘邦求贤若渴的精神所感动。后来，当我知道"成也萧何，败也萧何"。最后韩信的被杀和他也有关，我再看此剧时，就再也不能投入了。一句话，感情是会改变的。

我想到了江，要引导他，一定不要固步自封，要随着时代的发展不断向前进。

1月30日。益：

江寒假期间在CW区体校的乒乓球训练班学习。今天去国家图书馆看书查资料去了。

前些时江拿回来H奖给他的"希望之星"奖杯。我很重视这个奖杯，因为是H首先发现他的才能的，他是一个择校生，能拿年级的第二名，从理科看，他是第一名。H能这样重视他，是不容易的。如果江将来能有成就，是不能忘记H第一次设立的极有意义的奖项，永志不忘。

126. 网络文学

1月16日。益：

江写了一篇关于网络文学的文章，曾风靡一时。

《网络文学为什么看上去很美》

像曾经的"琼瑶热"一样，同学们最近很热衷于网络文学，不知谁带来一本《雨衣》，便立即成"抢手货"。据说在此之前，很多同学就已经把《第一次亲密接触》，翻得比教科书还要旧。

也许文学就是这样无孔不入，被誉为"第二世界"真是名副其实。记得两年前，上网对于很多同学来说想都没有想过，而我这个"初级网虫"也就成了"稀有动物"。两年后的今天，网络刚刚普及，网络文学就风靡了全国上下。正因为人们了解了网络，网络文学才可能被人们接受；正因为人们需要网络，网上的故事才流传千里。从现实社会到网络社会，人们发现自己经历得太少了，才会去读网络文学。其实，文学已经从狭义的"咬文嚼字"过渡到广义的"情感游戏"，越来越多的人开始融入到广义的文学之中。正如琼瑶的走红，人们的情感世界需要"第二世界"的滋润。也许是网络文学更贴近"网虫"的生活，它才会如此之火。

其实这是好事，虽然很多人批评它没有文学价值，但是，如果一部作品能够被大家接受和喜爱，那么为什么不能说那是一部好作品呢？

有人说，网络文学太成人化，不适合中学生看。其实不然，读书是丰富自己阅历的一种手段。虽然文学一般经过艺术夸张，但是大多是源于生活的。读文学作品就等于看他人的故事，增加自己的阅历，丰富自己的生活。中学生已经有能力领悟作品的意图，分辨是非。所以，中学生读网络文学不足为过。当然，如今的网络文学也有其不足之处，比如文学水平并不一定很高。但是，网络文学只是提供了一个展示舞台，预示着将成为中国文学乃至世界文学的一个亮点，吸引着文学的某种追求方向。

最后要说的是，自己走自己的路，不管别人说什么。

益：2001年《少年电世界》第一期刊载了江的《网络文学为什么看上去很美》。（后来这篇文章被收入《浩浩H》一书，改名为《我眼中的网络文学》，李仲秋（H中学的校长）主编，作家出版社2001年8月第一版。）

我也受了他的感染，关注网络文学的作品，进行了一定的研究。

127. 尝试

2001年

2月10日。益：

高二下学期，江还在尝试。

《中学时事报》2001年寒假合刊（总第467期）发表了李林婧、江的

《唇枪舌剑，"E"文"e"时代》。

《中学时事报》2001年寒假合刊（总第468期）发表了杨旭、江、周丛、李林婧、马莉、赵达璐采写的《彩民写真集》。

江说，他要多方面尝试他的才能，看将来在哪一方面发展。我是认可他的自我选择的，我更愿意他有多方面的才能。

2月12日。益：

江被中国少年作家班吸收为2001年高级班学员。

2月19日。益：

江在CW体校，每周两次学习乒乓球。教练是陈振江。

我在写回忆录，这是在整理曾祖、叔祖、和父亲的自传、文章、日记时得到的启示，我希望这些能成为江的精神财富。老一辈的不幸，他都能避免。

3月6日。益：

生活安定，每日早六时半起床，给江整理书包，看作业，提醒他要带的东西。每天夜里，给他盖一次被子。江一般在睡着后一小时左右打被子，在一个半小之内要给他盖上，不然极易引起感冒。

128. 第二篇数学论文

3月18日。益：

江这几天忙于应用数学论文，每天睡得很晚，在十时半至十一时半之间入睡。

江去参加应用数学竞赛，带去了他的关于人口问题的论文。这篇论文我一直没有看到，他用电脑发给我认识的一位数学教授，电脑传送得不好，教授也无法看。到最后一天，我才看到。他的论文题目是《活到125岁，中国有多少人？》副标题是"论在平均寿命影响下人口增长的数学模型及中国未来人口发展的趋势"。

我略去数学模型的计算部分，做一简单介绍：

起因

随着生理学、医学特别是基因技术的应用，人类越来越长寿。生物课上同学们提出了人口爆炸的问题。人口数量的急剧增长已不容忽视，而人类平均寿命的增长又加剧了人口的增长,据报道,在20至30年内,人类平均预期寿命有望达到125至160岁。

如果30年后,人类的平均预期寿命果真达到125岁,中国人口的发展状况是什么样的呢?50、100年后呢?中国面临的真是人口"爆炸"吗?

数学模型的特点

人口的增长是很难预计的,但是,运用数学方法往往能够比较准确地预计人口的发展趋势,这就要建立严密的新型的数学模型。

中国的人口增长受到诸多因素的影响,更加不容易进行人口预测。

中国的人口发展受计划生育对出生人口数量的影响;

中国的人口数量距离理论上环境容纳量——16亿左右已不遥远,环境对人口发展的影响不容忽视;

中国的其他条件也制约着中国人口的发展。

因此,许多考虑自然增长率的人口预测数学模型不能够准确预测中国人口的发展趋势。所以,本文建立了一个与出生率和死亡率有关系的数学模型。出生率和死亡率的变化趋势中包含了政府干预、环境容纳等等因素对人口增长的影响。

与其他数学模型的比较

马尔萨斯模型没有考虑到环境容纳量和政府干预等因素对人口发展的影响;

LOGISTIC模型虽然考虑到环境容纳量,但没有考虑到政府对人口增长的干预;

本模型中出生率和死亡率的变化已经包含了环境容纳量和政府干预等因素对人口发展的综合影响,精确度相对高一些。

计算结果

我们知道,1990年第四次人口普查是11亿4335万

如果中国人口按照现在的发展趋势,在2046年就会出现人口的负增长,中国人口的峰值是15亿,比理论上的环境容纳量(约16亿)要低,一般说来不会发生严重的社会问题。

假定从1998年开始,平均预期寿命直线上升,到2028年达到125岁。

经过数学模型计算:平均预期寿命高速增长条件下的2028年人口数比正常趋势下2028年的人口数高出8000多万,人口增长是趋于平缓的趋势。变

化率趋于平缓，并不会像人们所想象的出现人口的急剧增长。这是由于在人口总数的不断增加时，具有生育能力的人数在总人口中的比例不断下降，人口结构严重趋向老龄化。

如果平均预期寿命真的在高速增长的话，在往后的发展中，如果政府不参与干预的话，中国人口在100年后会超过18亿，而据报道，中国的最大承受能力在16亿左右。那么50—100年后会出现什么样的情况呢？

首先，人口总数超过环境容纳量，将会产生严重的生态影响；

其次，中国人口老龄化程度严重，可能引发一系列社会问题；

再有，当有生育能力的人口数量占人口结构的比例减少到一定程度时，有可能出现人口数量的急剧减少；

建议

提出建议：1. 继续实施计划生育；2. 加快经济的发展；3. 加强精神文明的建设；4. 推迟退休年龄；5. 政府加强对人口老龄化问题对策的研究；6. 研究使用科学技术加大环境容纳量，解决人口增长带来的生态破坏。

总之，平均预期寿命的增加对人口增长的影响不容忽视，中国应当加大对人口发展问题的研究，以便能够对可能发生的问题及早做出准备。

4月6日。益：

江的应用数学论文，得到生物老师——他的班主任赞赏，她让江在全年级生物小组的集会上做报告，小组分两次听了他的报告。

明天江要参加国家计算机二级C语言的考试，不知他能否拿得下来。他上机的成绩已通过，但是，笔试却没有通过。他说：有些是教条，考试过后就没有用了。他不知道，要过关，就要照着要求去准备，这是没有办法的。

基本知识的重要性，需要认真体会和对待的。江的一些认识，要他自己去体会和感悟。

4月8日。益：

江参加了国家二级计算机C语言的笔试，自我感觉良好，觉得题目容易。这是他准备了几次的结果。5月10日看成绩，愿他能过关。

江去师大听数学课，将应用数学论文带给师大的老师。

4月20日。益：

江最近忽然努力地锻炼身体，并坚持学习打乒乓球。后者虽有进步，到底不是从小练习起,要想大有长进却是困难。

5月6日。益:

江期中考已过,不知他考得如何?据他自己说:语文、物理较差,其他的课目还自我感觉良好。结果是:语文69;物理81;数学89;外语70;化学93;政治82。班第五名;年级第64名。看来,要应试,语文和外语尚需努力。

写文章和语文应试是不能等同的,似乎自古以来就是如此。

一个长假快过去了,与江去单位打了一会乒乓球,观看了电视转播的世界乒乓球比赛,我国选手拿下了七项冠军,出了不少新人,正是长江后浪推前浪。

江忙于他的奥林匹克头脑比赛,以及生物和物理竞赛。我总觉得还要注意基本功。我曾在一次家长会后,和班主任谈起比赛太多的看法,但老师还是觉得江有潜力,让他去试。

江有一篇文章,专门介绍了OM

创造,一个永恒的话题
——OM 小事一二

"这是一个创造的节日",OM 自创始以来,很快风靡了全球。5月20日,北京也迎来了这一个创造的节日。

OM 竞赛是 Olympic Mind Game 的缩写,意为"头脑奥林匹克竞赛"。OM 竞赛分长期题和即兴题两大类题目,长期一般有好几道,早在半年前就公布给各参赛队,任选一道进行比赛,按不同的题分别评奖项。如本届 OM 竞赛有一道长期题,即各队用桐木按要求做一个可收缩且不超过15克的架子,比谁的架子能承受最大的压力。在检测架子承压的同时,还要表演一个短剧,突出竞赛的主题。比赛当天,各队队员还要参加即兴题的比赛。参赛队必须当场完成,根据完成情况给分,评出名次。

今年的比赛特别热闹,刚进比赛现场(海龙大厦6层),只见大厅内挤满了人。人群中有几个用绳子圈起的圈子,各队正在表演短剧。

OM 简介

OM,头脑奥林匹克。

这是一项注重创造性思维和合作意识的比赛,每一个环节都需要队员们之间默契的配合,和队员非凡的创造力才能完成。比赛时,队员要进行长期题和即兴题的比赛。

长期题通常最多允许7个队员共同完成。所以每个代表队一般7人组成。

题目在半年多以前，就通过各地区组委会向各参赛队公布，一般有 5-6 道赛题，每队选一道赛题作答，赛后按不同题目分别排出名次。我们选择了结构题，即做一个 15 克的桐木架子，比谁的架子能承受更大的竖直压力，同时，架子还要经受一辆小车至少五次的撞击，同时还要配合一场表演，突出"有弱点的结构"的主题。

即兴题是比赛时才知道题目的。要求队员反应快，有合作意识，有创造性答案。

OM 起源后风靡世界，已成为最重要的几项学生国际赛事之一。

关于 OM 的班日志

5 月 24 日——27 日雨、晴、晴、晴

或许在忙碌中再也无暇拿起笔杆录下瞬间的感动，这个学期我大概只写了三篇随笔。第一篇是上面要求的，第三篇就是这篇班日志，而第二篇却是我与班同学的一段短暂的经历，虽短，却是在心灵中留下了深深的印记。我愿与大家一齐共享这份感动。

或许很少有人了解 OM——一项类似头脑游戏的比赛。在学校和科技馆的帮助下，我与四班的六位同学一起奋斗了两个多月，于 5 月 13 日下午以 H 中学代表队的名义参加了这一赛事。

抱着"开开眼的想法"，7 个人一起步入 OM。我们面对无从下手的赛题，一起探索，一起幻想，一起追求。

也许我们真的不是最出色的，一个多月的努力下来，我们做的木架子只能承重不足 200 公斤，与其他学校的 300 多公斤，真是天上地下。而那时，我们的一切设想都还没有付诸实践。

纸上谈兵终究是要失败的。才经历了期中考试的磨难，便如晴天霹雳冒出了"提前比赛"的讯息。5 月 13 日——比去年提前了两个星期——14 天！而生物竞赛也恰在 13 日，只是幸而分别被安排在不同的时段，生物竞赛在上午，OM 在下午。

正在那最困难的 5 月初，我们规划好的蓝图落空了。别出心裁的设想总因经验不足而无法实践，连我们都不得不承认自己眼高手低。

也许放弃应当是最好的选择，没有人愿意去做注定要失败的事情，没有人愿意面对艰辛过后，落魄的回忆。可我们还是决定了去试一试，哪怕排在记分榜最寒酸的角落。是的，大不了拿个第一，倒着数。

只剩下七天长假可以利用了，七天能干什么？七个昼夜，能挽回不可改变的败局吗？当然，不！因为我们不会败！

七个人，七天，加起来就是四十九天。只要你们齐心协力，一定能干好！

辅导老师牺牲了仅有的五天（科技馆只放假五天）假期中的两天，而我们为了荣誉，付出的远远超过我们想像的，所有的道具基本就绪。我们，用超乎异常的争取创造力完成了所有的设想，我们，只等待13日的朝阳。

最难忘的是11日的晚上，将近九时，当同学们将所有比赛要用的东西装好后，7个人坐在一起，互相叮嘱，互相鼓励。大家努力寻找着漏洞，哪怕是缺少一枚别针，或是一张碎纸。

说来也怪，12日晚上竟梦见了翌日的OM，却丝毫没有记起上午的生物竞赛。在个人与集体间，我选择了后者。

朦胧中，往事历历在目——在古寺（CW区青少年科技馆原是古寺庙）树荫下的微风中，依稀有3位同学在放声高歌，不，他们是亚当，是夏娃，还有音乐家欧蔼暮。在寂静的厅堂，我正与队友练习摆放杠铃片，一块块堆成小山，而放杠铃片时，却稳得连金属的撞击声都被湮没在鸟语花香中，只有豆大的汗珠淌在脸庞，微笑绽开在心间。

含着笑，走出了即兴赛场，走入了长期题赛区。当时的我们，没有一丝把握，只有努力，努力做到最好。哀兵擂响战鼓，成败只在一念之间！杠铃片果真稳如山岳，22.5公斤的钢片放上去，真的没有一丁点儿金属的撞击声，不远处的表演者竟在最后一幕长跪不起，似乎自己就是那个在悲痛中苦苦挣扎，要远离人世之苦的夏娃。

8分钟结束了，我们的架子——确切地说，是王丽同学做的重15克的桐木架子，承受着307.58公斤的压力，在经过395克小车10次撞击之后，仍然屹立在大厅中央，屹立在北京OM的史册。347.58公斤，架子垮了，可我们胜利了！王丽的架子无可争议地成了为了今年的比赛的第一名，正数的第一名！

其实直到比赛途中，7颗心才融合在一起，融进OM。这是最重要的——集体的力量大于一切！

关于OM，我只想说这么多，虽然我们得的是总分第二，但我们的发挥，我们的成绩，足以说明我们是最优秀的，最值得骄傲的。

往事已然逝去，可这段记忆将伴随我为理想而奋斗。

也许会有人说，我把这段记忆的片段经过艺术夸张放到班日志上，有些许不伦不类。可我觉得，这中间确实有很多值得讨论的东西。四班与七班同时听说 OM。为什么七班热情高而四班无动于衷呢？为什么去年高二的精英参加同一个题目比赛，却只得个第五名，而今年初出茅庐被世俗吓坏了的哀兵却得到第二名，这当中自然有许多东西值得大家去思考。（完成于 2001. 5. 26 晚 10：25 分）

（注：今年的剧本中写了一个音乐家毁掉伊甸园后又修复伊甸园的故事。故事虽只有亚当、夏娃、欧蔼暮三个主人公，却通过欧蔼暮的变化刻画了一段刻骨铭心的爱情故事，通过爱与恨的交替，巧妙地通过伊甸园的兴衰，表现出了"有弱点的结构"的主题。）

129. 三等奖

5 月 16 日。益：

江已通过了国家二级计算机考试。这是他自己拼出来的，也颇不易。我曾愿意让他报一个班学计算机程序，他不愿，而要自学、去钻研，从他参加应用数学论文的竞赛，他多次用了编程，是应该通过的，他终于如愿。

我很重视这个成绩，这是他自学的成果。而且是他特别选择 C 语言为考编程的内容，他是选得对的，也是迎着困难上的。

我很赞赏他的勇气和毅力。

老师选江上市的生物奥校班，我看了他们的大纲，去给大江买书，几乎是大学生物系一二年级的教材，在不长的时间中灌了下去，居然能得三等奖，算他有本事。我这个上过大学生物系的看了觉得不可思议。

江说：他的写人口问题的应用数学论文得了三等奖，段炳燮老师说，可能低评了，叫江拿这篇文章去投稿。我对此不积极，不必去求名利。此篇论文是他的生物老师看中的，但我觉得题目太大，是个太热点的问题，不宜孩子去写，专家不支持是必然的。倒是因为联赛和论文得奖，江的生物成绩得了优。

130. 住院

5 月 17 日。益：

芳住进了附近的东方医院做全面的检查，说她有乳腺癌。如果确诊，要进行手术。

5月19日。益：

每天早上，我送江上电梯，然后在18层的凉台上看江骑车左拐弯，到看不见为止。从江自己骑车上学起就是如此，成为我的生活习惯的一部分。

江上午去听化学课，下午去科技会堂听科学家的报告。他在路上买了一本高中无敌英语语法。中午回家吃了两碗方便面，我们一起去医院看芳。母子都非常喜悦。江忙了一天，晚上吃水饺，早早睡去。

131. 削发明志

5月20日。益：

上午江去师大听课，中午回来，我煮了饭，炒了一个素菜，买了鱼香肉丝。下午，江午睡醒来，我去看芳。医院离家较近，我每天去看她两次。

晚上，江将头发推光，很清秀。她向妈妈表示，削发明志，要好好学习。他是在向乒乓球运动员刘国梁学习。他也是在安慰妈妈，让妈妈放心。他知道，妈妈就是希望儿子能上北大、清华！高二下学期了，还来得及。

江推了光头，班主任认为是怪发型，她要江把头发留起来。这倒容易，孩子的头发长起来快。也难怪班主任，她将削发明志和怪发型联系在一起，她怎么会知道学生家里的变化呢？

5月22日。益：

中午，我炒菜没有放盐。

132. 手术

5月29日。益：

芳明天动手术，今天血压又高了。她是有心理压力的，所以睡觉不好。晚上，我与江送去饮料两箱，慰劳明天给丽芳手术的医生、护士。

芳已联系好，给她服务24小时的护工。

5月30日。益：

今天芳在东方医院，由主任主刀，做切除乳腺癌的手术，早上8时半进手术室，我7时半就坐在手术室外面等着，看着她进去，11时半出来。大夫说，手术成功，把乳腺和有关的淋巴都拿掉了。不久，她就醒过来了。用一种小型止痛的泵，来防止术后的疼痛，效果可达24小时。

手术切除了癌变，一切交给苍天来保佑。愿她能坚强，做一个抗癌明星。

江上午上学时，手发冷。嗓子痛，给他服了药，还带了药去学校。因此，我在医院，放心不下家里。

晚上，和江一起去看丽芳，她恢复得较快。

真是想不到的事，芳近三年在单位的医疗医院例行体检，都说是乳腺增生，因为感觉不适，才去了附近的东方医院，不料竟是癌。

5月31日。益：

芳病后，她的单位领导、同事、亲友都来探视、慰问，本楼的邻居、电梯工等认识她的朋友，都托我向芳问好。她恢复得很好。

请的护工24小时服务，收费36元，其中医院拿9元，护工落25元，所以她们吃得都很省。赚一点钱不容易。

6月1日。益：

上午去看芳，她正在一天一天好起来。

今天儿童节，请江在小区的小饭店晚餐，后与他一起去看芳。

江说：妈妈比住院前好。

芳的二姐来电话，我告诉她，芳已经可以搀扶着下地了。恢复得很快，食量也太增，血压也较稳定，睡眠也有所保证。

6月8日。益：

丽芳身上的纱布基本上去掉了，轻松了不少。我给她带了点菜。明天请的24小时服务的护工就不来了。

133. 愉悦

6月9日。益：

今天星期六，我早中晚一天三次去看芳。余下的时间工作和做家务。江正在努力准备期末的大考和会考。

6月14日。益：

上、下午去看丽芳，给她带去乌鸡鸡蛋。

我把江在2001年小论文比赛、生物竞赛、应用数学论文的三张三等奖的奖状带给芳，儿子给妈妈报喜，给芳增加愉悦和喜庆气氛。

大江懂事多了，自己去买煎饼，有些事情自己动手。

6月18日。益：

江说，他的应用数学竞赛（计算）获得了二等奖。我告知芳，我们都替他高兴。因为他的计算能力不好，所以能在计算方面取得奖次，对他说来很不容易。

这次期末考试和会考，江的复习比较以往提前，愿他有所进步。

6月21日。益：

今天取到江2001年上半年全国计算机二级考试成绩通知单和计算机二级的国家证书。虽然在一个月前从咨询中心已知道成绩，但拿到成绩单和证书，还是增添了一份欣喜，我们把这点喜庆带给了芳。

晚上，江回来吃速冻饺子、西瓜。饭后看书做作业。洗澡后读英语。明天早上，他要七时到校打扫卫生，颇辛苦。

134. 为了孩子

6月22日。益：

目前我的生活是这样的，我在打工，说得好听一点是把关，特邀编辑。每周工作四天，有一点收入，将来给儿子上大学读研究生。光靠退休工资是不够的。计划经济的退休工资要供应市场经济的大学生是不可能的。何况我们都年事已高，不能不为儿子做准备。

6月23日。益：

清晨，芳从医院请假回家看看，在早市买了一点菜带回来。她回来时正好遇上四兄来电话，芳接了电话。后来，二姐也来电话询问。

芳昨夜在医院没有睡好，在家睡了一会。下午4时，我与她去买鸽子和黑鱼。她认为吃这些对她有益。我一切照办。晚上，芳回医院。

6月24日。益：

今天去看芳，她昨晚睡得尚好。医院为她做化疗的准备。江下午4-6时睡了一觉，他平时睡得迟，就靠假日补。

6月28日。益：

上、下午去看芳。江开始会考，今天是物理和历史，明天是化学和生物。江说：物理老师说题难，我看也没什么，考不上90，我要推光头；考到100，爸爸要请客。学校规定，生物竞赛得奖者，会考给优。

135. 希望

6月29日。益：

芳从医院请假回来，后天晚上再去医院。还要休息些时日，才开始化疗。芳可以自己选择适当的时间回家休息。在家吃、睡都比在医院好。

江在家休息了一天，消除会考带来的疲劳，在家打扫卫生，孩子懂事了，芳很高兴。我买了胶卷，让江把奖状照下来。

7月1日。益：

芳在家时，早上她要自己去买菜。我用自行车放菜和食物，来减轻她的劳累，那时出了门不远就能买到各种蔬菜。芳还做了汽锅鸡，下午我去医院给她延长假期，芳在疗程之间，或者自我感觉良好时，可以请假。她明天早上7时前回医院。下午，我给江修自行车。

7月2日。益：

医院正好在家和我上班的地方的中间，我上下班都可以去看她。与芳同屋的一位老太太，在这个热天，不开窗、不开空调。丽芳只能到其他房间去串门。这就是住院的麻烦。大夫给芳的伤口换药。看来，虽拆线，但伤口未完全愈合（可能是她有糖尿病的原因），只好等待。

芳到在医院，晚上睡得不好，吃安眠药才能入睡。她伤口未长好，迟迟未给她化疗。

江的物理考了90分，为班第一。年级最高为96分。其他的成绩还不知。

7月5日。益：

昨天，芳从医院请假回家，下星期一再去，可以在家休息几天。

下午，我到医院给芳取药。她在家的时候，每天应该吃的药由我到医院去取。

7月10日。益：

芳昨天回医院。血的化验较好，准备开始化疗，祝她一切顺利。江在家复习，明天考数学。

中午，芳开始化疗的第一个疗程，她的红血球有9000，到下午5时半结束。江考数学，他的期末考试告一段落。我总觉得，他的基本功不够扎实，还需多磨炼。

7月11日。益：

芳第二天化疗，经过良好。傍晚下雨，她叫我快回家。江回家，感冒，身体不适，服药后小休。起来背英语。我是江的保健大夫，一般的病都是我给药。

芳化疗，一切正常，我每天给她送肉汤和西瓜皮，她有糖尿病，不敢吃西瓜，只吃瓜皮。

我希望芳一天一天好起来，希望江学习能达到 H 的"希望之星"的要求。

136. 背水一战

7月13日。益：

江高二下学期期末的成绩是：语文75，数学81，英语67，物理90，化学94，历史87，生物85.5。班第7名；年级第75名。

这个成绩，使他失去了高二评三好的资格。也失去了高考加分的机会，比赛太多，他只有一条路，破釜沉舟，勇往直前，高三全力以赴，没有任何办法。

班主任给他的评语是：担任语文课代表的工作，对待工作认真负责。学习努力，有钻研精神，在各科学科竞赛中，多次获奖。尊敬师长，团结同学，热爱班集体，积极参加班里各项活动。

7 月 14 日。益：

现在是高二升高三的暑假期间，大江前些时患感冒，这两天渐好，但尚有咳嗽，不应消耗体力去打球，在家看书、休息为好。

7 月 16 日。益：

江的咳嗽已好转。去体校锻炼乒乓球。芳已经渐渐适应了治疗。我给她提供营养高蛋白的食物。江按他自己的计划在家复习。做学校留的作业之外，他特别加强了竞赛物理的学习。他说，要参加下学期开学后的物理竞赛。学校的安排，我无可奈何，后来知道，学校对此很重视，他是直接参加决赛的。

7 月 17 日。益：

早上，我去北京医院给芳取有关治青光眼的药，然后直接送到东方医院给她。还给芳送去有冬虫夏草的鸭与西瓜皮。回来买了虾和鸡腿，准备明天给她送去。中午，与江吃牛肉面，晚上江自己炒一个素菜。

7 月 18 日。益：

早上，起床，做早饭，上班，中午二时许去三联书店、五四书店给江找《1+1英语》。然后赶到医院看芳。回家给江做饭，晚上忙着洗碗和烧水洗澡。九时许入睡。

7 月 26 日。益：

芳星期六（21 日）回家休息，化验良好，各项指标都正常。22 日，她在家给江做了许多素菜。最近，江与同楼的二中学生潘星，每天下午五时，进行长跑锻炼，绕方庄跑一圈，约 6000 米。

今天，芳在医院睡眠不好，昨天白血球尚好，请假回家，明天早上 7 时回医院。这就是医院离家近的好处。

8 月 10 日。益：

7 月 31 日，芳打了这一个疗程的最末一针，接着要化验血，白血球达不到 4000，不能出院。她回来休息了两天，8 月 2 日再去医院。芳的白血球下降到 2700，主任说，不要跑来跑去，同意她在家休息，我每天去取药，在家服药调养。

江喉炎，我陪他去看病取药。

今日，芳第一疗程结束，自己回家，还不算出院，还要治疗。

2001年高考，北大的分数线是：文科571；理科615；医583。大江明年考，留作参考。

8月20日。益：

芳在家休息，我每天去医院给她取药，她有时要去医院化验血，14日，她的白血球上升到4200，几天后达6000多，达到出院的指标，可以办出院手续。

14日下午，侄女庆平从苏州来看芳，晚饭后离去。

许之刚的孙女许彤彤——H中学比江高一年级，已考入北大医学院，许之刚告诉我，许彤彤说江学习不错，看来江在H已小有名气，连高三的女生也知道他。

18日，全家去王府井百货大楼，芳买了一个假发，化疗后，头发掉了一点。她将假发戴在头上回来。

137. 继续化疗

8月28日。益：

芳21日出院，出院单上写了她的病况："全麻，左乳癌改良根治术。病理：左乳腺浸润性导管癌，腋窝淋巴结转移癌（10分之2）。"

芳休息两周后，准备按医生建议先去肿瘤医院做放疗。

昨天去肿瘤医院挂专家号，今天看病，顾大中专家建议：三个疗程后再作放疗。这位专家说一不二，无商量余地，我们只好唯唯而退。

9月12日。益：

专家的意见。暂不放疗，只好继续化疗。芳再次住院。同住的是外交部的一位病友。相互合作得很好。

江晚上打被子，受凉，扁桃体肿大，已服药。给江买了一个台灯，省电、护眼。价格较贵。

江已开学，进入高三上学期。

我不知道从哪本书上，记下了哲学家尼采的这样一段话："只有下过地狱的人，才最知道如何去建造天堂。"

9月22日。益：

芳化疗，一切顺利。

江去实验中学参加中学物理决赛，赛后很有信心，认为他是 H 考得最好的，可以得一等奖或二等奖。江又想考物理系，我不知他对物理到底知道多少？他要学理论物理。

10 月 18 日。益：
芳第二次化疗结束，回家休养。

10 月 28 日。益：
芳精神甚好，早上与她去买菜，好在路边就有，她买，我用自行车运回来。后来只要她精神好，她去买菜，就用这个方法。

11 月 2 日。益：
江开始会考和期中考。第一天，语文、政治；第二天，数学、英语；第三天，物理、化学和生物。

11 月 17 日。益：
给芳去买灵芝孢子粉和灵芝粉，据介绍，对癌症的辅助治疗是有效的。跑了两次，终于在王府井中医药商店买到。价格不便宜。

江说，这次期中考试，他是班第 4 名；年级第 53 名。正是：尚未成功，仍需努力。

11 月 27 日。益：
芳入院，准备第三次化疗。服灵芝后，效果较好，白血球数有所上升。
芳第三次化疗前的检查，B 超认为肝上有阴影，还要做 CT，害怕是癌转移。弄得芳很紧张。

138. 肝转移

12 月 4 日。益：
我去医院和主任了解芳的病情，他认为，CT 检查的结果，芳肝上的二处病变是乳腺癌的转移，准备进一步采取药物治疗。我表示同意。我问及能否手术，他表示了否定意见。我告知了芳，她也同意这么办。

12 月 6 日。益：

芳住院，偶尔回来看看，准备进一步用较好的药物化疗。不管怎么说，心理上有点紧张。服灵芝孢子粉后，精神有所好转。

江学习努力，每晚 11 时左右才睡，我早一点睡，准备半夜起来看他，给他盖被子。维护他的健康，不能影响他的复习。真是寸金难买寸光阴。

12 月 9 日。益：

今日上午，去银行办理看闭路电视的交费手续，什么电话费、水费、煤气费等费，全要到银行。晚上送芳去医院，医生叫她晚上服药，准备明天的治疗。

139. 紫杉醇

12 月 10 日。益：

今天陪芳打针，看来平安、良好。她的病房内住进一位我们单位的财务处长，她有了一个好朋友。

医院的特种治疗、贵重药品审批表上写道：申请使用原因：左乳癌术后半年，肝转移。特种治疗项目：紫杉醇。据说，这种药对乳腺癌有效。

12 月 11 日。益：

今天芳打针，看来一切良好，不知各项指标在打针后怎样？白血球如何？

12 月 12 日。益：

今天下雪，江没有骑车，跑步去学校。我心疼不已。我上午工作，下午到医院看丽芳。晚上给江准备晚饭，买了一只半成品，炒了一个他爱吃的苦瓜和小油菜。

12 月 14 日。益：

每天上午、下午去看芳，白血球有 5000，经过良好。

12 月 17 日。益：

芳 14 日晚上回来，16 日晚上去医院，连夜服药。17 日又要化疗，我去陪她到上午 11 时，化疗后吃午饭。我向单位请了假。

据说二姐夫因肠癌，第二次化疗时发现肝上有阴影，后采取局部化疗，最后认为是囊肿云云。但愿丽芳也是如此，一场虚惊最好。

12月20日。益：

江为了复习，每天都睡得很晚，在政治课上打瞌睡，还说大多数同学都是这样。这个星期吃芳上星期买回来的菜，我和大江一起操作。

芳在这个疗程打第二针的时候，白血球降到3200，江关心地问："星期六妈妈能回来吗？"

12月22日。益：

江从学校得到消息，他这学期的竞赛，物理得了市的二等奖；化学为三等奖。今日，江去首都图书馆学习，他认为那里的读书环境比家里好，有时去那里学习。他回来说，状态不佳。我说，不是状态不佳，而是你遇到难题不会做。难题，想一两天的有的是。希望能学会看参考书。

芳因为白血球降到了1800，本周没有回家。大夫说，给她打增白针，准备星期一接着化疗。

12月25日。益：

芳今天打第三次化疗——新药紫杉醇的第一次化疗。

23日北京晚报在"我国抗癌研究取得新突破"的标题下，做了报道。录如下：

"稀缺抗癌药紫杉醇可无限生产。此项研究成果尚属首次，癌症患者有望在5年内获得此种廉价、有效的药物。

黑龙江大学生命科学学院教授周东坡说，他领导的研究小组经过8年的时间，已经找到了一种利用生物工程的方法，大规模生产紫杉醇的可行途径。

紫杉醇是红豆杉中特有的一种二萜类化合物，利用它作为主要成份，可以生产出世界公认的可治疗乳腺癌、子宫癌、卵巢癌、胰腺癌等十多种癌症的特效药物。

这种比黄金还贵重500倍的药物，今后在全球市场上的价格也有望大幅降低。"

报上用了"特效"两个字，如果真是如此，芳就有救了。

12月31日。益：

芳这几天有低烧，医院用消炎药打点滴治疗。江下午在学校庆祝元旦联欢。晚7时方回。

140. VCD

2002年

1月3日。益：

元旦在安静、希望和欢乐中度过。

每天上午、下午去医院看芳，给她带去蒸南瓜、煮鸡腿、莲子汤、粥、面条等。还有灵芝孢子粉和西洋参，前者虽然贵，一直不间断地服用。

买了一台VCD播放机，芳回家后可以听一些她爱听的节目。江可用于学英语，练习听力和会话。我们过去英语过不了关，就是不能很好地听懂外国人说话，因为没有这种环境。现在江的条件比我当时好多了。

那时，这种播放机刚出现，不像现在有DVD等更多更好的品种可以选用。我很满意这个VCD了，它给元旦带来了欢乐。

生活总是要向前的。

1月13日。益：

芳现在结束一个疗程就回家休息，今天是我71岁的生日，晚上，全家去"大三峡"吃饭，芳在家将白血球休养到7000多，其他指标也好，CT检查，比上次略小，此药有效，全家高兴。晚饭后送芳去医院。

我的生日是个好日子，是值得纪念的，我的曾祖、祖父、叔父都没有过70岁，就仙逝了。父亲只有65岁。我超过了这条生死线，是值得庆幸的！

141. 准备应试

江高三上学期的期末考试具有提前摸底性质，他能稳住原来水平就不错，略有不慎，就会滑下，别人的教训，值得吸取。江得578分，班第三名；年级第34名。大意失去的分数不少，这是指完全会做的题丢了分，正是要吸取经验的地方，没有更好的办法，只有不断自己注意检查来克服。江的作文还需注意。语文95，数学122，外语113，物理88，化学78，生物72。还有许多可以提高的空间。

年级34名，处于可以考北大、清华的边缘。江在努力，艰苦的前进。

1月17日。益：

昨日，大江回来较早，5时许就到家了，正好我刚从医院看芳后回来，他要先上楼，我说等我锁好自行车，上楼后才知他感冒了。于是服药，吃了些晚饭即入睡，整整睡了近十二三个小时。晚上，我怕江打被子，直到11时才入睡，1时、3时、5时均起床看江是否睡好。今天早上找不到体温表，只好凭感觉让他去学校，赶不上早自习，让他到学校向老师说明。

看江的作文，提醒他，应试是命题作文，不能像自己写随笔，自由发挥，不能信口开河，更不能下笔千言，离题万里。

1月27日。益：

昨日，芳回来了一会，接了四兄一个电话，又回医院。今日，芳的白血球为3600，还要打增白针，才能打这个疗程的第三针。

江说，要考H的前30名，才能报清华、北大；前50名可以报复旦；又说，物理系，可报北师大和首都师大。我说，你反正将来准备上研究生，考到哪一个大学，并不是最主要的，但是你自己的目标——学什么，一定要明确。当然，要力争考到一个好学校，考不到，还可以在考研究生时找回来，北大、清华出的人才多一些，其他学校也有了不起的人才，自学还能成才，陈景润就不是北大的，华罗庚是自学成才的，到国外进修，那是后来的事。

你数、理、化、文，都得过奖，说明有一定的水平，但不等于你的应试的水平一定高，就你的水平，如果补上不足，在应试中，能保住会做的题不失分，你一定能上北大、清华。从现在起，每次考试你都注意，是否拿下所有会做的题的分数，做不到，一次一次找原因，做到了，你就成功了。

我还告诉他，应试，还有半年的宝贵时间，只有向前，你所有的奖状都等于零。要自己定计划，安排好时间。不能平均用力，要找出自己不足的地方，补起来。补不足，一是学习，二是身体。学习是补短处，身体是体力和思想都要处于最佳状态。

142. 春节

2月15日。益：

半个月过去了，芳在春节年三十匆匆回来了几个小时，晚上又回医院，其间给很多亲友都打了拜年电话。

假期中，我和江天天去看她，至少两次。春节中，我还与江去听了一次音乐朗诵会，80元一张票，真是高消费。总算让江享受了一下文化气息，在非常低调的生活中，给江一点年节的气氛，对我说来，我仅对朗诵名人——拿破仑、马克思和贝多芬——的书信有点兴趣。

2月20日。益：

芳这个疗程已过去。检查，各项指标尚好。昨日，给江买了光盘刻录机，使他学电脑更好一点。今日上午去单位，7时半出门，给江准备了豆浆、小玉米豆沙饼、老玉米和鸡蛋。中午，他自己做方便面。我下午四点回来，又给他做了一碗方便面，马上赶到医院看芳。去购物中心买明晨的早点，回来给江洗衣服，做晚饭。

2月28日。益：

芳出院，可在家休息两周再化疗。江进入高三下学期。

143. 愿

3月14日。益：

芳于14日住院，入院检查近一周，大夫不让她回家。各项指标尚好。化疗后的CT检查：肝内多发转移瘤与老片比，有明显缩小。无论如何，精神好转，缩小总是好事。

江每晚学习，睡觉较晚，我们都睡得比他早。

江还将参加北京市的应用数学比赛。

3月30日。益：

昨日芳从医院回来，今天又要回去化疗。

4月14日。益：

今天与江去北京航空大学听北京大学招生办关于北大的介绍。取北京大学去年的分数线及本科专业介绍等资料，还拿到一份北大招生专刊，其中一文《走向辉煌的北大医科》写道："北京大学医学部历史悠久，其前身是创建于1912年的国立北京医学专门学校；1952年建院，名为北京医学院；1985年更名为北京医科大学；2000年4月3日与北京大学合并成立新的北京大学。"从中我才知道，我的父亲陶祖荫毕业于北京医学专门学校，也是北京大学的校友，我是北大的校友，芳和我，愿江也能成为北京大学的学生、校友。

芳今日晚上去医院，明日开始打第七个疗程的紫杉醇，愿她一切顺利。

144. 信

4月25日。益：

H中学团委12日给每人学生家长一封信，希望给孩子18岁成年时写一封信，提出对他的希望。我和芳写了一封信给江，按江的要求，封好在信封里，由他给班主任送去。我们一切照办，信如下：

江：

我们的孩子，你一直在我们身边，从来也没有给你写过信。现在应你校团委的要求，给你写信，真不知从何说起。

记得在我初中毕业的时候，教书法的俞肃斋老师在我的纪念册上写下了两行刚劲有力刀砍斧劈般的毛笔字（魏碑体）：

心虚而后器大

志定而后力强

虽然纪念册早已找不到了，但他的字和这两句话却随着数十年的生活永远刻在记忆中，永不消失。现转送给你。

希望你从18岁开始，不但立志，而且要坚定地立志。要取得成功，是要付出艰苦的代价，克服困难的同时，你的心情却是像米卢的"快乐足球"理念一样，是充满愉悦的。

"失败是成功之母"，这是鼓励失败者的名言，无数历史和现实的事实告诉我们，许多人的成功，正是从失败中吸取经验教训，总结不成功的地方，找到成功之路的。很难找到没有经过失败而成功的例子。

还有一句名言，"成功是英雄的坟墓"，这是拿破仑说的，也足以警世，这也是他（自己）的写照，他正是在不可一世时惨遭滑铁卢的。但是成功的英雄人物很多，惨遭滑铁卢的却不多，居里夫人却是成功后再成功的，得了两次诺贝尔奖。伟大的牛顿在数学和物理学上取得了辉煌的成果，却去研究长生不老（这不是他的所长），瑕不掩瑜，也是令人遗憾的。

许多事情是相反相成的，成功和失败都是暂时的，都是可以转化的。

就一个人的一生来说，不可能永远一帆风顺，把想象变成事实是很不容易的事,在失败的时候,要争取成功,成功后不能有丝毫的自满。

"心虚"除了谦虚,还有包容一切,虚怀若谷的意思,心的容量要大——要具有极强的承受能力,这样才能永远愉悦向上。

只有经过艰苦的努力取得的成功,才是真正的成功;只有真正的谦虚——虚怀若谷,才能向前而不停步。

祝贺你18岁取得了法定的权利,不要忘了义务。

个人是渺小的,但是作为中国公民又是伟大的,因为你的祖国是伟大的。只有为祖国做出贡献,才能进一步为世界为人类做出贡献。

祝进步!

益、芳
2002.4.25

145. 战略

4月29日。益:

如何应试高考,是一个大问题:江执行自己的战略,针对自己的情况进行复习,对学校一摸几乎没有准备,他说,同学把重点放在学校一摸上,我把重点放在区一模,然后再有针对性的自习(不针对区二模),再进入高考。这样可利用准备二模的时间准备高考。

江的期中考试已过,他觉得不太满意,因为他还没有复习完。估计在年级100名左右,他需要进一步和高考应试磨合。我认为,还需调整心态。不过他对我说:"学校的考试也就是学校自己的摸底(一摸),学生很重视,我想按自己的情况复习,把重点放在区一摸和高考上。"我同意他自己的安排。

高考和运动员参赛一样,什么时候是最佳状态,这是最重要的,不是什么时候比赛都能达到最佳状态的。江的自我调整是可行的。其实演员也一样,不是每次演出都是他的最佳状态。

这次考试中,他的物理答题可能出现一些问题,出现一些不应有的失误,他在答题中去和老师讨论不同答案的可能。要知道,高考只有一种答案,不能自以为是。

我为什么同意江的战略呢?而把重点放在区一摸和高考呢!

1. 因为他有自己的复习计划,第一次,他还没有准备好;第二次,他有准备地自己看一下水平和发挥，看到不足，再针对不足准备，只好放弃第三次，到高考再有准备地考。

2. 米卢指挥国家队的方法给我的启示和灵感，集中起来就是：队员不是每一次出场都是最佳状态的，孩子高考也是一样，江的安排是符合这个精神的，他把状态放在第二次和高考上，如平均用力，调整期不够，没有时间补不足，包括智力和精神（信心）都进不了最佳状态。

3. 语出惊人。进入高考紧张的复习后，我就不看他的作业了。为什么不看反倒对他进入状态有利呢？江的作业，我每晚在他入睡后看，指出不足，第二天早上改正，从上小学直到高三刚进入题海战术的复习都是如此。一次，他的错误太多，我说，你为什么不检查改好呢？他语出惊人地说："我就是要看看，我一次性能做对多少，考试时就需要一次性做对呀？明天老师会告诉我们的。"他的话是对的，他要提高一次性做对的成功率。我只告诉他一点，题太多，你只能有选择地做，做后要思考？思考才能举一反三！

按江的比赛和学习的水平，现在的重点要放在会做的题的分数都要拿下来。现在不能见题就做了。要有选择地做。

芳今天打第七个疗程的末一针，经过良好。

江期中考，即学校一摸的成绩是：语文106，数学113，英语106，理科综合252。总分577。班第5，级第82。

5月16日。益：

芳前日出院，在家休息两周，再进行一个疗程。

江区一摸的成绩是：语文115，数学117，英语119，理科综合272。总分623；班第1；年级第13。

比校一摸高出46分，其中：语文多了9分；数学多了4分；英语多了13分；理科综合多了20分。名次从年级第82提到第13。这就是说，有了考北大、清华的资格。但也说明，考试也需要有战略和一点运气。

这个结果说明江的战略有了初步效果，愿他继续努力。

龙妹来信，提供了复旦大学去年在北京招生的分数为601分。

江如何选择学校和专业提上了议事日程。江第一志愿想考物理系，其次是数学系。他选择的学校依次是北大、复旦、北京师范大学等等。

江的英语成绩是这样提高的，他利用时间，几乎安排到分秒。他的方法，我是不赞同的，但我没有更好的方法，他的方法是每天在骑车上学来回的路上，利用约 50 分钟时间，用耳机听英语磁带得到的。

146. 人生能有几回搏

5月20日。益：

下午，我去 H 出席家长会。江现在的情况，应该说，没有绝对的把握，但是正如我国优秀的乒乓球运动员，为我国取得第一个男子单打世界冠军容国团所说："人生能有几回搏！"所以我决定让他放手一搏。

5月31日。益：

25日，我与江去北大咨询。填了表格，北大的老师知道江是 H 第 13 名，认为大江考北大问题不大。

30日，H 让江参加全院数学论文的讨论会，并把北大物理系的林纯镇教授请来参加，听了江的发言，江的论文题是："是物理的错还是数学的错——兼论理论与实践的关系"（这是他参加应用数学竞赛的论文）。会后，林教授鼓励江说，要江好好应试。

所以，江要争一口气，考得好一些。H 为学生，下了力量，我是很感谢的。

我的担心是，江的作文成绩起伏不定，怕影响了他的语文成绩。江的命题作文，有时抓不住中心。弄不好，会失分的。

我只有希望他能超常发挥，战胜自己，再有一点运气。

147. 第八个疗程

5月25日。益：

芳去医院，准备打第 8 个疗程，她觉得自己感觉良好，不想打这个疗程。我觉得这个疗程不能少，在我的劝说下，她同意了。今日做全身检查。

6月13日。益：

江高考报名告一段落，最后还是他自己决定的。一类学校顺次是：北京大学、首都师范大学、苏州大学。专业是：物理、数学、医学。二类学校是：北方工业大学。

江一定要上的专业是物理和数学。我们咨询了北京师范大学的教授，物理系、数学系根本不会取第二志愿。于是我们放弃了北师大。为了专业，只好这样报了。这就是考北京大学的风险。

6月17日。益：

芳正在打紫杉醇第六个疗程（总疗程是第八）的第四针，白血球低，打了一针增白的针，还没有上去，今天再打一针，准备明天治疗，我从单位赶回，给她送药。

江这个星期学完，可以在家复习。他想去附近的图书馆看书，中午，我不在家时，他可以去H吃饭。

148. 出院

6月25日。益：

芳这次从5月30日–6月24日，住院25天，于昨日出院。

江前两天去首都图书馆学习，正逢这几天下雨，他坚持前去，说那里的学习气氛好，他如临场发挥好，定能考取。又说：他给同学解答问题，自己也有所提高。

芳出院时的诊断书是黄鹂大夫写的：

临床印象： 1. 乳癌术后化疗；2. 二型糖尿病；3. 子宫肌瘤。

处理或建议： 1. 继续糖尿病治疗；2. 一月后复查；3. 内分泌治疗。

6月28日。益：

北京这几天连续下雨，几乎是连阴雨了，温度只有21–23度，不但凉爽，几乎有点冷。离高考差不多只有一周，江今天早上去学校，下午放学后去首都图书馆查英文大字典。

7月3日。益：

今日，江取到高考的准考证。还有三天，大江就要高考了，愿他一帆风顺，揭开他人生新的一页。

7月9日。益：

7日、8日，江高考，考场在109中，自己感觉尚可。

这两天，我们不问他自己的感觉，他自己说，我们也不答，我只告诉他，任何一门考完,不要和同学讨论,也不必听同学的议论,不要分心,你就一心一意准备下一门课的应试,你必须每门课都全身心的投入。以最佳状态进行考试。

我们也不去查答案,等待着公布分数。我现在的估计是,江考得还可以,但是能否达到北大的录取分数线,还要看他的运气或机遇,这种高分不容易,我们只愿皇天不负苦心人。

最后,只能听天由命了。

149. 等待

7月11日。益:

今天江被楼上邻居的孩子,在二中学习的潘星请到图书馆去对高考答案。我是不愿意江去,但邻居孩子邀请,我就让江去了。结果,经过查对,江自己估计能有630分左右,这是一个过得去的成绩。潘星大约要比江少100分左右。

江如能进入北大,这就了却我和芳的心愿。

江的爷爷和我都是北大的,爷爷学医,我学政治,他学理科,我们一家三北大。

江如能进入北大,是H教育的成功和我们家庭教育的成功。

我们希望他能做好人,同时也是国家的好人才。

从教训看:江从初中考高中时少了一分,校长亲自介绍他当了择校生。这个一分给了江深刻难忘的教训;一次物理竞赛,他认真地准备复赛,但是他初赛却没有过;两次大意失荆州,才产生了这次切合自己实际的应试战略。

从学校看:入学后,让他参加了几乎所有的理科竞赛,得了数、理、化、生物,各科的一、二、三奖;H给了他"希望之星"的奖;他的数学、物理老师帮助他进行数学的论文答辩;高中一年级语文老师——宁堃;高二、三班主任生物老师;和两位校长对他的器重;让他参加校刊的编辑,对他的社会活动能力的提高和文字编辑能力的培养,以及计算机的运用都有很大的帮助。到高考时请了北大的教授来听江的论文介绍,向北大推荐了这个学生。

CW科技馆赵老师给的帮助也是不能忘记的。

从家庭看:我和芳想方设法在他不知不觉中,给予他多方面的综合素质。他的家庭学习是快乐的，是快乐学习。从他在随笔中的环保和法律方面的知识，可以看到家庭的影响。他的文学和编辑工作也反射出潜移默化的熏陶。

在他三岁之前，芳在数字和语言上给他下了功夫，他学说话是从学诗开始的，学数字是从看公共汽车的号和上下楼时数数开始的。

他的玩具都是智力玩具。

他还不认得字的时候，听大人念诗，看图背下了唐诗，从绝句到长诗《木兰诗》、《长恨歌》、《琵琶行》。

与他学算术的同步，逐渐学代数的概念，三四年级时学会解方程。

从初三到高中，送他到师范大学教授办的数学学校学习。

在他初二升初三和初三升高中的暑假，跟我学习了高等数学——微积分初步。

芳在他四年级评三好的关键时刻，努力为他评上三好，才有了上市重点H的可能。

我每天看江的数学作业，从小学看到高考前不久。

在江失利时，全家鼓励他奋起。

高考时，芳正好在家休养，做好了高考期间重要的后勤保障。

7月13日。益：

我的估计是：江应该超出北大的分数线5－10分左右，不会太多，也不会太少。我走过109中门口时，听有的考生说："第一天考后，就失了信心。"可见比较难。难，江就有希望。

7月17日。益：

这些天，亲友们不断地来电话，问江考得怎样，二婶说，大江考好了，她奖一千元。我们感谢不已。

我们等待分数的正式公布。

江在家等待：与胡奇去打乒乓球，送书给小同学。借书给于颖和李双元。有时，跟我去单位，帮忙替同事修电脑。

7月21日。益：

江从19日开始，到CW区体校游泳馆学游泳。

我们全家都在等待。

150. 分数线

7月23日。益：

今天早上8时，江从电话里问到了自己的高考分数：数学125，语文115，英语131，理科综合264。总分是：635分。这个分数过了北大去年的分数线，但是还要知道今年的分数线。后天，江到学校取成绩单，在家等录取。

江的胜利，是素质教育的胜利，是举一反三的胜利，而不是题海战术的胜利。我曾一再地和江说，学校的题太多，不要都做，要根据自己的情况有选择地做，早点睡，不要搞得太晚。

8月6日。益：

北大的分数线没有出来，小道消息满天飞，有的说是620分，有的说是625分。昨日深夜，北大林纯镇教授给江来电话，告知北大录取他没有问题，能否录取在物理系，还不一定。没奈何，只好等待。

8月9日。益：

这几天在等待，等待北大的分数线与正式录取。一个好中学非常重要，江在H考前30名，基本上就是区的前30名。如果去了区重点109中，考了第一名，也要排到区数十名之后了。当然，在400个H学生中考到前十几名也非易事。

151. 录取

8月10日。益：

昨日，江咳嗽病倒，今天早晨37度1，中午37度8。服先锋6及各种感冒药。在拼搏过程中没有病倒，到一切都准备好，却病了。我劝他看《三国演义》和《东周列国志》，加强对成功和失败的修养锻炼。

今天知道：北大调档控制线，理科为622分；文科为577分。

清华调档控制线，理科为621分；文科为555分。

晚上6时左右，芳终于从电话中听到了北京大学录取江的声音。江被北京大学录取，进入"数学和应用数学专业"，这是他报北京大学的第二志愿。

江和我一样，我于52年前，1950年，报考北京大学时，第一志愿是医，第二志愿是政治系。被取到第二志愿。

8月12日。益：

上午，江收到了北京大学的录取通知书和各种通知和表格。给了付学费的金穗卡和卡号，下午就给江办卡和付学费、住宿费等，共约6500元。江的咳嗽虽没有好，但比前几天好多了。上呼吸道感染，要小心谨慎，一个星期才能好转。

金榜题名是人生的一件乐事，给芳带来了极大的满足和愉悦。楼内的邻居都纷纷向芳祝贺，芳在电话中不断向亲友们的祝贺致谢。

芳对自己的病，自我感觉良好，她在东方医院拿了不少中药，她看到一位肝癌病人不开刀，吃中药，于是她也吃中药。她不愿去复查，她怕化疗，她对给她化疗的大夫、护士不满意。

8月26日。益：

忙着给大江准备住校、入学、报到等事。

本月在北京召开的"国际数学家大会"给江考入北大数学系，增加了不少光彩。一位十分抢眼的人物引起人们的广泛关注，他就是被誉为自牛顿、爱因斯坦之后的最伟大的理论物理学家史蒂芬·霍金。霍金是个患了肌萎缩性脊髓侧索硬化症的残疾人。语音失常，不能与人直接交流。但是，残疾没有击倒他，反而使他的聪明、智慧发挥到了极致。霍金利用他的语音合成器，屹立在科学领域的最前沿。

152. 报到

9月1日。益：

全家送江去北京大学报到，芳没有去过北大，如今北大是儿子上的学校，是一定要去看一下的。那天，我们去得较早，打"的"，带上江的自行车，行李、书等等。

报到的手续办得很快，有热心的高年级的同学帮忙，我们很快地在学生带领下找到了45甲楼244室。江住在这里。一室四人，他第一个进入，选了一个合适的床位。不一会，地质大学的表妹和表妹夫都来了，他们请我们在北大的食堂吃午饭。饭后，我们在北大校园中漫步，照了几张相留念。我们三人照的那一张非常好。

江，他们房间里有书桌、衣柜、使用电脑的设备、电话、凉台、暖气等等，芳大为放心。而且其他的设施也很全，食堂、商店、银行都很近。

回家后，感慨万分，一切如了芳的愿，我祝愿她早日康复。

《成长》之后

《成长》记录了江从《出生》到《报到》的全过程。在他出生的时候，我曾引用了普希金的诗《给幼儿》，其中：

"但愿你未来的日子
一如你可爱的眼睛
那样明亮，在人间，
愿你有美丽的命运。"

诗人替我表达了对孩子的全部希望，进入大学读了七年，今年7月毕业后参加了工作，他的专业是——计算数学，在一个外资企业工作，进入了社会，开始了新的生活。

江上小学二年级时，我正好退休，成了闲人，有了指导他的时间。

正如诗人在《给恰达耶夫》中所说：

"我和命运已经结了账。
我将以坚忍的心灵把生活担上。"

事情不就是这样吗？

回顾我1931年出生后，那是中国受凌辱，受苦难的时代。

现在，1983年出生的江，生活在改革开放，中国现代化——崛起的时代，这是多少代人的希望呀！

江上大学后，每周回家一次，接触少了，交流也少了。我和江说，上大学以后的事，你自己写了。

江生活在改革开放的新时代，真幸福。

益 2011.9.24 于方庄

我为什么要写《成长》

写《成长》是为了怀念江的好妈妈；也为了使我的教学经验积累和传承。

我想把教江的经验用四年半或更少的时间，使小学四年级的孩子从代数学到微积分。不用一对一，而用一对三或四……。为祖国培养更多的数学人才。

让我教过的孩子知识面广，学会数学的思考。

一

我是先从我自己的孩子做起，1992年4月，我退休在家。那时，我的孩子——江，就读于小学二年级。我管接送和学习。

实际上，在江两岁前后，我就担任这项家庭任务了。那时单位有一个接受二岁孩子的托儿所，我在自行车旁加了一个带轮子的座位，自行车成了三轮车，上班时送去，下班时接走。他一岁多时，妈妈平时抱着他，口中常念诗："床前明月光……"，他就安静听着，从不跟着念，不料有一天，竟接了下去，"疑是地上霜。举头望明月，低头思故乡。"无意中发现他能背下许多诗句，他接了下面好几句，她非常高兴地告诉我。

我就去买了许多诗卡片，有图有诗，让他看图听诗。到三岁时，已能背下长诗"木兰诗"、"琵琶行"、"长恨歌"。最后两首，是我录好音，教会他放，他自己听会的。（当然，中间要提醒几次。）大体上背了下来。到单位里的三岁以上的幼儿园后，我就不教他了。我想，孩子将来会喜爱看书的。

后来才知道有的专家说：孩子三岁之前有一个智力高潮，被我无意碰上了。这时，每晚讲故事讲到他睡去。他母子睡后，我才开始学习和写些和过去我的教学业务有关的东西。

我有孩子三岁左右背诗的录音，充满童心、稚气。后来借给亲友，辗转相传，卡片已经不知去向。录音却保存下来。一直到他上了小学，我退休后，才把更多的时间花在他的智力开发上，从他上小学开始，我在他的写字台上面放一个小书架，上有教材——所有课本和参考书，还有课外读物（《如福尔摩斯探案集》和各种小说），每学期更换一次，但从不指定他必须看什么，家中其他的书也随便他看。

每晚他入睡后，我看他的作业——主要是数学作业，用铅笔划出错误的地方，第二天早上起床后让他自己修改。

父亲教儿子，和老师教学生有很大不同，不能用上课的方法，我是用引导他产生兴趣的方法进行，其实早在三岁上幼儿园时就开始了，到一年级时再重复进一步深入进行。

在江不经意的时候，在他高兴的时候，每次只用几分就有很好的效果。

随着江在学校学加、减、乘、除，在家里，在他休息或玩的时候，在他愿意和你谈话的时候，给了他一些代数的基本知识。我们的问答是：

我问："你会加法了，2加2等于多少啊？"

他答："等于4呀。"江很乐意地随便边玩边回答，我还问了几个类似的问题，他都答得很好，其实，这些，他在幼儿园时已经早会了。

我问："A加A等于多少啊？"

他说："A是什么呀！"

我提醒："A是你学过的（幼儿）英语中的字母ABC中的A呀！现在用A代表指定的东西，如果A代表一个苹果呢？"

他答："A加A等于两个苹果。"他回答得很好。

我问："如果A代表两个苹果呢？"他想了一下，

答："A加A等于四个苹果。"

就这样，我已经把代数的基本概念，不用名词术语，在他知道的知识上引伸出用字母可以代表事物，代表数字，模糊地熏陶了他，种下了学代数的种子。

这样，每次只说一点点他原来不知道的，可以引起他学知识的兴趣。

于是，在他三四年级时，我教他学了简易的解方程，做了不少应用题。但是他一直不敢用，因为老师在没有讲到代数时，是不许学生用的。

到学生学代数应用题的时候，我结合应用题是这样说的，你做应用题要学会应用和思考，好比科学家搞发明一样，你要学会把题中的每一句话写成数学式。看到题你不一定会做，但是你把题中每一句话写成了数学式，你就离会做不远了。经过长期的学习，将来你能把自然现象用数学式表达出来就成为科学家了。

他在市重点读初二时,我发现他正在学习代数的"函数",从这里突破,开始教他学习微积分。到了初三,看他忘得差不多了,我又教了一次。出乎意料的是,他在高一时参加高年级的"激光摄影"的科技活动,发现实验台连衣角碰一下的轻微震动都会造成实验的失败,他竟然用数学的几何、积分学、物理的光学、电学、和计算机的编程相结合,写了一篇《明察秋毫的装置——由卡文迪实验想到的》,用这个装置去测这种微震动。在崇文区科技馆的老师指导下还做了一台样机。(2000 年 5 月获北京第三届高中数学知识应用竞赛数学知识应用论文一等奖。学校给了他"希望之星"奖。)

江所在的班并不是学校的重点班,高考时他发挥得还好(若干年后,他和我说,有一道物理还是发挥得不理想,不然他就是北京市前 50 名了。言下之意,他就会被录取第一志愿物理系。我想也许这就是机遇),考入北京大学数学科学学院,本科毕业后被保送到本院计算数学读研。

我教江时,并没有特别编写讲义,只是随时讲些,出些题让他做。后来被一位亲戚知道后,在一个暑假中,他在美国读书的外孙(相当于国内的初二)和外孙女(相当于国内的小学三年级)回家过假期,一定让我分别教他们俩代数与微积分,这时我才开始在教江的基础上编代数和高等数学的习题集的初稿,教这两个孩子。

二

2006 年江本科毕业时,我想:教江的经验,何不让其他小学生试试呢?我并没有把握成功。开始我只打算招一个学生——刘超,当时他上小学四年级,后来有两个同年级不同校的学生也一定要来。到最后,我第一批实际招收的是三个学生。从小学四年级教到初二,从代数学到微积分。

江在小学五年级时,我没有想让他考八少年班,我们觉得他年纪尚小,我们双职工,不能去陪读。另外,我看过许多奥校教材,觉得他不适合通过奥校这条路,但他自己如愿意参加某些班学习,我也让他去,但是全国参加国际比赛的只有几个人,那个独木桥我怕他走不好。就是进了那个几十人的班,最后只有几个人能出国比赛得奖。这条路不是最好的学生,不容易走好。

我的教材是以学理科必须会的内容为核心组成的,以当时教江的内容为核心,稍加补充而成。

我的教学时间，以我的第一批学生为例：双休日，每周一次，每次一小时；寒暑假，每周三次，每次一小时，五年学完。第一批的三个学生接受能力差不多，所以一次可以教三个。后来的孩子因为水平参差不齐，都是一对一教学。

教学方法，以精讲为主，每次约十分钟；50分钟做题，我只指导学生出错的地方。让他们领悟。我是把学生教懂教会，而不是死记硬背，我也不考试不给分数。但我从他们提的问题或出错的地方，能看出他的理解水平，从而再设法提高他们。

我最初教的三个学生，中考后有两个进了市重点，其中刘超进了常州市立第一中学；另外一个进了北师大附中；第三个进了普通高中，听说，她的数学也不错。

我现在正在教的学生中，最好的一个六年级的学生，一年后（初一）暑假可以毕业，他接受能力强，比计划提前一年。他将进入人大二附中（初中）。

我把自己比做一个木工，我用木料做一个梯子，从小学四年级到初中二年级，从代数学到微积分初步。木料是别人的，梯子是我做的，就是说，题不是我出的，是我拼装在一起的。

我的习题集，其中微积分是以一本美国微积分教材为框架，其中有少量俄罗斯和中国的题，代数的题是从中国教材中选的。整个框架是我安排的，A4的纸，共75页。

内容是这样安排的，开始是代数正负数的四则运算和简单的解方程；接着是小学的一般应用题，通过应用题讲各种一次方程的解法（包括一元、二元、三元）；分数方程的解法；指数；乘法与解方程；利用公式的乘法；整式的除法；多项式的因式分解（分组分解、利用公式的分解、二次三项式的分解）；二次方程；高中物理——运动学（匀速直线运动；变速直线运动；自由落体运动；竖直上抛运动）；方根；微分法的一般规则；检定函数极大值与极小值的方法；函数的一阶、二阶导数；积分学；积分常数，不定积分；代换积分法。

我想到自己年轻的时候，怎样从人生的道路上过来，我最初的想法是，想我的未来要当大科学家的，开始我并不知道爱因斯坦，看了《居里夫人》这部电影之后，我被她的人格魅力、崇高的精神和艰苦的努力所折服。她成了我学习的偶像。在理科方面，我初中和高中的数学老师给了我无比的动力，初中的数学老师教几何和代数两门课，我努力的加强自学找了许多题习题，使我大开眼界。惊喜地发现仅仅通过推理便可能发现真理，那时我们学习的是"三S平面几何"。高中的数学老师吕学礼，教我们"范氏大代数"，他的教法使我们大开眼界，解放后他到教育出版社工作，直到我的孩子学习的数学教材都是他主编的。可以说：他教了我们几代人的数学了。可惜的是，教我的物理老师，初、高中的都不太理想，化学老师一般。

三

我是充满好奇心学习的，一切新的东西都是我想学的，解放后我在东吴大学医预——准备三年后去上北京协和医学院学本科，毕业后可以取得医学博士学位。

在东吴大学我接受了新思想，入了团。受到"马列主义放之四海而皆准"的教育，想学马列主义。又正好报上说："医学需要人才，要缩短大学的学习时间。"我们有一些人重新考大学，结果我考入北京大学政治系。

但是国家的发展，不是以我们个人想象为转移的，国家的发展是大势所趋，国家进行了院系调整，燕京大学、东吴大学被撤消了，各校的政治系在院系调整中被撤销了，我们先下去参加土地改革，回来后我们北京（北大、清华、燕京、辅仁）的政治、法律等系的学生，都去了新成立的北京政法学院，学政治也学法律。毕业后我留校工作，后来北京政法学院办附中，教员不足，我去兼课，先后教过高中的数理化。教数学的时间少一点，但是特别喜爱数学，教化学时，我用五年（1961 – 1966）的业余时间，读完了北京电视大学化学系。我教的"文革"后第一批的高中毕业生中有一位考入了清华大学物理系，"文革"中北京政法学院被撤销，"文革"后复办，我回到学院任教，并担任经济法教研室负责人。

1983年，江出生那一年，我调到出版社工作。江的成长使我回忆起我的中学任教经验，和我自己的学习经验，必须不断调动学生学习的主动性，让他们不知不觉中产生兴趣。让他们知识面尽可能广一些，这样他们才会自觉地努力。

以上是我业余四十多年的理科教学经验的积累（二十年教高中，二十年教孩子，最近几年一对一的教小学生），也是我理科教学经验实践的成果。

《成长》的出现，是集体的努力，由于芳的日记，江的日记、文章，和我教过的学生（包括过去的和现在个别面授的）。在他们的帮助下，这本书才出现在大家的面前。我还在教学生，我还要向学生学习，他们没有学好的地方，就是我应该继续研究的地方，经验要不断接受实践的检验。

学生的话

刘超：

我现在是江苏省常州市第一中学高一的学生。在京时，我家就在爷爷的楼下。我是爷爷老师看重、亲自招收的第一个学生。从小学四年级下学期第一次去学习，平时每周一次一小时，寒暑假每周三小时，到六年级用了两年半。考初中时，北京市丰台区的重点中学经过测试，愿意录取我，但不能保证外地户口的学生毕业后能在京考高中。我只好回老家常州，就读于常州市北区龙虎塘中学（初中）。初一、初二的寒暑假期间，我都回京在爷爷老师那里，从代数一直学到微积分。初一、初二的寒暑假每周五小时（每天上午一小时）。

学习是从代数的正负数开始，逐渐加深，最后到初二，就接触到简易微积分，不然，我是无法想象的。一开始，我觉得这些东西和我在学校学的东西完全不同。所以不了解它的好处。后来，好处渐渐展现出来。前后共学了四年半。让我受益匪浅。

当我刚到龙虎塘中学学习时，由于没有江苏学籍，我被分到了年级最差的普通班里，但凭爷爷老师打下的扎实基础和自身努力，我追了上来，一直在年级400多名学生中，处于年级前几名。并于中考时，以625分超过常州市第一中学统招线的成绩被录取，创下了龙虎塘中学普通班的最好记录。

这与爷爷老师对我的关心是分不开的，我由衷感谢爷爷老师无私、辛勤、和孜孜不倦的教导。

周树晗：

我是方庄芳古园小学五年级的学生周树晗，我才跟爷爷老师学了一年，我用他编的供小学四年级——初二学生使用的教材《代数简易微积分习题集》。一年来，我学习了其中的代数部分——主要学了代数的四则运算，一元、二元、三元一次方程的多种解法，运用代数基本公式的运算，因式分解等，现在学到二次方程，还做了很多应用题，学习到一些分析数学问题的方法。在这里，虽然学的东西不容易，但我非常快乐。在这里学习，使我在学校的数学和语文成绩都有较大的提高。他是为了我们将来能做一个对国家有用的人才，想把每一个学生都教好，爷爷老师真不容易呀！

唐正正：

在我们方庄一带，提起爷爷，没有一个不翘大拇指的。单是他的那些琳琅满目的荣誉证书，就足以证明他是一位令人最敬佩的人。

爷爷，中等个子，背稍微有点驼，两鬓已经斑白，但却满面红光。见到我们小朋友，总是笑眯眯的，和蔼可亲。爷爷是《经济法学》主编，也是学院附中的数理化老师。爷爷退休至今已经二十年了，在这二十年里爷爷帮助了一些外来打工人员的孩子。爷爷帮助同学从来都是无偿的，因此成就了原本不能接受良好教育的孩子。

我和爷爷的友谊缘于卖煎饼的阿姨。那年期末考试前夕，小偷砸坏我家的车玻璃，偷走了我的书包，几经周折，最终我的书包落到了煎饼阿姨的手里。而我的作业本和卷子上几乎全是"优"，阿姨确认我是个爱学习的好孩子，所以就把我介绍给了爷爷。

从此，我和爷爷成了忘年交。我们每周至少相聚一次，爷爷和我一起感受成长的快乐和痛苦，我们成了真正的好朋友。爷爷陪我谈心、还教我学会宽容、忍让。我在学习上的任何困难爷爷都能帮我一一解决。

爷爷认为我很有学习能力，就开始教我学习数学，爷爷老师的教学方式很灵活，我很容易吸收爷爷老师教我的知识。我的时间并不太长，也就是一年的时间，可这一年的时间里，我所掌握的数学知识足够我小学阶段使用的了。

这不，今年3月份，我受伤了，看病2个多月，这期间，我脖子上带着颈托，不能看书写字。我和妈妈都很担心，我将要留级了！2个月后，我重返校园，英语成绩明显落后，可我的数学成绩却奇迹般地名列前茅。2个多月不能上数学课，不能摸数学书，数学周测得满分，数学统测考高分。爷爷老师：辛苦您了！我忘不了和您在一起的每一分每一秒，我忘不了您对我的爱！我将来要把您的这份爱心传递下去，我要向您学习！

爷爷老师关爱孩子，教学有方，桃李满天下。

这就是我最敬佩的人——爷爷老师。

心　愿

《成长》已经载完，见到众多的留言、评论，得到许多鼓励，十分感谢，我很满足。

满足的是，我没有去追求收看率，现在的收看率我是很满意的，哪怕只有一位看，我也很满足，何况那么多呢。

但是，我略有一点不满足。我的博客问答栏目中没有收到过一个问题。

因为我记录了培养孩子的全过程。我常想，也许我不退休，我也做不到。另外，许多不是知识分子家庭的孩子，学习得比江好得多多的大有人在。培养孩子的途径很多，还有自学成才的。江的成长，我不过提供了一个个别的例子，而且也没有什么大才。所以我是很低调来看待的。

作为知识分子，我在幻想，如何能将自己的知识，能够很迅速地传授给下一代。如果能有一种方法，能使小孩子到一定年龄后，就能接受另一个人的全部智慧才智，在这个基础上再去学习，多好呀！

也许，只有科幻小说中和武侠小说中传授武功才能瞬间完成。

我自己也是知识分子家庭出身的，我的成长过程和江大不相同，家庭也没有对我有特别的关照，我是怎样考入北大的呢？

回忆起来，别是一番滋味在心头。

益 2011.9.24 于方庄

谢 师

江 2002 年考取北大后，我发了两封感谢信，一封给 H 段老师，一封给 B 小学的领导和老师。

段老师，您好！

我是您的学生江的家长，感谢您对他的培养的教导。作为班主任，您给了他许多的机会，让他参加多种多样的比赛，和学校校刊编辑工作，对他的素质的提高有很大的帮助。给了他许多正面教育，使他对学习科学产生浓厚的兴趣。作为数学老师，您给了他较好的数学思维。在高一数学中"集合"方面的知识也给了他比较扎实的基础。

在他中考失误的时候，您给了我们许多帮助。作为家长，我们是铭记于心的。

这封信写得迟了一些，请原谅。不幸的是，江的母亲在他考入北大（开学）后不到一个月去世了。她在江高二下学期得病，病了一年多，一直断断续续地住院治疗，最后虽然不治，但是她看到了儿子的成功。她是高兴地、愉快地走的。你曾问过她，大江当择校生，花费了多少，她当时因患病，情绪不好，一直没有告诉您，她觉得很对不起您。现由我代她向您致以歉意。

江当择校生，是我和李校长谈的。是江的一个同学告诉我们，学校已经同意江择校的请求，我才去找校长，捐了 18000 元，作为自费生入学。据说，这已经是优待了。

江为什么会差一分而名落孙山呢？客观地说：在中考前一天，学校还让记者采访，对他的中考是无益的，有的同学就拒绝采访；到 7 月 15 日，关老师才把早应该给他的天文摄影流星雨全国三等奖的证书拿给他，失去了争取加分的机会（当然不一定加得上）。主观说，江太自信了，因为他初中时差不多每次考试在年级前50名之内，最好的一次是第6名。他认为考入H没有问题，他没有复习中考，却用于自学高中的数学课程。也正是这样，他到高中后第一学期的中考，考了年级第2名。数、理、化得了296分。记得您还要去了他的笔记和作业，其实那是他在复习中考的时间做的，后来上课，他没有记什么，这是他中考差一分的代价。

后来，学校对他很重视，给了多方面的关照，我们是很感谢的。

江的学习、接送一直由我照看，后勤方面是由她妈妈管。我每天晚上在江睡下后，看他的数学和物理作业。记出他错误的地方，第二天早上改正。但是，初中的物理老师是从不留家庭作业的。因此，他没有做物理题的基本规矩。我总认为，题可以留得少，不能不留，在课上做也可以，要学生记下来。江初中的物理，不论考出多少分，我是失望的。到高中时，我是满意的，这位老师到江高考后病倒了，我是非常尊敬他的。我让江要永远记住这位老师。学习他的高尚品格和敬业精神。

江的作业，我是要做一遍的，只有我做，才能一眼看出他错在哪一步。我年轻时当过高中理科老师，我给学生做的作业，我都做一遍的，我给学生作出错误的记号，是打在学生错误的地方的。我发现他做题的毛病是很多的。他经常用口算，所以计算的错误很多，总想一步口算做到底。这在考试中是很吃亏的。高一期中考，他考完数学后说，他检查时，查出20多分的错误。那次他得了100分。

他的每一步，我都是清楚的，我认为这是一个青年成长过程中的应有之义，我在鼓励他的同时，提醒他，我从没有批评他，失败的本身就是最好的批评。我认为，只有他自己才能从失败中真正奋起，一个没有失败、挫折的成功不是真正的成功。

我检查他的作业，发现他几乎都是计算方面的低级错误，所以我从不做与学校的同步辅导。我在他的学习中，是超前的，不断提高他学习的主动性和兴趣方面着手的。课本上的内容是老师的任务。我做了四件事：

一、在江三岁之前，我教他背下了几十首五言、七言绝句和《木兰诗》、《长恨歌》和《琵琶行》三首长诗，现在还保存着他的稚气的录音。三岁后，他上托儿所后就不教了。给他打下了愿意看书和愿意记忆的兴趣。可以说，完全是快乐学习。

二、在他在托儿所时就给了他负数的概念。在他小学学数学时，随着学 1+1=2 时，我就教他 A+A=2A。他学加减乘除时，我给他相应的代数知识。到他三、四年级时就能解简易方程了。但是一直到小学的老师教了方程时，他才应用。

三、在他初二学完函数时，我从函数中有关极值的问题中，启发他的兴趣，如何从几个可能的答案中找出一个正确的答案，指导他学习了简单的导数和微分，到他初三时，学习了积分。从代数进入的，我绕过了解析几何。

四、随着他的学习，我给他准备了大量的参考书，但从不规定他看什么不看什么。我认为，只有他愿意看，才能发挥书的作用。

江有一个想法，他认为数学的计算，由计算机去做，人不必多下功夫。这个看法对他出现许多计算错误有关。所以，他在计算的应用数学中也得过一等奖，那是可以用计算机的，如果用手笔算，我想他就不行了（最高得过二等奖）。

我自己在教学中研究的是举一反三，用最少的题使学生掌握知识，这和 H 的教法相近。我在江高三时，叫他有选择地做题，不能什么题都做。

江第一次参加物理竞赛中还出现过这样的事，当他在准备决赛时，他的预赛竟没有通过。第二次参加物理竞赛才得了二等奖。

江在高一那次应用数学论文的竞赛中，我没有想到，他竟用了高等数学，还用了计算机编程给他计算数据。到论文答辩时，老师问他，微积分怎么学的，他如实地回答："跟爸爸学的。"他参加各种比赛用的时间太多，对学校规定课程的学习是有影响的。后来，他几乎成了竞赛专业户，这时，我也没有办法。直到高考前不久，他还去参加了一次应用数学的论文答辩。

江在 H 六年，您教了他四年，在您的关心指导下，他得了应用数学论文一等奖。我一再和江说："师恩不可忘。在你当择校生处于低谷时，段老师是你的恩师，把你收留下来。"

就江个人来说，正是他在中考和第一次物理竞赛时没有过预赛的两次失败的震撼，才换来了高考的成功。

再一次地谢谢您！江的恩师。祝

教安!

江的家长 2003 年 6 月 4 日

B 小学校长和老师们：

你们好！我是六年前你校的毕业生——江的家长。江毕业后考入北京 H 中学，今年考入北京大学数学系。你校是他的母校，应该感谢你们对他的培养、关心和教育。

我觉得非常抱歉的是，许多领导和老师，我都不知道姓名，我只能以有关江影响最深的事来表示谢意。这些事对江的成长是密切相关的。可见，一个孩子的成长是多少老师培养的结果。

感谢校长老师。那是 1990 年 8 月，我刚分到房——在丰台区的方庄，不能不搬家，江刚到入学年龄，原来应去的白云路小学不能去了。我想起 B 小学在上班的路上，可以在上、下班时顺便接送。我找到校长，说起我的困难，江的母亲在石景山区上班，我们刚搬家，孩子还没有入学，学校在我上班的路上，只有我可以接送。她很快地同意了我的请求，接收了一个外区的孩子。而且到毕业时推荐他报考了 H 中学。我们素不相识，学校正确地贯彻了政策，多么不容易和幸运呀！

感谢江的启蒙老师——班主任谭丽华。在学习上，她给江的汉语拼音打下了坚实的基础，由于我们是南方人，南方口音较重，汉语拼音都不好，而江的拼音学得较好，这是我们最清楚的。在生活上，由于江每天跟接我的班车上学，在过学校门口时，校门还没有开，那时还有拐小孩的传闻，她给江一个可以先进校门的牌子，解决了实际的困难。可惜的是，在一年级下学期快期末考试时，谭老师病了，虽然如此，我们不能忘记，他是江第一个数学、语文和思想上的启蒙老师，是第一位评江为三好学生的老师。

感谢江的音乐、美术、手工老师，对大江的素质的提高有很好的影响。小学的五线谱是不好教的，江学得还不错，小制作学得很有兴味，美术也有点模样。我们一直保留着他那时的作品。

感谢教过江的数学老师。

感谢教了他好几年的刘老师，我记得有一次，刘老师在江的作业本上写了要他转学的字句，我想，大概是江的作业做得不好。江不知怎么办，问我，我说你照常去上学，把作业做好就行了，这是老师的气话。正是基于这个认识，我没有去找刘老师，此事也就不了了之。后来，江有了进步，在一次数学比赛的预赛中取得了较好的成绩。她说：江是应该去 H 中学学习的材料。她教江的时间较长，江的成长不能不记住这位严格要求他的老师。

感谢教江数学，并给他多种帮助的张淑霞老师。张老师开始教他不久后就病了，她非常关心江的数学学习，记得那一年教委停了许多数学比赛，只保留了六年级的一项数学比赛。那正是四年级的暑假期间，江本来应该上区里五年级的数学班，但是这个班被停了，保留了六年级那个班，张老师介绍江去试试，区里的王老师爽快地将他留下了，那个班共有七八十个同学，其中大部分都是五年级（下学期升六年级）的同学，类似江这样的还有一位（CW 小学的杨森）。过了一个多月，考了一下，留下约四十个学生，其中江和杨森被留下了，从试读生成了正式生。后来，在六年级的毕业班上，张老师病愈后又教江所在的班，在数学上发挥了他的潜能，为他能考上 H 中学取得了好的数学成绩。为江后来学好数学打下了坚实的基础。

感谢英语老师，是她在江五年级时让江去学剑桥的少儿英语。一天，江拿回一张去听英语讲座的票，并一定要我去听。我没有弄清是怎么回事，但不能不满足孩子的请求，我去听了，才知道是学习少儿英语的学员的表演和介绍这所学校，最后发给家长报名表。我给他报了名，上了英语班。江对这个班产生了极大的兴趣，英语水平有了很大的提高。

感谢语文老师。

要求严格的郑老师，教江语文的时间最长。给江的字、词和作文（日记）等打下了良好的基础。后来江能在报刊上发表文章，在少年作家班上获奖，我们不忘记老师对他的教养。特别是她是看到江毛病最多的一位老师，对江的成长也是极其有益的。

六年级教江的语文老师也是不能忘记的，正是由于她在升学的关键时刻的帮助，使得江得以顺利地进入 H 中学。

感谢一位教江思想课的女老师，一天中午，我去学校找江，他正在吃饭。我在教室门外等他。江那时有一个不好的习惯，他吃饭很慢。教室里几乎没有其他人了。一位女老师坐在他身边，他没有说江，为什么这样慢。但是老师在旁边，他只好努力吃饭。后来，他渐渐改变了这个不好的习惯。我在家默默地感谢这位女老师。这是一位极有耐心的好老师，她潜移默化地影响了江。

总之，我感谢所有教过他的老师和学校的领导。

为了更好地说明江在B小学和到H中学之后的情况，同时也说明江没有辜负母校的希望，将他所获得的奖的目录附在下面，给母校留念。

在B小学时获得的奖：

1993年

1. 北京市CW区教育研究中心1993–1994学年度第一学期奥林匹克数学班学习期间成绩优秀

1994年

2. CW区教育局教研室1994年CW区第十一届四年级数学竞赛表扬奖

1995年

3. 北京市教育局教学研究部北京市第十二届小学生《迎春杯》数学竞赛初赛优胜奖

北京市CW区教育局1995年六年级小学数学竞赛三等奖

在H中学时（初中）获得的奖：

1996年

4. 北京市教育发展研究中心、北京市教育实验学校第一届学生英语讲演比赛纪念奖

5. 北京市教育局教学研究部北京市第十二届初中一年级《迎春杯》数学竞赛初赛优胜奖

1998年

6. 北京数学会北京市中学生初二年级数学竞赛初赛CW区优胜

7. 中国天文学会普及工作委员会中国青少年科技辅导员协会科技中心工作委员会

1998年全国中小学生狮子座流星雨观测通讯赛摄影照片三等奖

1999年

8. 北京天文馆北京市科学技术协会青少年工作部北京市青少年流星雨观测摄影三等奖

在 H 中学时（高中）获得的奖：

2000年

9. 北京高中数学知识应用竞赛组委会第三届北京高中数学知识应用竞赛论文一等奖

10. 中国作家协会鲁迅文学院少年作家班《用心感悟（外一篇）》2000年中国少年作家杯三等奖

11. 《北京青年报社》、《中学时事报编辑部》、《北京中学生通讯社》第16、17届北京中学生通讯社优秀记者

2001年

12. 北京 H 中学北京 H 中学第一届希望之星

13. 教育部考试中心全国计算机等级考试合格证书

14. 北京教育科学院基础教育研究中心、北京教育学会生物教学研究会、全国中学生生物学竞赛委员会北京分会北京市中学生生物学竞赛三等奖

15、全国中学生生物学竞赛委员会、中国动物学会、中国植物学会全国中学生生物学联赛三等奖

16. 北京市高中数学知识应用竞赛组委会第四届北京高中数学知识应用竞赛二等奖

17. 北京市高中数学知识应用竞赛组委会第四届北京高中数学知识应用竞赛论文三等奖

18. 北京化学会全国高中化学竞赛（选拔赛）三等奖

2002年

19. 北京高中数学知识应用竞赛组委会第五届高中数学知识应用竞赛一等奖

20. 北京高中数学知识应用竞赛组委会第五届高中数学知识应用竞赛论文二等奖

21. 中国物理学会、全国中学生物理竞赛委员会十八届全国中学生物理竞

赛二等奖

22. 北京市教育委员会北京市中小学生第七届头脑奥林匹克（OM）竞赛二等奖

另纸附：

1. 大江在报刊上和收集在有关书籍中发表的文章目录
2. 《两个错误的小数点》、《我眼中的网络文学》

大江取得的成绩离不开母校老师的教育、爱护和培养。再一次地谢谢你们！

致教安！

江的家长
2002.11.20

尊重孩子的选择

回忆江的成长过程，有几次重要的选择是他自己决定的。

第一次选择，是五年级时学剑桥英语。他拿回一张票要我去听英语课，我开始不想去，去了才知道是非听不可的，支持他去学，结果奠定了良好的英语基础，当然H的外语教学也非常好，那位英语老师能察觉江在高考复习时的英语进步，果然江英语高考成绩有提高。进了大学后，很轻松地拿下了四、六级英语。

第二次选择，是参加科技小组，学习激光摄影。这是高年级的小组，他去了，我是不愿意的，我想让多余的时间，学习正课，但是他有兴趣，他要去，我没有反对就是了。没有想到，他从中找到了写论文的灵感。

第三次选择，是写那篇数学论文，他根本不了解当前国家是怎么测地震的，他要用激光去测微震动——地震等。结果得了一等奖。我没有对国内外测微震动的更多的了解，我是不会动这个题的。他就敢写。后来两次数学论文都是应用数学方面的。我没有反对他的选题，我把写论文当做他的一次锻炼而已。

第四次选择，在师大教授办的北京数学学校，最后选学的是应用数学和物理学。为后来大学学习奠定了基础。

第五次选择，是考大学时的志愿，依次是物理、数学、医学。而我的建议是计算机。江没有采取，他认为计算机只是工具。现在他的工作单位是IBM公司，从事计算机软件方面的工作。

第六次选择，是进入大学后分专业，我的建议是不要放弃自己的特长。他选了计算数学。

第七次选择，他要读哲学（双学位），我只说了一句。最后如不愿学了，可以不学。他到四年级果然不学这个双学位了。我不过把话说在前面，我没有反对。

从江的选择，可以看到家庭的影响，如：运用电脑、高等数学、做小制作的电学知识、光电效应等等。

我做的不过是引导，默认，给他留有退路和顺水推舟而已。

益 2011.9 于方庄

《成长》后记

当我把《成长》以日记体整理好之后，打印成册用了近200页（B5）纸，约30万字，作者的名字是芳、益、江。但是芳已在我们一家送江（2002.9.1）进入北大后的那一个月的23日，怀着极大的安慰、含着幸福的微笑在肿瘤医院的病床上，合上了眼睛，永久地离去了。

初稿（2006.3）油印了几本，给了亲朋好友，后（2009.3）又再印了一次，改了一些错字。还是供不应求，所以借在博客发表的机会，再改一次。不改日记的原意，而是当时不经意的事，写日记时，没有想到会在一二十年后产生了很好的效果。我想，应该加几句话，使看的人能产生联想。

油印本《成长》还有一个副标题——人间真情，下面还有一行字——江18岁以前的生活。

我说不经意的事，意思是，我不是刻意要做什么，而是孩子给我的启示——灵感，我才想到的。我有培养他的愿望，如果没有他给我的启示——灵感，也是不可能实现的。

芳特意为江写了七年日记，还用电脑录入了部分江的日记和作文。我编《成长》是芳的启示。所以这本三人合作的《成长》日记，是为怀念芳。